Hesse

Stadtarchitektur

W0094231

Michael Hesse

Stadtarchitektur

Fallbeispiele von der Antike
bis zur Gegenwart

Deubner Verlag für Kunst, Theorie & Praxis

Die Deutsche Bibliothek-CIP-Einheitsaufnahme
Einen Titeldatensatz für diese Publikation ist bei der Deutschen Bibliothek erhältlich.

© 2003 Deubner Verlag für Kunst, Theorie & Praxis GmbH & Co. KG, Köln
Wir haben uns bemüht, sämtliche Rechteinhaber ausfindig zu machen. Sollte es uns in
Einzelfällen nicht gelungen sein, Rechteinhaber zu benachrichtigen, so bitten wir diese,
sich beim Verlag zu melden.
Umschlagentwurf und Layout: Roland Poferl Print-Design, Köln
Umschlagbilder: Ideale Stadtansicht 1480 (Abb. 24); Versailles, Luftbild (Abb. 48); Plan
der Idealstadt Sforzinda 1462–64 (Abb. 25); Neubreisach, Modell 1706 (Abb. 32);
Chicago 1928 (Abb. 93); Paris, Vogelschau, Plan Turgot 1734 (Abb. 39); Brasilia 1960
(Abb. 108); Athen, Modell der Akropolis zur römischen Kaiserzeit (Abb. 4); Rom, Modell
der spätaniken Stadt (Abb. 10); Berlin, Plan des Stadtkerns mit Erweiterungen (Abb. 52).
Frontispiz: New York mit Guggenheim-Museum, Foto: Warchol
Gesamtherstellung: Druckhaus Locher, Köln
ISBN 3-937111-03-4

www. kunst-und-wissen.de

Inhalt

Vorwort

Dieses Buch gibt eine Einführung in die Urbanistik – ihre Gestaltungsmittel, ihre wesentlichen Bauaufgaben und ihre theoretischen Grundlagen – von der klassischen Antike bis in die Gegenwart. Auswahl und Gewichtung der Objekte werden vielleicht Widersprüche hervorrufen. Doch ist bei einem Zeitraum von zweieinhalb Jahrtausenden eine Übersicht nur möglich, wenn die historische Chronologie mit der Entscheidung für Fallbeispiele nach deren typologischer Bedeutung und exemplarischem Rang verbunden wird. So erscheinen Großstädte wie Rom, Paris oder London in verschiedenen, entwicklungsgeschichtlich repräsentativen und für andere Städte vorbildlichen Phasen, während die Idealplanung Pienza, die barocke Festungsstadt Neubreisach oder das München des Klassizismus jeweils nur ein Modell vertreten sollen. Im Rahmen einer Buchreihe mit kunstgeschichtlichem Grundlagenwissen erschien überdies die Konzentration auf europäische und von europäischen Mustern geprägte Objekte geboten.

Zu danken ist für vielfältige Anregungen und Hilfen, namentlich Matthias Quast, Thorsten Scheer, Sigrid Spies und Matthias Untermann. Ingeborg Klinger fertigte einen Teil der Abbildungsvorlagen, Christine Wiume sah das Manuskript durch, auch dafür herzlichen Dank. Überdies danke ich Kerstin Dönicke für das verlagsseitige Lektorat.

M. H.

1 Antike Grundlagen und Modelle des Städtebaus

Die Entstehung von Städten ist eng mit der Herausbildung stärker entwickelter Zivilisationsformen in den frühen Hochkulturen verknüpft. Voraussetzung war die verbesserte Nahrungsgewinnung nach der Erfindung des Pfluges und durch die Domestizierung von Tieren. Dies hatte die Freisetzung von Arbeitskräften aus der bäuerlichen Gemeinschaft bei Arbeitsteilung und sozialer Differenzierung zur Folge. Protourbane Großsiedlungen – so das oft als älteste Stadt der Menschheit angesprochene Jericho – entstanden wohl schon im 7. Jahrtausend vor unserer Zeitrechnung. Der Übergang vom dörflichen zum differenzierten städtischen Gemeinwesen erfolgte jedoch erst im 3. und im 2. Jahrtausend v. Chr. Städte entstanden in Mesopotamien und in den Niederungen von Nil, Indus und Gelbem Fluss. In diesen fruchtbaren Gegenden wurden in den Städten überschüssige landwirtschaftliche Erträge gesammelt, gelagert und umgeschlagen. Sicherheitsbedürfnisse führten zu Schutzmaßnahmen wie Wällen, Ummauerungen und Stadttoren, Zitadellen und Burganlagen: die Stadt grenzte sich damit klar von ihrer Umgebung ab. Der Unterscheidung gesellschaftlicher Gruppen und Funktionen entsprach die Entwicklung unterschiedlicher Bauaufgaben und -formen wie zum Beispiel Tempelanlagen und Paläste. Während von den ersten städtischen Hochkulturen nur noch archäologische Reste nachweisbar sind, haben wir genauere Kenntnisse über die Städte des griechischen und römischen Altertums, mit denen, beginnend im östlichen Mittelmeerraum, die europäische Stadtentwicklung einsetzte.

Bereits in der ägäischen Kultur, die um 1000 v. Chr. wieder erlosch, gab es Palast- und Burgstädte, wie sie in Knossos auf Kreta ergraben und teilrekonstruiert worden sind. Ab etwa 700 v. Chr. begründeten die Dorer die griechische Stadtkultur. Bevorzugte Standorte der Städte in archaischer Zeit (ca. 800–500 v. Chr.) waren Hügellagen mit Zugang zum oder Sicht auf das Meer wie im Fall von Athen oder Korinth. Die Städte wurden Ausgangspunkte der sich konsolidierenden griechischen Stadtstaaten, der Poleis, auf deren Gebiet weitere städtische Siedlungen liegen konnten. Die beiden Zentren der griechischen Stadt waren Akropolis (Burgstadt), die hoch gelegene Burg mit den Heiligtümern, und Agora (Versammlung), der Markt- und Versammlungsplatz im Zentrum, auf dem sich das öffentliche Leben abspielte. Das Anwachsen der Bevölkerung bewirkte angesichts beschränkter Anbauflächen einen ständig wachsenden inneren Druck. Seit dem 8. Jahrhundert v. Chr. wurden daher in großem Stil griechische Kolonien an fremden Küsten gegründet: in Unteritalien, Sizilien, Südfrankreich, Spanien und am Schwarzen Meer.

Milet als Beispiel einer planmäßig angelegten griechischen Stadt

Während die archaischen und klassischen Städte der Griechen unregelmäßig und der Topografie angepasst waren, wurden die Stadtgründungen im Mittelmeerraum etwa ab Mitte des 5. Jahrhunderts v. Chr. einer einheitlichen, geometrischen Konzeption unterworfen. Dies geschah auch, um eine gerechte Verteilung der Grundstücke zu gewährleisten. Dabei orientierte man sich an dem angeblich von Hippodamos von Milet beim Wiederaufbau seiner Heimatstadt entwickelten Schema *(Abb. 1)*.

Das ionische Milet dehnte sich auf einer lang gestreckten Halbinsel im Südwesten der Bucht von Latmos aus; heute sind Häfen und Bucht durch Anschwemmungen des Mäander verlandet. Milet, das achtzig Kolonien gründete, gehörte zu den wirtschaftlich und kulturell führenden Stadtstaaten. Seine Beteiligung am ionischen Aufstand gegen die persische Oberhoheit endete 494 v. Chr. mit der Zerstörung der Stadt und der Deportation ihrer Bewohner. Sie konnten erst nach dem griechischen Sieg bei Salamis 479 v. Chr. zurückkehren. Hippodamos, Bürger von Milet, soll den Wiederaufbau geplant haben und gilt daher als Erfinder des regulierten Städtebaus, wenngleich sich Schachbrettsysteme schon bei den Totenstädten der ägyptischen Pharaonen nachweisen lassen.

Das orthogonale Gitternetz sich rechtwinklig kreuzender Straßen bestimmt die Raumordnung des Hippodamischen Stadtplans, der sich hier im flachen Gelände ungeachtet der Küstenlinie entwickelt. Alle Blöcke im nördlichen Wiederaufbaugebiet maßen 70×60 Fuß (20,75×17,70 Meter). Erst bei der Erweiterung nach Süden in hellenistisch-römischer Zeit, als sich die Stadtfläche verdoppelte, wurden größere Blöcke von 175×100 Fuß vorgesehen. Für öffentliche Plätze und Gebäude wie Theater, Bäder, Stadien und Tempel blieb im Hippodamischen Milet ein Areal von 26 Blöcken frei von Wohnbauten.

Abb. 1
Milet, Wiederaufbau nach 479 v. Chr. im Hippodamischen Schema (Norden) und hellenistisch-römische Erweiterung (Süden): 1 Löwentor, 2 Römische Thermen, 3 Nördliche Agora, 4 Theater, 5 Palästra, 6 Südliche Agora, 7 Westliche Agora, 8 Athena-Tempel, 9 Stadion, 10 Heiliges Tor.

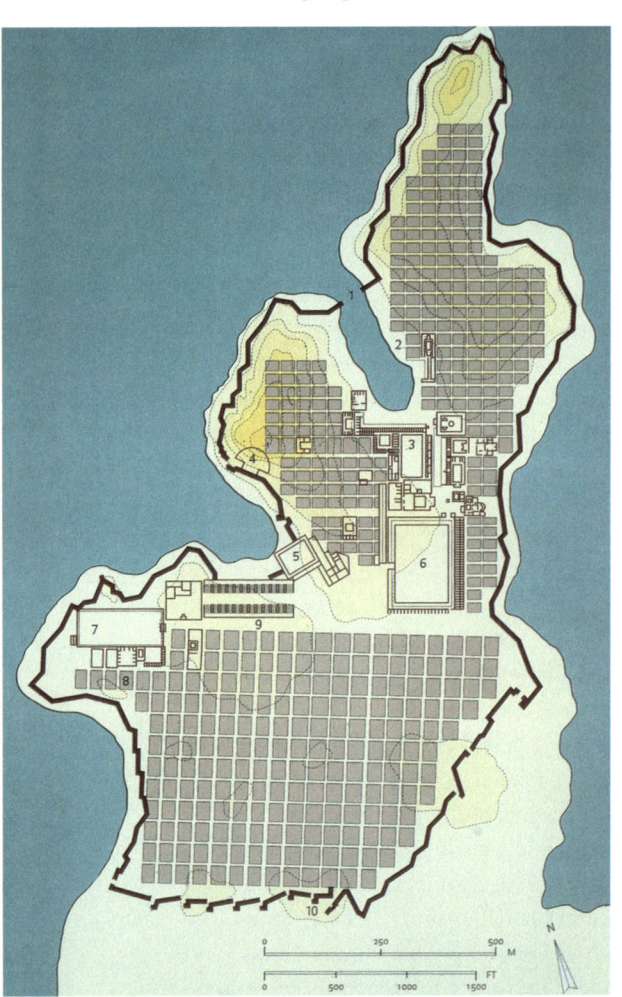

Typenhäuser im alten Griechenland

Gleich nach den Perserkriegen wurde die Stadtanlage des Piräus ausgeführt, des Hafens von Athen, der mit der Stadt in klassischer Zeit über sechs Kilometer durch den Schutzkorridor der Langen Mauer verbunden war. Nach Aristoteles soll Hippodamos, *der die Aufteilung der Städte erfand,* auch den Piräus *in Stücke zerlegt,* also eine Art Flächennutzungsplan erarbeitet haben. Der Philosoph hält die Anordnung der Privathäuser für *hübscher und praktischer, wenn sie gradlinig ist und dem neueren und hippodamischen Prinzip folgt.* Unter funktionalen Gesichtspunkten war das Gelände der Halbinsel von Piräus ideal: Eine große, natürliche Bucht im Nordwesten bildete den Kantharos-Hafen, ihr gegenüber lag im Südosten der Kriegshafen Zea. Auch kam das plane Terrain dem geometrischen Stadtgrundriss entgegen. In der Folgezeit wurde das Hippodamische System jedoch oft mit einer der Alltagstauglichkeit widersprechenden Konsequenz angewandt. Denn was in der Ebene sinnvoll sein mochte, ließ sich im hügeligen Gelände nur unter sehr großen Schwierigkeiten umsetzen. So lag die Stadt Priene, die Mitte des 4. Jahrhunderts v. Chr. in der Mäanderebene gegründet worden war, denkbar ungünstig auf einem Felssporn mit steil abfallenden Rändern. Doch selbst unter diesen Bedingungen baute man in Blöcken zu 160 × 120 Fuß. Deshalb waren Terrassierungen mit hohen Stützmauern nötig. Viele Straßen gingen an ihren Enden in Treppen über, was den Verkehr stark behinderte.

Für Piräus wie Priene ist eine modern anmutende Bebauung mit Typenhäusern *(Abb. 2)* nachgewiesen. Gleich große Grundstücke sind zwar schon für die früharchaische Zeit bei den Kolonisten der neuen Städte im Westen belegt. Doch in Piräus zeigen die nach 475 v. Chr. zu datierenden Häuser gleiche Disposition und Abmessungen, und das sogar, obwohl sie jeweils als einzelne aufgeführt wurden, also nicht Teil eines in einem Zug realisierten Bauprogramms sein können. Demnach muss der Bebauung ein verbindlicher Entwurf zugrunde gelegen haben. Mit der Hippodamos zuge-

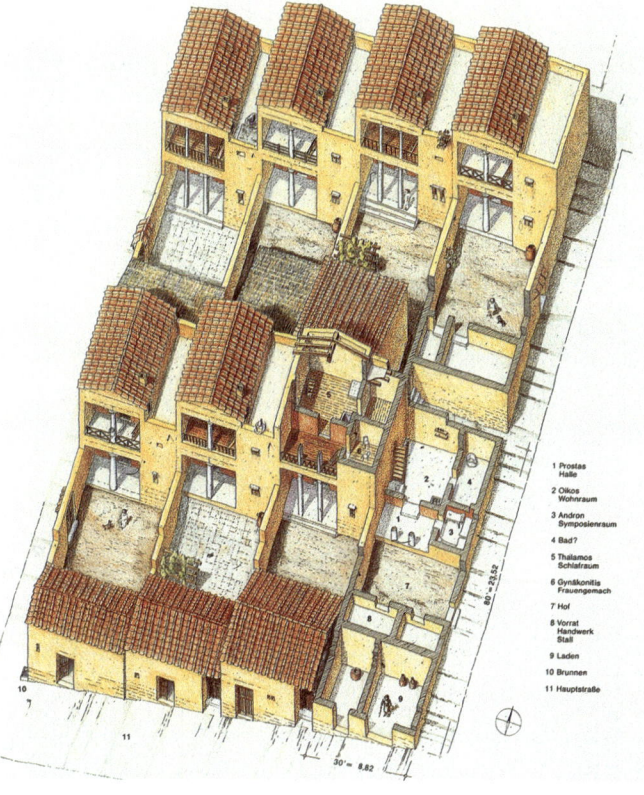

Abb. 2
Priene, Typenhäuser, nach Mitte des 4. Jhs. v. Chr. (nach W. Hoepfner).

1 Prostas Halle
2 Oikos Wohnraum
3 Andron Symposienraum
4 Bad?
5 Thalamos Schlafraum
6 Gynäkonitis Frauengemach
7 Hof
8 Vorrat Handwerk Stall
9 Laden
10 Brunnen
11 Hauptstraße

11

schriebenen Piräus-Planung wurde der Städtebau also eine wissenschaftliche Disziplin.

Das mit dem Namen des Hippodamos verbundene Konzept war in Priene mehr als hundert Jahre später noch immer verbindlich. Auf den 207 m² großen, längsrechteckigen Parzellen lagen jeweils doppelgeschossige Wohnhäuser an der Nordseite und im Süden Nebengebäude mit Werkstätten, Vorratsräumen und Stallungen. Dazwischen befand sich ein Hof, von dem aus man das Wohnhaus über eine Eingangshalle betrat, die wegen der Südausrichtung im Winter die wärmende Sonne aufnahm und im Sommer Schatten spendete. Dahinter lag der Wohnraum mit Herdstelle, seitlich ein wohl auch als Bad genutzter Nebenraum und das Andron für die Symposien. Im Obergeschoss entsprach der unteren Halle eine Loggia, an die der Schlafraum und das seitliche Frauengemach grenzten. Im Durchschnitt bewohnten etwa zehn Personen ein Haus.

Das klassische Athen als Beispiel einer gewachsenen griechischen Stadt

Abb. 3
Athen, Agora, Zustand
Ende 5. Jh. v. Chr.
(nach J. Travlos und
W. B. Dinsmoor jr.).

Die seit der archaischen Zeit schnell gewachsenen Städte des griechischen Mutterlands sahen anders aus als die der Kolonien. Sie waren aus verstreuten Häusergruppen der geometrischen Zeit hervorgegangen, deren Lage durch die Fernstraßen bestimmt wurde. In Athen trafen sich die Straßen nördlich der Akropolis. Dort entstand später die Agora *(Abb. 3)*. Ihr schrittweiser Ausbau ist eng mit dem Beginn der Demokratie verbunden. Nach den Reformen des Kleisthenes 508/507 v. Chr. wurde für den neuen Rat der Fünfhundert ein Rathaus, das Buleuterion, benötigt. Auch für die Geschworenengerichte mussten mehrere Bauten errichtet werden, darunter die 1500 Menschen fassende Heliaia für die großen Prozesse. Im Übrigen diente die Halle (Stoa), die nach den Tempeln wichtigste Bauaufgabe der Griechen, für Gerichtsverhandlungen. Da die Agora vor allem Versammlungsplatz war, musste das Zentrum frei bleiben. Um 460 wurden Bäume angepflanzt, die aber wie die Monumente

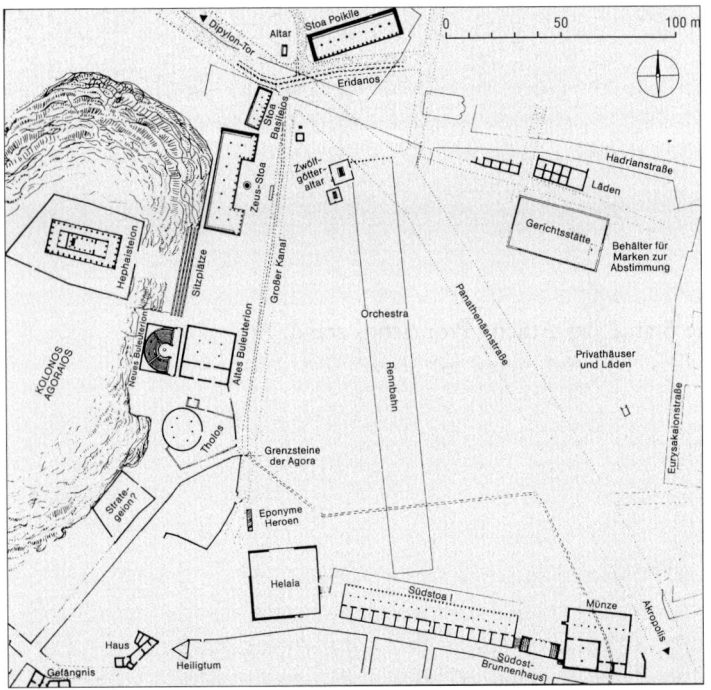

nicht streng gereiht waren. Die Agora des klassischen Athen bestand aus einem gewachsenen Ensemble von Bauten, unterschiedlich in Funktion, Größe und Stil, zudem nicht einheitlich ausgerichtet, sondern wegen der Achsverschiebungen als individuelle, körperliche Gebilde zu erfahren. Über die Agora führte der Panathenäische Weg, über den sich beim Hauptfest der Stadtgöttin Athena der Festzug zur Akropolis bewegte. Die Akropolis *(Abb.4)* war eine mykenische Burg- und Palastanlage gewesen, wandelte sich aber dann bis in die archaische Zeit zum heiligen Bezirk. Nach den Zerstörungen durch die Perser wollte man zunächst eine ewige Ruine als Mahnmal der Barbarei erhalten. Doch dann erhielt die Akropolis in der Blütezeit des Attischen Seebunds unter dem Einfluss des Strategen Perikles ihre klassische Ge-

*Abb. 4
Athen, Akropolis, Modell des Zustandes der römischen Kaiserzeit (M. Korres).*

stalt durch ein gewaltiges Bauprogramm. 447 v. Chr. wurde nach Entwürfen von Iktinos und Kallikrates der Parthenon als Weihegeschenk mit dem kolossalen Athena-Bild des Phidias begonnen.

Der Aufgang zur Akropolis führt im Westen zunächst in den seitlich vom Nike-Tempelchen überragten Torbau der Propyläen, in dessen Flucht die ebenfalls von Phidias geschaffene Statue der Athena Promachos stand. Am Nordrand des Plateaus liegt das zierliche Erechtheion mit seiner Korenhalle und daneben das Haus der Arrhephoren. Der von den Propyläen aus übereck gesehene und rückwärtig zugängliche Parthenon bildet den monumentalen Mittelpunkt. Immer wieder gerühmt wurden seine straffe, körperhafte Geschlossenheit, die Harmonie der Formen, der Ausgleich zwischen Tragen und Lasten, die raffinierten perspektivischen Vorverzerrungen und die bis heute nicht wieder erreichte Qualität der Ausführung. Wie alle Architektur und Skulptur der Antike, haben wir uns die Monumente der Akropolis lebhaft bunt vorzustellen. Was als locker gruppiertes Ensemble erscheint, war tatsächlich eine wohl kalkulierte, auf den Betrachter abgestimmte Komposition.

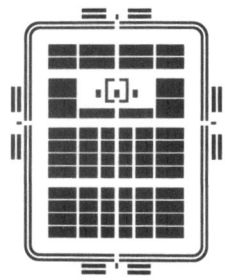

Abb. 5
Römisches Militärlager
(nach H. Stierlin).

Römische Architektur und römische Stadtanlagen

Die nachantiken Europäer des lateinischen Westens haben die Leistungen der Griechen in Architektur, Urbanistik und bildender Kunst lange Zeit nur mittelbar kennen gelernt, nämlich in der Übernahme und Weiterentwicklung durch die Römer. Dem Mittelalter und der frühen Neuzeit war die Baukunst des Altertums nahezu ausschließlich durch Monumente der Stadt Rom gegenwärtig, die wieder und wieder studiert wurden. Hinzu kamen Überreste in den Provinzen des ehemaligen Römischen Reiches. Von den Griechen haben die Römer die dorische, ionische und korinthische Säulenordnung übernommen, hinsichtlich Formen und Proportionen konventionalisierte Architektursysteme, die sie um die toskanische und composite Ordnung ergänzten. Die fünf klassischen Ordnungen bildeten, gestützt durch die auf den römischen Architekten Vitruv aufbauende Theorie, seit der Frührenaissance die Grundlage der europäischen Architektur.

Mit der Ausbreitung der europäischen Kultur wurde das klassisch-vitruvianische Architektursystem zu einer universellen Architektursprache. Wer das Vorbild der Alten pries, meinte also noch bis weit ins 18. Jahrhunderts damit Griechisches wie Römisches ohne kunsthistorische Differenzierung. Erst seit der Mitte des 18. Jahrhunderts führten Forschungsreisen sowie Bauaufnahmen und Publikationen griechischer Bauten zur Abgrenzung der griechischen von der römischen Architektur.

Die städtebaulichen Modelle der Römer waren sowohl von etruskischen als auch von griechischen Vorbildern beeinflusst. Von den in Mittelitalien ursprünglich herrschenden Etruskern wurden die Gründungsriten, der feste Stadtumriss und die Ausrichtung nach den Himmelsrichtungen übernommen: Vom Zentrum aus bestimmte man die Ostwestachse (Decumanus) nach der aufgehenden Sonne. Die Nordsüdachse (Cardo) wurde im rechten Winkel durch den Mittelpunkt gelegt. So entstand ein Hauptstraßenkreuz, dessen Größe durch die Stadttore begrenzt war, die auf jeder Achse im gleichen Abstand vom Zentrum lagen. Parallel zu den Achsen verliefen die ein Quadrat oder ein Rechteck bildenden Schutzwälle oder -mauern. Den Formvorstellungen des griechisch-hellenistischen Städtebaus hingegen entsprach die Einteilung des Stadtge-

Abb. 6
Timgad, Plan der römischen Stadtanlage.

Abb. 7
Timgad, Ansicht mit dem
Trajansbogen am süd-
lichen Stadteingang.

biets in Baublöcke (Insulae). In der Mitte der Stadt lagen das Forum und die größeren öffentlichen Gebäude. Anders als die griechische Stadt mit ihrer demokratisch verfassten Bürgerschaft bezog die hierarchische, nach Patriziern, Bürgern und Sklaven gegliederte römische Gesellschaftsordnung alle Einzelheiten der Organisation städtischen Lebens in die Stadtplanung ein.

Bis in die Kaiserzeit blieb das etruskische System vorbildlich für die Urbs, die rituell gegründete und ummauerte Stadt. Das Castrum *(Abb. 5),* das römische Militärlager, war in vielen Punkten mit der Urbs vergleichbar und in der Form von ihr hergeleitet. Es ging ihr später, besonders in den Provinzen, oft als Kern voraus. Das römische Modell breitete sich durch planmäßige Kolonisation ab dem Ende des 4. Jahrhunderts v. Chr. über weite Teile des Mittelmeerraums sowie nach Westen und nach Norden aus, hier auf der westlichen Rheinseite und entlang dem rechten Donau-Ufer bis zum Limes sowie in Britannien südlich vom Hadrianswall. Römische Städte lehnten sich zum Teil an Kastelle und Militärlager an, zum Teil erwuchsen sie, wie etwa Köln oder Trier, aus bürgerlichen Ansiedlungen. Einen Sondertypus bildeten aus Heilquellen entstandene Bäderstädte wie das englische Bath oder in Deutschland Aachen und Wiesbaden.

Gut erhalten haben sich unter dem Wüstensand die Überreste der römischen Städte in Nordafrika. Ein prominentes Beispiel für die Neugründungen, die hier das Grenzgebiet des Reiches sichern sollten, ist Timgad/Thamigadi *(Abb. 6 und 7, S. 14, 15).* 100 n. Chr. wurde in der südalgerischen Steppe das übliche regelmäßige Viereck mit Cardo und Decumanus angelegt, hier mit 328 auf 357 Meter Seitenlänge. Allerdings sprengten wachsender Wohlstand und die Zuwanderung wegen der Heilquellen das ursprüngliche Raster, so dass sich die Stadt bald in alle Richtungen auf mehr als die doppelte Fläche erweiterte.

Eine wohlhabende römische Landstadt: Pompeji

Für die Betroffenen ist ein Vulkanausbruch eine Katastrophe, für Archäologen und Historiker kann er ein Glücksfall sein. So wie der Vesuv-Ausbruch am 24. August des Jahres 79 n. Chr., in dessen Folge die römischen Städte Pompeji *(Abb. 8)*, Herculaneum und Stabiae mitsamt den Landhäusern der Umgebung zu Momentaufnahmen vergangener Lebensweisen versiegelt wurden. Funde und Grabungen haben uns ein umfassendes Bild von einer wohlhabenden römischen Landstadt vermittelt, welche aber die Entwicklungen der großen römischen Städte der späten Kaiserzeit nicht erlebte. Pompeji hatte nie mehr als 12 000 bis 15 000 Einwohner. Die Häuser waren höchstens zweigeschossig, mit Ladenlokalen zu den Straßen hin.

Die Stadt liegt in der nach Südwesten zum Meer geöffneten Küstenlandschaft des Golfs von Neapel. Sie wurde wohl von Oskern im 6. Jahrhundert v. Chr. auf einem Lavasporn in der fruchtbaren Ebene des in der Antike schiffbaren Sarno gegründet. Seit Ende des 5. Jahrhunderts war der Ort von den Samniten bewohnt. Der samnitische Bevölkerungsschub sprengte die engen Grenzen der Altstadt und führte zu einer großen Erweiterung der Siedlung nach Osten. Die Stadtgestalt war jedoch nicht für künftige Neusiedler berechnet, sondern folgte nach strategischen Überlegungen den günstigsten Verteidigungslinien. Bis zum Untergang war die Fläche innerhalb der Mauern ausreichend, so dass dort noch große Gärten angelegt werden konnten. Der Blick auf den Plan zeigt, wie der ältere Bestand reguliert und über das Erweiterungsgebiet ein System lang gestreckter Insulae und breiter Verkehrsstraßen an den Schmalseiten gelegt wurde.

Nach der Niederlage der Samniten im Bundesgenossenkrieg 82 v. Chr. wurde Pompeji römische Kolonie, die freien Einwohner erhielten das römische Bürgerrecht. Größere Teile des östlichen Neustadtgebiets besiedelten Veteranen Sullas. Nach dem wirtschaftlichen Aufschwung des 2. Jahrhunderts war bereits in vorrömischer Zeit das im Herzen der Siedlung, an der Kreuzung von Cardo und Decumanus, gelegene Forum erneuert, nach griechischem Vorbild mit zweigeschossigen Säulenhallen gerahmt und vom Fahrverkehr abgeschlossen worden. Zu den Tempeln und der Basilica für die Handelsbörse kam in römischer Zeit eine Reihe öffentlicher Bauten: der städtische Fleisch- und Fischmarkt (Macellum), Heiligtümer, der Tuchmarkt, das Wahllokal und Gebäude der Stadtverwaltung. Damals wurde auch ein archaisches Heiligtum im Süden als Forum Triangolare zum öffentlichen Platz mit Propylon, Säulenhallen und Gymnasium. Das ebenfalls im 2. Jahrhundert erbaute, später modernisierte Theater nutzte den natürlichen Steilhang aus.

Der Römerzeit verdankt Pompeji Großbauten, die sich in allen römischen Städten finden: Das Amphitheater wurde in den Ostwinkel der Stadtbefestigung gelegt und profitiert als in den Boden eingetiefte Anlage von der inneren Erdaufschüttung vor der Mauer. Der große Sportplatz der Palaestra schließt sich an. Weiterhin entstanden ein kleines, überdachtes Odeum neben dem

Theater, zwei kommunale Thermenanlagen und die erste Wasserleitung der Stadt mit ihrem Verteilerkopf an der Porta del Vesuvio im Norden, von dem die Leitungsrohre der öffentlichen und privaten Wasserversorgung ausgingen. Die Varianten der Wohnarchitektur in Pompeji erscheinen unerschöpflich, doch gehen sie letztlich auf einen Typus zurück, das italische Atriumhaus *(Abb. 9)*. Zur Straße hin schließt es sich bis auf den Eingang und wenige, kleine Fenster völlig ab. Das Haus entwickelt sich um den hohen Mittelraum, das Atrium, mit einer Dachöffnung, die von vier oder mehr Säulen getragen werden kann und der ein Becken zum Sammeln des Regenwassers entspricht. Darum gruppieren sich kleine Schlafzimmer, hinter denen zwei seitliche Flügel (Alae) anschließen. In der Achse des Hauses befindet sich das Tablinum, der Hauptraum, der von Speisezimmern (Triclinia) begleitet wird. Hinter dem Tablinum liegt – griechische Vorbilder modifizierend – ein Säulenhof (Peristyl) als Wohngarten. Somit entsteht ein intimer Wohnbereich, dessen größter Raum meist ein zum Peristyl hin geöffneter Saal (Oecus) ist. Selbst bei ungünstig geschnittenen Grundstücken versuchte man, Durchgänge, Lichthöfe und Wohngärten auf eine Achse zu legen. Wirtschaftsräume, Küchen und Dienerbereich sind vom Wohnteil klar abgegrenzt; die Kammern der Sklaven liegen oftmals im Obergeschoss.

62 n. Chr. wurde Pompeji wie andere Städte Kampaniens durch ein schweres

Abb. 8
Pompeji, Ansicht des Forums mit dem Podium des Jupitertempels an der Nordseite und Resten der zweigeschossigen Säulenhallen an den übrigen Seiten, hinter denen sich die öffentlichen Gebäude befinden.

Abb. 9
Pompeji, sog. Haus des
Menander. Blick vom
Atrium zum Peristyl.

Erdbeben zerstört. Die Wiederaufbauarbeiten waren noch nicht abgeschlossen, als 79 n. Chr. die Verschüttung kam. Ein erneuter Wiederaufbau schien wegen des Ausmaßes der Katastrophe unmöglich. Allerdings suchte man durch Grabungen alles Wertvolle und Verwertbare zu bergen. Eben deshalb ist uns Pompeji im Gegensatz zu Herculaneum nicht völlig ohne spätere Eingriffe erhalten.

Wegen der reizvollen Lage war die Gegend am Vesuv schon in der Antike eine bevorzugte Villenlandschaft. Von den alltäglichen Verpflichtungen, der Hitze des Sommers und dem Lärm der Städte zog sich die römische Oberschicht gern auf das Land zurück. Sie verband damit die Vorstellung vom *Otium*, der für Bildung, Erholung und gute Gesellschaft freien Zeit. Mit den Römern entstand eine Villenkultur, die in der europäisch geprägten Welt bis heute nachwirkt. Das schöne Leben auf dem Lande vollzog sich auf großen Gütern mit herrschaftlichem Wohnbereich – der *Villa rustica* – oder auch in der stadtnahen *Villa suburbana* ohne landwirtschaftlichen Betrieb. Gerade die in Kampanien freigelegten Häuser und Villen, ihre gemalten Wanddekorationen, Bodenmosaike und Kunstobjekte, haben seit dem 18. Jahrhundert unser Bild von römischer Kunst und Kultur nachdrücklich bestimmt.

Die Weltstadt Rom zur Kaiserzeit

Über Jahrhunderte war Rom von einer Stadtgemeinde zur Vormacht in Italien und schließlich zum Imperium geworden, das um die Zeitenwende die damals bekannte Kulturwelt Europas, Nordafrikas und Vorderasiens umschloss. Die Weltstadt Rom umfasste im zweiten nachchristlichen Jahrhundert etwa 1,5 Millionen Einwohner. Schon im 4. Jahrhundert v. Chr. hatte der planmäßige Stadtbau mit der Servianischen Mauer begonnen. Um 300 v. Chr. entstand die erste Wasserleitung und mit der Via Appia die erste Fernstraße, 55 v. Chr. wurde das erste Theater aus Stein erbaut. Cäsar konnte seine großen Vorhaben zur Erneuerung Roms nur ansatzweise verwirklichen. Erst Augustus durfte sich rühmen, eine Stadt aus Ziegeln in eine aus Marmor verwandelt zu haben. Nach dem Brand des Jahres 64 n. Chr. setzte ein großzügiger Wiederaufbau der Innenstadt ein, dessen Zentrum das Goldene Haus des Nero bildete. Während mehr als zwei Jahrhunderten relativer politischer Stabilität entfaltete sich eine grandiose Bautätigkeit. 271 ließ Kaiser Aurelian einen neuen, großen Mauerring aus Backstein errichten.

Roms Entwicklung zum Zentrum einer Weltmacht zeigt sich exemplarisch am Wandel von Baugestalt und Funktion des Forum Romanum und in den unter Cäsar, Augustus, Vespasian, Nerva und Trajan neu geschaffenen Kaiserforen *(Abb. 10, S. 21).* Der Forumsbereich war ursprünglich ein Sumpfgebiet zwischen den römischen Hügeln, außerhalb – *foris* – der Siedlungen. Nach der Trockenlegung entstanden im 5. Jahrhundert v. Chr. die ersten Heiligtümer. Zu den Kultbauten trat das politische Zentrum, der Bezirk des Comitiums im Nordwesten der sich allmählich herausbildenden rechteckigen Gesamtanlage, Ort der Bürgerversammlung, des Gerichts und der Parlamentsbeschlüsse. Schließlich wurden die Kurie des Senats und die Rostra, die Rednertribüne, hinzugefügt. Die Tribüne für die Gesandten anderer Länder schloss das Ensemble der Staatsbauten ab. Der Platz zwischen den Tempeln diente als von Verkaufsbuden eingefasster Marktplatz. Auf dem republikanischen Forum gingen Religion, Politik und Wirtschaft eine enge Verbindung ein.

Cäsar begann, das Forum mit der Basilica Julia auf der Südseite baulich neu zu ordnen und ihm einen deutlicher formalen Charakter zu geben. Auf der Nordseite errichtete Augustus 14 v. Chr. die Basilica Aemilia neu. Mit dem Tempel des vergöttlichten Cäsar im Osten und dem erneuerten Concordia-Tempel im Westen wurden die Schmalseiten geschlossen. Das Forum hat jedoch niemals eine völlig regelmäßige Gestaltung erlangt. Im Gegenteil, das auch von späteren Kaisern ergänzte, vielteilige Gefüge der Bauten und Denkmäler war gerade Ausweis der Altehrwürdigkeit. Dazu gehörte auch die Vorstellung, hier, beim *Umbilicus urbis,* beim Nabel der Stadt, sei der Mittelpunkt des Reiches.

Während im Falle des Forum Romanum nur eine nachträgliche Systematisierung angestrebt werden konnte, ist der Komplex der Kaiserforen insgesamt einer orthogonalen Anordnung unterworfen. Jedes Forum kennzeichnet Axialität und Symmetrie. Allerdings sind wegen der über das Areal führenden Via dei Fori Imperiali, der Prachtstraße aus der Zeit des Faschismus, bis heute nicht alle Kaiserforen archäologisch erschlossen. Nördlich vom Forum Romanum und abweichend von dessen Achse ließ Cäsar ab 51 v. Chr. als Rechteck von 170×75 Meter Seitenlänge sein neues Forum Iulium errichten, ein von doppelten Säulenreihen umschlossener Hof, an dessen Ostseite sich der Podiumstempel der Venus Genetrix, der Stammutter des Julischen Hauses erhob; im Süden gab es eine Reihe von Läden. Im rechten Winkel zum Cäserforum schließt nördlich das Augustusforum an, dessen 2 v. Chr. eingeweihter Tempel des Mars Ultor einen rechteckigen, von Säulenhallen umgebenen Platz beherrschte, an den sich Säle mit Exedren für Vorlesungen und Vorträge anschlossen. Eine hohe Brandmauer schützte die Anlage gegen die Subura, die dicht besiedelten Armenviertel der Altstadt. Die Buntfarbigkeit der unterschiedlichen Marmorsorten demonstrierte, wie weit die Macht des Augustus reichte. Das Bildprogramm verwies auf die Siege des Princeps und war voller Anspielungen auf die Verbindungen zwischen seiner Familie und dem römischen Gründungsmythos. Das östlich anschließende, parallel ausgerichtete Nervaforum wurde 97 n. Chr. eingeweiht und bildete die Verbindung zwischen Esquilin und Forum Romanum. Mit seiner korridorartigen Gestalt nutzte es den Restraum zwischen dem Augustusforum und dem weiter östlich gelegenen, noch nicht ergrabenen Friedensforum des Vespasian aus der Zeit von 71 bis 75 n. Chr.

Im 2. Jahrhundert erreichte die Stadt ihre größte Ausdehnung und höchste Einwohnerzahl. Das letzte, prächtigste der Kaiserforen wurde unter Trajan 107 n. Chr. begonnen. Dazu musste der Sattel zwischen Quirinal und Kapitol abgetragen werden, wobei mehrere alte Kultstätten zerstört wurden. Architekt war Apollodor von Damaskus, einer der berühmtesten Baumeister der Zeit. Das Trajansforum entwickelt sich westlich vom Augustusforum in vier Abschnitten: Zunächst, durch einen Triumphbogen eingeleitet, der eigentliche Forumshof mit Säulenhallen und Exedren sowie einem bronzenen Reiterbild des Kaisers in der Mitte. Dann die quergelagerte Basilica Ulpia, die große Halle für Rechtsgeschäfte. Dahinter erhob sich die von Senat und Volk errichtete Triumphsäule des Kaisers, deren Sockel die Urne mit seiner Asche aufnahm, während der Spiralfries von seinen Taten im Daker-Krieg berichtete und den Blick zum goldenen Standbild an der Spitze emporschraubte. Zwei Bibliotheken, eine für griechische, die andere für lateinische Literatur, nahmen die Säule zwischen sich. Im Westen begrenzte der von Hadrian errichtete Tempel seines vergöttlichten Vorgängers Trajan den Komplex. Nördlich schließen sich an das Trajansforum die mehrgeschossigen Straßen des Mercatus Traiani mit einst mehr als 150 Läden an. Groß- und Detailhandel, die staatliche Lebensmittelversorgung und Verwaltungsräume waren in diesem Vorläufer neuzeitlicher Passagen und Einkaufszentren untergebracht. Mit dem Ziegelbau des Trajansmarktes stützte Apollodoros zugleich den Quirinal-Hügel ab.

Wie ein großstädtisches Mietshaus mit Wohnungen und Ladenlokalen
(Abb. 11) in der römischen Kaiserzeit aussah, kann gut anhand der Überreste
im antiken Ostia, Roms Hafenstadt am Tyrrhenischen Meer, studiert werden:
In der unteren Zone lagen Ladenlokale und der Hauseingang, wobei die Trep-

Abb. 11
Ostia, Großstadthaus der
Kaiserzeit, Modell
(Rom, Museo della Civiltà
Romana).

pen zu den Obergeschossen nach Möglichkeit so angelegt waren, dass jede Partei ihren unabhängigen Zugang hatte. Die Läden öffneten sich in voller Breite zur Straße, stellten aber durch eine Zwischendecke ein Halbgeschoss als Wohnung der Ladeninhaber oder zusätzliche Lagerfläche bereit. Darüber folgte in den Obergeschossen die Zone der herrschaftlichen Mietwohnungen. Um 1500 haben die Renaissancearchitekten – so Bramante im Haus des Raffael – anhand dieser antiken Modelle den neuzeitlichen Stadtpalast entwickelt. Bis heute hat sich dieser Haustypus als optimale Großstadtarchitektur erwiesen, ihm ist im Prinzip auch die aktuelle Blockbebauung in Berlin-Mitte verpflichtet: Noch immer nimmt der Sockelbereich Läden und die Hauseingänge auf. Es folgen mehrere Büro- und Wohngeschosse und darüber gegebenenfalls eine Attika mit weiteren Räumlichkeiten.

2 Die Stadt im Mittelalter

Mit dem Ende des Weströmischen Reiches in der Völkerwanderungszeit war im lateinischen Westen auch der Niedergang der antiken Stadtkultur verbunden, während im griechischen Osten Konstantinopel im 6. Jahrhundert zur größten europäischen Stadt aufstieg. In zahlreichen Fällen – fast durchgängig in Italien, wo sich antik-urbane Lebensart am lebendigsten erhielt – ist eine Kontinuität von den ehemaligen Römersiedlungen zu den mittelalterlichen Städten festzustellen. Häufig entstanden im Frühmittelalter Städte auch in unmittelbarer Nähe zerstörter römischer Siedlungen oder Kastelle. Oder sie entwickelten sich um Bischofssitze als Siedlungen freier oder abhängiger Gefolgsleute, in Anlehnung an Klöster und um Burgen als Siedlung schutzbedürftiger Handwerker und Bauern, ferner als mit Privilegien ausgestattete Siedlungen freier Händler und Handwerker um den Markt sowie um Höfe (villae) oder als spontane Gründungen.

Im Kontext gesteigerter landwirtschaftlicher Produktion, Bevölkerungszunahme und wachsender Differenzierung der Gesellschaft lässt sich zwischen dem 12. und 15. Jahrhundert eine von Westen nach Osten verlaufende Urbanisierungswelle feststellen. Neben die gewachsenen Städte mit zum Teil römischen Wurzeln traten in Mitteleuropa planmäßig durchgeführte Stadtanlagen, zunächst Gründungen als Instrumente kaiserlicher oder fürstlicher Machtausübung, dann zahlreiche kleinere landesherrliche Stadtgründungen zur Stärkung der jeweiligen Territorialmacht.

Im Mittelalter bestand ein fundamentaler Kontrast zwischen Stadt und Land. Das Stadtbild zeigte sich überschaubar als geschlossenes, von einer Mauer mit Toren eingefasstes Ganzes. Von außen nach innen nahmen Höhe und Dichte der Bebauung zu. Eine individuelle Silhouette wurde durch Stifts- und Pfarrkirchen, das Rathaus und die Bürgerhäuser oder auch die Burg des Stadtherrn bestimmt. Die Verkehrsstraßen bildeten die Aktionslinien der Stadt, der Marktplatz oder die Marktstraße mit dem Rathaus das Zentrum, überragt von der Stadtpfarrkirche als Kult- und Kulturmittelpunkt. Zwar wurden im Mittelalter Städte kunstvoll und planmäßig angelegt, aber nicht, wie seit der Renaissance, als geometrische Reißbrettplanung nach abstrakten Schönheitsvorstellungen. Charakteristisch war eine oft verteidigungsbedingt gekrümmte Straßenführung ohne weite Durchblicke, die jede Straße in optisch begrenzte Abschnitte teilte und Plätze als geschlossene Räume erscheinen ließ. In dieser Stadtgestalt kam die im Zunft- und Gildewesen begründete Absonderung einzelner Bereiche zum Ausdruck. Eine Besonderheit waren die – in Deutschland seit dem 10. Jahrhundert belegten – Judenviertel, zunächst in zentraler Lage, da Juden sich als Fernhändler betätigten. Vom 12. Jahrhundert an verlagerte sich die Ansiedlung an die Ränder und die Tätigkeit auf Geldgeschäfte. Nach den Pestpogromen des 14. Jahrhunderts wurden die zentralen jüdischen Grundstücke oftmals in Marktbereiche umgewandelt und jüdische Kultbauten durch Kirchen und Kapellen ersetzt. Spätere Neuaufnahmen von Juden waren kontingentiert, befristet und an schlechte städtische Mietquartiere gebunden. Da Juden keine Grundstücke erwerben und nicht in Zünfte aufgenommen werden konnten, wurden sie in den Pfand- und Kleinhandel gedrängt.

Köln: von der römischen Kolonie über die Bischofsstadt zur Freien Reichsstadt

Kölns frühmittelalterliche Stadtentwicklung *(Abb. 12)* nahm ihren Ausgang vom Quadrat der römischen Mauern und den Friedhofskirchen vor den Toren. Kurz vor der Zeitenwende war auf dem hochwasserfreien, linken Rheinufer ein nach römischem Muster geplantes Oppidum entstanden mit den Hauptachsen Hohe Straße als Cardo maximus und Schildergasse als Decumanus. Es stieg 50 n. Chr. zur Kolonie – Colonia Claudia Ara Agrippinensium – auf und war seit Domitian auch rechtlich Provinzhauptstadt Niedergermaniens, die im 2. und 3. Jahrhundert eine wirtschaftliche Blüte erlebte. Nach 312 wurde gegenüber auf dem rechten Rheinufer und über eine feste Brücke erreichbar das Militärkastell Divitia (Deutz) errichtet.

Nach Zerstörung durch die Franken und römischer Rückeroberung entfaltete sich ab der Mitte des 4. Jahrhunderts noch einmal eine reiche Bautätigkeit. Vor den Mauern entstanden Memorialoratorien an Märtyrerstätten und Friedhöfen: St. Gereon und St. Ursula im Norden, St. Severin im Süden. Innerhalb der Mauern wurde die erste Bischofskirche an der Stelle des heutigen Doms errichtet. Der Prozessionsweg vom Dom nach St. Gereon bildete im Mittelalter eine der Hauptstraßen. In der ersten Hälfte des 5. Jahrhunderts übernahmen die Franken die Herrschaft. Obwohl das römisch geprägte Stadtbild im Wesentlichen erhalten blieb, schrumpften und verfielen die privaten Wohnbereiche.

Abb. 12
Köln, Stadtentwicklung bis zum Mauerbau von 1180.

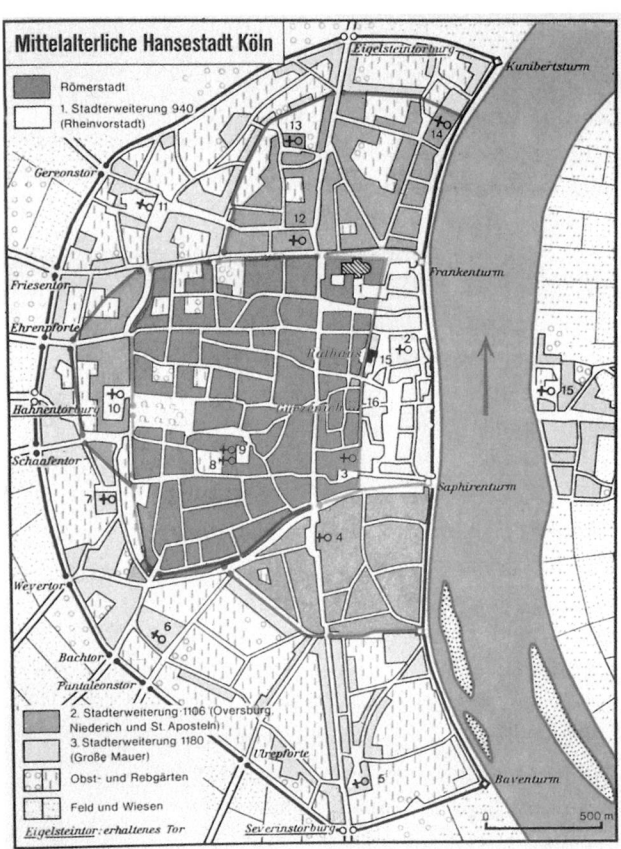

24

Einen neuen Rang gewann die Stadt, als Karl d. Gr. seinen Hofkaplan Hildebold zum Erzbischof erhob und Köln die Suffraganbistümer Lüttich, Utrecht, Münster, Osnabrück und Minden unterstellte. 870 wurde ein Neubau der Domkirche geweiht. Vor der Zerstörung der Stadt durch die Normannen 881 bestanden außer dem Dom bereits sechs Männer- und Frauenkonvente. Die Angliederung an das Ostreich 925 leitete eine Epoche engster Verbindung zwischen Stadt und Kaiserhaus ein. Erzbischof Bruno erhielt von seinem Bruder Otto d. Gr. das Herzogtum Lothringen und damit die Grafenrechte in seiner Metropole. Seit Pilgrim blieb das Kanzleramt beim Kölner Erzbischof, er besaß das Recht, die deutschen Könige in Aachen zu krönen. Mit der Überführung der Gebeine der Hll. Drei Könige 1164 wurde Köln zu einem der wichtigsten Wallfahrtsorte der Christenheit.

Bis zur Mitte des 11. Jahrhunderts waren weitere sieben Stifte und Abteien gegründet worden, so dass die Stadtkomposition nun aus dem Domstift, sieben Kanonikerstiften (St. Andreas, St. Aposteln, St. Georg, St. Gereon, St. Kunibert, St. Maria ad gradus, St. Severin) drei Damenstiften (St. Cäcilien, St. Maria im Kapitol, St. Ursula) und drei Benediktinerklöstern (Groß St. Martin in der neuen Kaufmannsvorstadt, St. Pantaleon und St. Heribert in

Deutz) bestand. In der Zeit von 1150 bis 1250 erhielten die meisten Kirchen ihre bis heute fortbestehende Gestalt. Die Anlagen unterstanden – ausgenommen die 1817 abgebrochene St. Maria ad gradus beim Dom – zunächst keinem städtebaulichen Wechselbezug. Doch als die Bürgerstadt die alten Stiftsbereiche immer mehr umwuchs, wurden sie zu monumentalen Inseln, zumal die späteren Pfarrkirchen und die spätmittelalterlichen Anlagen der Bettel-, Prediger- und Ritterorden nicht annähernd gleichwertig das Stadtbild bestimmten. 1180 wurden die Vororte in die neue, 5½ Kilometer lange Befestigung einbezogen, die ausgedehnteste des alten Reiches; bis 1881 genügte das ummauerte Areal dem Bevölkerungszuwachs.

Abb. 13
Köln, Stadtansicht von Osten. Ausschnitt aus dem Woensam-Prospekt, 1531, mit dem Dom (Mitte), Groß St. Martin und Rathausturm (links).

Als Stadt der Stifte, mit den Drei Königen als Patronen über den Wolken, erscheint das *heilige Köln* auf dem großen Prospekt von 1531 *(Abb. 13)*. Hier ist auch der 1248 begonnene neue Dom in den Formen der französischen Kathedralgotik zu sehen. Sein Chor wurde 1322 geweiht, der Bau der Westteile verlief jedoch schleppend und wurde 1560 ganz eingestellt. Der Torso mit dem Kran auf dem Südturm bestimmte für drei Jahrhunderte das Stadtbild, bis Nationalbewegung und Neugotik im 19. Jahrhundert die Fertigstellung der Kathedrale betrieben.

Schon im 12. Jahrhundert nahm Köln nach Handel und Warenumschlag den ersten Platz in Deutschland ein. Die Emanzipationsbemühungen der selbstbewussten Kaufmannschaft standen im Widerspruch zum Streben der Erzbischöfe nach einem Territorialstaat. 1288 brachte der Sieg bei Worringen der Bürgerschaft die Selbständigkeit, die Erzbischöfe residierten fortan in Bonn und Brühl. Die Rivalität zwischen Stadtpatriziat und Zünften erfüllte das 14. Jahrhundert. Sie endete mit dem Sieg der Zünfte und dem *Verbundbrief* von 1396 als einer Art demokratischer Stadtverfassung. Als Zeichen des Sieges und der städtischen Freiheit führten die Zünfte ab 1407 den mächtigen, auf dem Woensam-Prospekt links neben Groß St. Martin zu sehenden Rathausturm aus. Das Kölner Rathaus entstand aus einer Reihe von seit dem 12. Jahrhundert errichteten Einzelbauten, später auch auf dem Raum des mit der Judenvertreibung 1424 zerstörten Ghettos. 1475 wurde die Entwicklung Kölns formell durch die Erhebung zur Freien Reichsstadt besiegelt.

Stadtwerdung im frühen Hochmittelalter: das Beispiel Freiburg im Breisgau

Der Wandel von einer frühstädtischen Siedlung ohne römische Wurzeln zur Stadt im 12. Jahrhundert lässt sich, zumindest für den deutschen Südwesten, exemplarisch an Freiburg im Breisgau *(Abb. 14)* studieren. Um die Jahrtausendwende war das spätere Stadtareal am Ausgang des Dreisamtales in den Oberrheingraben noch unbesiedelt, während die Dörfer Adelhausen, Lehen und Herdern, heute Freiburger Stadtteile, bereits bestanden. Vermutlich 1091 wurde die Burg Freiburg durch den Zähringer Bertold I. gegründet, der den Breisgau erobert und 1078 die Reichsburg Zähringen in Besitz genommen hatte. An die Burg gebunden, entwickelte sich der älteste Siedlungsbereich im Süden des Freiburger Altstadtgebietes. Der Ort lag günstig an der Handelsstraße Breisach-Villingen und in der Nähe der Silbergruben im Breisgau.

1120 gründete der Zähringer Konrad *an seinem Ort Freiburg* einen Markt, rief von auswärts Kaufleute herbei und sicherte ihnen Privilegien zu. Die Marktgründung, mit der eine wirtschaftliche Blüte einsetzte, nimmt eine Zwischenstellung zwischen den Marktrechtsverleihungen des 10. und 11. Jahrhunderts und den eigentlichen Stadtgründungen des späten 12. und 13. Jahrhunderts ein. Der Straßenmarkt – die Marktfläche entspricht der heutigen Kaiser-Joseph-Straße – wurde westlich außerhalb der bestehenden Siedlung angelegt und bildete die Mittelachse der bald nach 1120 begonnenen neuen Stadtbefestigung. Ihre monumentale, 2,1 Kilometer lange Mauer querte im Süden bebaute Parzellen der älteren Siedlung, während im Norden und Westen unbesiedelte Areale in die Befestigung einbezogen wurden. Der Umbau gestaltete also nicht einen Marktort um, sondern folgte unmittelbar auf die Marktgründung selbst; die Hinwendung zu einem planvoll abgesteckten Stadtgrundriss setzte keineswegs eine Stadterhebung mit einem grundlegenden Wechsel der rechtlichen Stellung der Einwohner voraus.

Wohl der Stadtherr selbst veranlasste den Ausbau der öffentlichen Infrastruktur. Die Straßen wurden, auch in den noch unbesiedelten Bereichen, sogleich abgesteckt und gepflastert. Die Parzellen erhielten in Teilen der Stadt in etwa einheitliche Abmessungen; im Stadtrecht von ca. 1152 wurde das *Hofstättenmaß* mit 100×50 Fuß festgelegt. Wegen des tiefen Grundwasserspiegels bekam Freiburg wohl schon im 12. Jahrhundert eine verzweigte Wasserleitung mit Laufbrunnen. Außerdem wurde um 1170 zur Wasserversorgung für Handwerk und Tierhaltung das Stadtbachsystem, die *Bächle,* angelegt. Entsprechend mussten die Straßen um ein bis drei Meter aufgehöht werden.

Seit 1125 fand ein rascher Ausbau mit Stein- und Holzhäusern statt. Die Bebauung hatte sich Mitte des 13. Jahrhunderts so verdichtet, dass die Straßenzeilen mit traufständigen, meist dreistöckigen Häusern geschlossen waren. Damals wurde das Stadtgebiet im Norden mit der *Neuburg* fast auf das Dop-

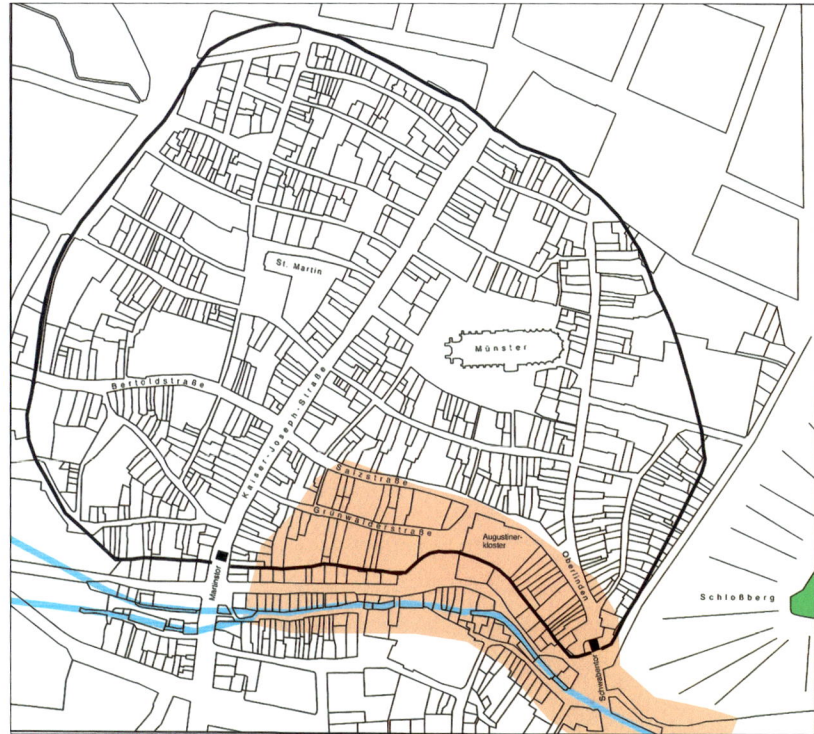

*Abb. 14
Freiburg, Bereich der präurbanen Siedlung (rosa) und hochmittelalterliches Stadtgebiet in einem Plan der Stadt vor den Zerstörungen des Zweiten Weltkriegs (M. Untermann).*

pelte vergrößert. Die Bürgerschaft errichtete um 1280 eine Gerichtslaube im Hof der städtischen Kanzlei. Zahlreiche Orden siedelten sich in und nahe der Stadt an. Anstelle der ursprünglichen konradinischen Basilika in romanischen Formen war schon Anfang des 13. Jahrhunderts ein spätromanischer Neubau der Stadtpfarrkirche Unserer Lieben Frau begonnen worden, der im Bestreben um Aneignung neuester Architekturentwicklungen zur Gotik überleitete. 1301 wurde das Langhaus dieser das Selbstbewusstsein der Bürgerschaft demonstrierenden Pfarrkirche im Gewand einer Kathedrale fertig gestellt, um 1330/40 der Maßwerkhelm des Westturms.

Um die Mitte des 14. Jahrhunderts setzte ein wirtschaftlicher Niedergang ein. Die Erhebung gegen die Grafen von Urach, Nachfolger der Zähringer, endete 1368 mit der Zerstörung der Burg und dem Übergang an das Haus Habsburg. Symptomatisch ist die Einstellung des erst 1354 begonnenen spätgotischen Neubaus des Münsterchors. Die Gründung der Universität 1457 durch den Österreichischen Erzherzog Albrecht VI. leitete einen Wiederaufstieg ein, der sich auch an der Fertigstellung und Ausstattung des Münsterchores bis zur Weihe 1515 zeigt.

Das mittelalterliche Paris: Ville – Cité – Université

Die französische Hauptstadt *(Abb. 15)* bietet ein gutes Beispiel einer Entwicklung von der gallorömischen Zeit über die frühmittelalterliche Entstädterung, den Wiederaufstieg als von Klostergründungen umgebenem Bischofssitz bis zum Eingreifen des Königtums als ordnender Kraft im Hochmittelalter.

Vor der Römerzeit befand sich bereits eine gallische Siedlung auf der Seine-Insel, wo der Fluss Schutz gegen Überfälle bot. Die römischen Eroberer hielten zwar an dem wichtigen Flussübergang fest, wählten aber für eine planmäßige Stadtanlage das Südufer. Deren Nordsüdachse ist noch in der Rue Saint-Jacques gegenwärtig. Mit dem Beginn der Franken- und Alemanneneinfälle sicherte man die Insel mit einem Mauerring. Schon damals bestand hier die Zweipoligkeit mit einer Palastanlage an der West- und einem Tempel an der Ostseite. Im spätantik-frühmittelalterlichen Schrumpfungsprozess zog sich das städtische Leben fast ganz auf die Insel zurück, wo Chlodwig 508 seine Residenz im römischen Palast einrichtete.

Mit der Christianisierung begann eine neue Phase. Außerhalb der alten römischen Civitas *(Cité)* entstand ein Kranz von Klöstern in Verbindung mit den vor der Stadt gelegenen Friedhöfen. Kleine Siedlungen bei den Klöstern wurden später zu Vorstädten *(faubourgs = faux-bourgs = falsche Städte)*. Namen wie Saint-Martin-des-Champs oder Saint-Germain-des-Prés weisen noch auf die ehemalige Lage hin. So wie auf der Insel der königliche Palast des Mittelalters an der Stelle des römischen entstand, besetzte die Kathedrale den Ort des heidnischen Tempels. Der Bischof war noch bis ins 11. Jahrhundert größter Grundbesitzer in der Stadt und Regent der Grafschaft. Doch mehr und mehr bestimmten die kapetingischen Könige das städtebauliche Geschehen.

Abb. 15
Paris um 1380, Modell.
Ansicht von Süden mit
den Teilstädten Université
(vorne), Cité und Ville
innerhalb der Mauer
Philippe-Augustes und der
nördlichen Erweiterung
durch Charles V.
(Paris, Musée Carnavalet).

Seit dem frühen 11. Jahrhundert entwickelte sich das Nordufer zum Gebiet der Handwerker und Kaufleute, woran noch immer die Namen von Straßen, Brücken und Pfarrkirchen erinnern. Ein Sandstrand bei der späteren Place de Grève erleichterte das Anlegen der Schiffe. Die Kaufleute zu Wasser bildeten die mächtigste Korporation, ihr Zunftzeichen, das Schiff, ging ins Stadtwappen ein. Der Prévôt des marchands vertrat die Stadt beim König. Nahe beim Anlegeplatz wurde 1357 auch ein Haus als Hôtel de Ville erworben. Auf dem Südufer hingegen bildete sich aus Lehrern und Schülern der Domschule Ende des 12. Jahrhunderts die korporativ verfasste Gemeinschaft *(universitas)* der Lehrenden und Lernenden. Paris gewann damit seine dreiteilige Stadtgestalt: In der Mitte die Ile de la Cité mit dem Königspalast im Westen und dem Bischofssitz im Osten, wo 1163 der Grundstein zur gotischen Kathedrale Notre-Dame gelegt wurde. Auf dem Nordufer die halbkreisförmige Bürgerstadt – *la ville*. Und auf dem Südufer *l'université* als ebenfalls halbkreisförmige Teilstadt. Zwei Nordsüdstraßen, mittels bebauter Brücken über die Flussarme geführt, verbanden die drei Stadtgebiete. Paris wurde deshalb *Stadt der drei Personen* genannt. Um 1200 ließ Philippe II. Auguste Paris durch einen weiten, auch unbebautes Gebiet einschließenden Mauerring befestigen; ein Bollwerk, der Louvre, sicherte die westliche Flusseinfahrt. Da jedoch in der Bürgerstadt die Träger des wirtschaftlichen und kommunalen Aufschwungs wohnten, musste bereits um 1370 Charles V. die Mauer auf dem Nordufer weiter fassen. Hier ließ der König im Osten die Bastille als Bollwerk nach innen errichten. Die fortifikatorische Bedeutung des Louvre war jedoch entfallen, er wurde königliches Wohnschloss. Die Stadtbefestigung, die um 1640 noch einmal modernisiert und im Nordwesten erweitert wurde, blieb bis in die Zeit Ludwigs XIV. erhalten.

FIORENZA

*Abb. 16
Florenz, Stadtansicht um
1480, sog. Kettenplan.*

Stadtstaaten in der Toskana: Florenz und Siena

Im Unterschied zu den deutschen Reichsstädten beherrschte im Falle der freien Kommunen Italiens die Stadt ein größeres Landgebiet. Im Streit zwischen den Ghibellinen, der Partei des kaiserlichen Territorialanspruchs, und den papsttreuen Guelfen waren angesichts der päpstlichen Politik der territorialen Aufteilung Italiens die Guelfen die natürliche Partei der ihre Autonomie behauptenden Stadtstaaten. In ihnen verlagerte sich im Laufe des 13. Jahrhunderts das politische Denken und die zivilen Bauanstrengungen von den Parteien der Geschlechter auf die Kommune als Ganzes. Die Republiken führten Kriege um die Vormachtstellung, die jeweils mit der Eingliederung der schwächeren Stadt in das Staatsgebiet der stärkeren endeten. In der Toskana blieb, neben dem Sonderfall des kleinen Lucca, allein Florenz *(Abb. 16)* übrig, nachdem 1555 auch der Hauptgegner Siena besiegt war, das sich mehrere Rivalen einverleibt hatte.

Das römische Florenz war ein durch Cardo und Decumanus gevierteltes Rechteck auf dem nördlichen Arno-Ufer gewesen. Nach spätantiker Schrumpfung erlebte die Stadt ab der Jahrtausendwende einen Wiederaufstieg. Die bescheidenen wie die aufwändigen Wohnbauten zeichneten sich durch wehrhaften Charakter aus. Am auffälligsten waren die Wohntürme der Adelsgeschlechter, die das Leben in der Stadt dem auf dem Lande vorzogen. Für das mittelalterliche Florenz sind 150 solcher Anlagen nachgewiesen, deren maximale Höhe 1251 auf 50 Ellen (ca. 26 Meter) festgelegt wurde. Eine Ahnung von der Bedeutung der Geschlechtertürme für das Stadtbild kann heute noch San Gimignano *(Abb. 17)* vermitteln.

Die auf dem Florentiner Hauptufer 1172–75 erbaute Mauer, die bis 1250

Abb. 17
San Gimignano, Stadtbild
mit Geschlechtertürmen.

auch Oltr'Arno, das Südufer, einbezog, vergrößerte die Stadt auf 97 Hektar. Zu dem seit Römertagen bestehenden Ponte Vecchio traten drei neue Flussbrücken hinzu. Niederlassungen der Dominikaner, Franziskaner, Serviten,

Abb. 18
Florenz, Piazza della
Signoria mit Darstellung
der Verbrennung
Savonarolas, um 1500.

Augustiner und Karmeliter widmeten sich der Volksseelsorge. Seit 1284 fällten die Zünfte – die großen der Kaufleute, Bankiers, Ärzte und Apotheker, Richter und Notare sowie die nachgeordneten der Handwerker – die politischen Entscheidungen.

Obwohl Florenz gegen 1300 fast 100 000 Einwohner erreichte, demonstrierte das nächste Erweiterungsprojekt vor allem durch Größe politische Macht. 1284 begann man mit einer neuen Mauer nach Plänen des Stadtbaumeisters Arnolfo di Cambio. Zeitgenossen rühmten ihre Länge von 8,5 Kilometern, die 73 Türme und 15 Torburgen, aber auch die Qualität der Ausführung. Florenz nahm nun mit 650 Hektar das Sechsfache seiner bis dahin ummauerten Fläche ein, ein Areal, das erst gegen Ende des 19. Jahrhunderts ganz mit Bauten gefüllt war.

Ab dem späten 13. Jahrhundert wurde auch die monumentale Staatsstraße in Angriff genommen, die heutige Via Calzaiuolo, von der allerdings nur der Südabschnitt *(Abb. 18)* realisiert werden konnte. Für die regelmäßige Bebauung sorgte die Stadtverwaltung selbst, vertreten durch die großen Zünfte. Als Nordende wurde zwischen Dom und altem Baptisterium die heutige Piazza San Giovanni geschaffen, im Süden brach man die Piazza della Signoria aus dem dichten Häusermeer. Die Stadt und ihre Bürger trugen die Finanzierung des neuen, ab 1296 errichteten Doms, dessen Dombaumeister Arnolfo di Cambio war. Die Benennung S. Maria del Fiore zeigte die Muttergottes als Stadt- und Staatsheilige; die Aufsicht über die Domopera lag bei der reichen Zunft der Großhändler. Seit 1334 war Giottos Kampanile im Bau. Ab 1337 entstand Or San Michele, ein Getreidesilo über einer offenen Verkaufshalle mit der Andachtsstätte eines wundertätigen Gnadenbildes. Der Palazzo Vecchio als Sitz des obersten Magistrats der Republik wurde ab 1298 aufgeführt, daneben ab 1374 die Loggia (später Loggia dei Lanzi genannt) für öffentliche Zeremonien und *zu Ehren und Ansehen der Kommune.*

Im 15. Jahrhundert verebbte unter der Autokratie der Medici der jahrhundertelange Parteienkampf, die politische Stabilität begünstigte die Neuorientierung der Künste in der Frührenaissance. Im 16. Jahrhundert wurde Florenz zur Hauptstadt des protoabsolutistischen Herzog- bzw. Großherzogtums Toskana.

Innerhalb einer Kunstlandschaft ist kaum ein größerer Gegensatz denkbar als der zwischen Florenz und Siena. Auch Siena *(Abb. 19)* war eine römische Gründung und durch den Bischofssitz als *civitas* definiert. Die ursprüngliche Bischofsmacht verdeutlicht die Lage des Doms an der höchsten Stelle der Stadt. Doch im 12. und 13. Jahrhundert gewann Siena zunehmende Bedeutung im Mittelmeerhandel, Großkaufleute und Bankiers entwickelten neue Formen des Kredit- und Versicherungswesens. Die Stadt, die um 1300 fast 40 000 Einwohner besaß, dehnte sich über die Höhenrücken in eine Reihe von Vororten aus. Jeder dieser *Contrade* besaß eine eigene Pfarr- oder Bettelordenskirche. Die städtebauliche Hauptaufgabe ab Ende des 13. Jahrhunderts bestand darin, die drei Stadtgebiete – die *Terzi di Città* (Domstadt), *di Camollia* (Nordstadt mit der Torburg gegen Florenz) und *di San Martino* (Südoststadt) – zu einer Einheit zusammenzuführen. Über die Bautätigkeit an den gewundenen Straßen, an denen die Paläste der führenden Geschlechter standen, wachten städtische Kommissionen. Eine Fülle von Erlassen, Verordnungen und Anweisungen regelte die Materialien, die Einhaltung der Fluchten und die einheitliche Erdgeschossgestaltung. Siena kennzeichnet eine mit Leidenschaft verfolgte metaphysische Überhöhung der Stadt durch Architektur und Bildkünste in Verbindung mit nüchterner, minutiöser Reglementierung des Baugeschehens.

Um keinen der Stadtteile zu bevorzugen, mussten Palazzo Pubblico und Campo, Regierungspalast und städtischer Hauptplatz, symbolisch die neun Contrade vereinen, also im Zentrum des Areals und damit am tiefsten Punkt platziert werden. Der hohe Turm, die Torre del Mangia, des seit 1297 emporgeführten Palazzo Pubblico sollte nicht nur die Türme der Adelshäuser überragen, sondern auch im Gesamtbild der Stadt den Widerpart zum Dom bilden. Während der Florentiner Palazzo Vecchio festungsartig erscheint, öffnet sich der Sieneser Palast mit Erdgeschossarkaden und reich dekorierten Triforiumsfenstern. In seinem Innern veranschaulichen die Fresken von Ambrogio Lorenzetti die Auswirkungen des guten und des schlechten Stadtregiments auf Stadt und Land.

Wie in Florenz war auch in Siena die Verantwortung für den Dombau vom Bischof auf die Stadt übergegangen. Um sich nicht von den Florentinern überrunden zu lassen, begannen die Sienesen in den 1330er Jahren, das Langhaus des romanisch-gotischen Doms zum Querhaus eines gigantischen Neubauprojektes zu machen, ein Vorhaben, das, von Anfang an durch statische Probleme behindert, bereits zwei Jahrzehnte später wegen der Pest und des wirtschaftlichen Niedergangs aufgegeben werden musste.

*Abb. 19
Siena, Stadtbild mit
Dombezirk und Campo.*

Terre murate und Bastidenstädte

Im Hoch- und Spätmittelalter wurden in allen Teilen Europas Städte nach regelmäßigem Muster errichtet, die entweder den Landbesitz eines Fürstentums oder Stadtstaates sichern oder höhere Steuererträge bringen sollten. In der Toskana werden solche Gründungen in Dokumenten des 14. Jahrhunderts *Terre murate* genannt. So wurde San Giovanni Valdarno *(Abb. 20),* das in der weiten Ebene links des Arno liegt, 1296 von den Florentinern als militärischer Stützpunkt gegründet, und zwar als einer der gegen Arezzo gerichteten befestigten Plätze. Noch heute zeigt der Plan die rational wie eine römische Kolonialsiedlung disponierte Anlage: ein lang gestrecktes – einst von Mauern umgebenes und von 24 Türmen beschütztes – Rechteck mit Toren an jeder Seite. Die von Portiken flankierte Hauptstraße verläuft schnurgerade durch die gesamte Länge des Ortes, ebenso gerade Parallel- und Querstraßen teilen die Bebauung in rechteckige Blöcke. Die Stadtmitte bildet ein gestreckter Rechteckplatz, der den alten Ortskern fast in gesamter Tiefe durchzieht. Hier liegt der Palazzo Communale, den Arnolfo di Cambio als Florentiner Stadtarchitekt entworfen haben soll.

Allein in England, Wales und den Provinzen Frankreichs, die zeitweise der englischen Krone unterstellt waren, sind zwischen 950 und 1345 nicht weniger als 171 Städte gegründet worden, bei denen der Gewerbefleiß der Bürger das Steueraufkommen erhöhen sollte. Oft erschienen sie wie ein befestigtes Dorf. In Frankreich und an Englands Grenze zu Schottland hatten sie darüber hinaus der Landesverteidigung oder der Sicherung des Territorialbesitzes zu dienen. Als Beispiel sei Beaumont du Périgord genannt, 1272 vom Seneschall Edwards I. gegründet, also im Jahr seiner Rückkehr vom Kreuzzug. Sowohl wegen der Lage als auch wegen der Sorgfalt der Bauausführung blieb die Stadt berühmt.

Abb. 20
San Giovanni Valdarno,
Stadtplan.

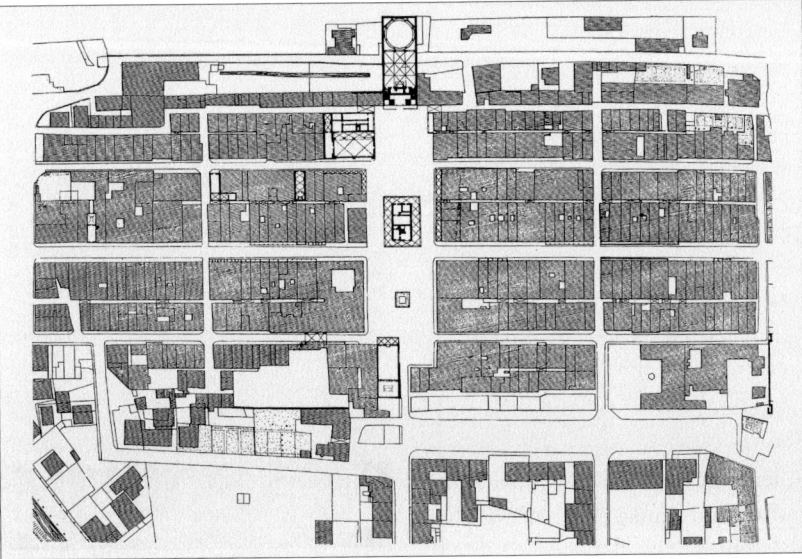

Die flandrischen Handelsstädte und ihre Hallen- und Rathaustürme

In den flandrischen Handelsmetropolen wie Brügge, Löwen, Ypern, Gent oder Antwerpen waren neben den Ringmauern die Rathäuser und Hallen die größten kommunalen Bauaufgaben. Hier zeigte sich der gotische Profanbau angesichts des Reichtums und des politischen Selbstverständnisses der städtischen Oligarchie besonders großartig. Die Hallen verbanden die Funktion des Warenlagers, vorrangig für Tuche, mit der des Handelszentrums und stellten zudem Versammlungsräume für das Gemeinwesen bereit. Daneben gab es bereits Rathäuser als Verwaltungszentralen im modernen Sinne. Das Repräsentationsbedürfnis führte in beiden Fällen zu hohen, weithin sichtbaren Türmen. Aber auch Kirchtürme konnten die Rolle des kommunalen Belfrieds (beffroi) übernehmen. Deshalb glichen sich Türme von Hallen, Rathäusern und Kirchen in formaler Hinsicht einander immer mehr an.

Im 12. und 13. Jahrhundert entwickelte sich Brügge *(Abb. 21)*, das damals noch über das Flüsschen Rei mit der Nordsee in Verbindung stand, zu einer der bedeutendsten Handelsstädte.

Abb. 21
Brügge, Tuchhallen mit Belfried.

Als Hauptstadt der flandrischen Hanse in London beherrschte Brügge fast den gesamten Englandhandel, namentlich den für die flandrische Tuchindustrie wichtigen Wollhandel, und war Stapelplatz der Deutschen Hanse. An der Südseite des Markts entstanden noch im letzten Drittel des 13. Jahrhunderts die Tuchhallen mit zinnenbewehrten Fronten und erkerartigen Ecktürmchen als Würdeformen. Zugleich wurden auch die beiden Turmfreigeschosse über Quadratgrundriss in regionaler Backsteinbauweise mit Hausteingliederungen aufgeführt. 1482–86 erhöhte man den Turm um mehr als ein Drittel durch das ganz in Haustein ausgeführte Oktogon, das bis 1741 sogar mit einem Helm bekrönt war. Angesichts dieses machtvollen Belfrieds konnte das 1376 bis 1420 errichtete Rathaus ohne Turm auskommen.

Allerdings dokumentieren die künstlerisch aufwändig gestalteten Handelsbauten der flandrischen Städte einen Anspruch, der in der politischen Wirklichkeit gegen den Kaiser, die Grafen von Flandern, die Herzöge von Burgund, zudem gegen Spanien und Frankreich, letztlich nicht durchzusetzen war.

Venedig: die Republik in der Lagune

Die Großmacht Venedig *(Abb. 22 a, b und 23)* nahm im Mittelalter in jeder Hinsicht eine Sonderstellung in den Gegensätzen der Epoche ein: zwischen Byzanz und dem Westen, zwischen Imperium und Papsttum, aber auch in den Konflikten von Papst, Kaiser, italienischen Alleinherrschern und Stadtrepubliken. Venedig herrschte in Dalmatien und Griechenland sowie auf seiner Terra Ferma. Das gefestigte, wohlgeordnete und autoritär gelenkte Staatswesen wurde fast tausend Jahre lang nie direkt angegriffen und erstickte revolutionäre Ansätze im Keim. Kunstgeschichtlich gelang in Venedig eine Synthese aus byzantischen Elementen und der Romanik bzw. Gotik des Nordens.

In den Wirren der Völkerwanderungszeit hatten die Sandbänke der Lagune sichere Fluchtorte geboten. Nach einer neueren These (Dorigo) war das Gebiet in römischer Zeit aus dem Meer aufgetaucht, ausgetrocknet und besiedelt worden, bis es seit der Spätantike durch Anstieg des Meeresspiegels überflutet wurde und die Kolonisten zwang, sich auf höher gelegene Bereiche zurückzuziehen. Diese *Civitas Rivoalti* wurde zum befestigten, von agrarischen Siedlungen umgebenen Kern. Die Siedlungsgebiete dehnten sich aus und wuchsen seit dem 11. Jahrhundert zusammen; durch Pfahlrostgründung gewann man neuen Baugrund. Indem Venedig wuchs, engte die Bebauung immer mehr die Wasserflächen ein, so dass nur Kanäle als Verkehrswege neben schmalen Gassen übrig blieben. Venedig übernahm Seeschifffahrt und Handel im Adriatischen Golf, damit verloren die alten Handelsorte an Bedeutung.

Während Rialto, wo 1181 eine Schiffs- und 1250 die erste Holzbrücke entstand, sich zum Geschäftszentrum entwickelte, konzentrierte sich am Markusplatz die politische Herrschaft. Schon im Frühmittelalter war der venezianische Wahlherzog, der Doge, nur formal oströmischer Beamter. Faktisch stand er an der Spitze eines autonomen Staatswesens. Das Dogenkastell wandelte sich seit dem späten 12. Jahrhundert zum Bestandteil eines öffentlichen Baubezirks. Ab 1340 erhielt der Dogenpalast seine heutige Form, hinter den weiten Obergeschossfenstern tagte der gesetzgebende Maggior Consiglio. Venedig hatte zwar seit 827 einen Bischof, doch nicht die Kathedrale sondern die Palastkapelle wurde zur Hauptkirche. Dort, im Markusdom, dessen heutiger Bau ab 1063 errichtet wurde, verwahrte man die Gebeine des Stadtpatrons. Trophäenartig schmückten Kunstbeutestücke den Dom und die den Heiligen Markus und Theodor gewidmeten Monumentalsäulen an der Piazetta. Der hohe romanische Ziegelpfeiler des Kampanile markiert bis heute das Zentrum. Im 12. Jahrhundert erhielt die Piazza ihre heutige Erstreckung. 1172 wurde auf der Nordseite der Arkadenbau mit Wohnungen und Amtsräumen der Prokuratoren von San Marco begonnen. Nach 1500 erneuert, erhielten die

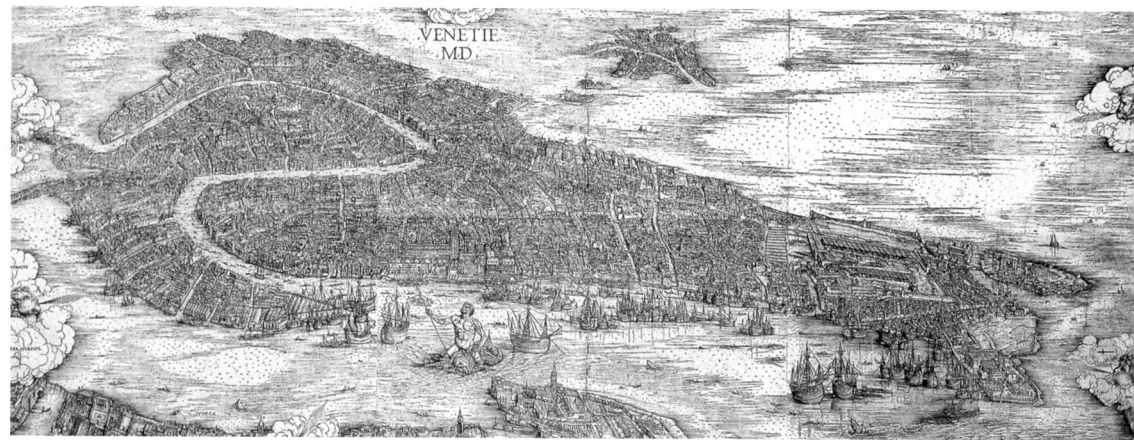

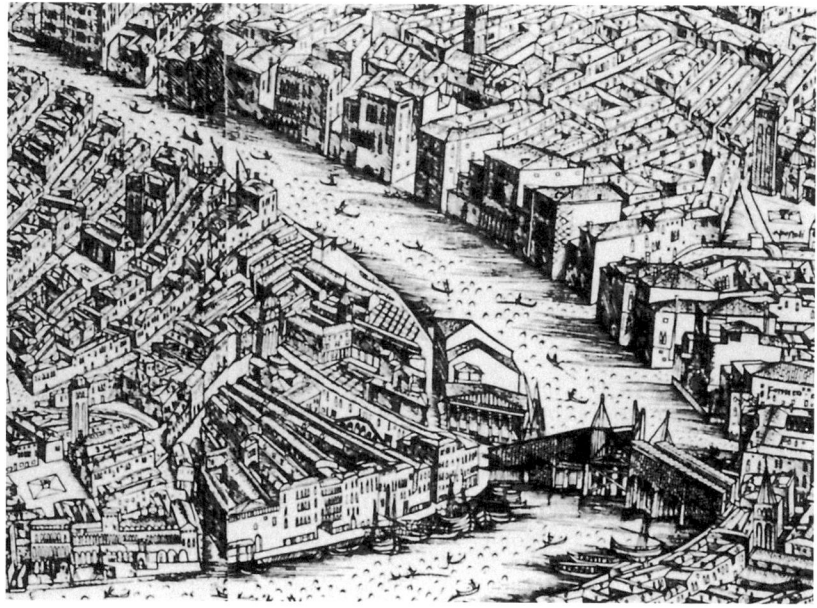

Abb. 22
a (oben) Venedig, Stadtan-
sicht von Jacopo dei
Barbari, 1500.
b (links) Das Rialtoviertel
(Ausschnitt).

Procuratie Vecchie ab 1583 auf der Südseite die Procuratie Nuove als Pendant. Im 16. Jahrhundert entstanden auch die von Sansovino begonnene und durch Scamozzi abgeschlossene Libreria Vecchia di San Marco und die Zecca, die von Sansovino gestaltete Münze. Mit dem neuen Staatsgefängnis östlich vom Dogenpalast und der verbindenden Seufzerbrücke wurde Venedigs Seefassade vollendet. Palladios Kirchen – San Giorgio sowie Il Redentore auf der Giudecca – und Longhenas Barockbau Santa Maria della Salute am Canal Grande setzten monumentale Akzente an der Stadteinfahrt.

Keine andere Stadt nutzte die ständische Gliederung so entschieden zur Arbeitsteilung. Dem in *Case* wohnenden Adel oblag Politik und Kriegsführung. Die *Cittadini,* die bürgerlichen Kaufleute, kümmerten sich um Handwerk

Abb. 23
Venedig, Palazzo Soranzo
am Campo San Polo,
15. Jahrhundert.
Gebäudekomplex mit
Lagerräumen im Erd-
geschoss, herrschaftlichen
Empfangs- und Wohn-
räumen in den Oberge-
schossen und Bediensteten-
räumen unter dem Dach.

und Handel. Ihre *Fondachi* waren Lager, Werkstatt, Kontor und Herberge. Die *Popolani* stellten Handarbeiter, Soldaten und Matrosen und waren in ausgedehnten Mietskasernen untergebracht. Früher und großzügiger als anderorts baute man staatliche Einrichtungen aus. Zur Senkung der Brandgefahr wurden die Holzhäuser durch Ziegelbauten ersetzt, deren bedeutendste Marmorverkleidungen erhielten, wie die prachtvollen, säulengeschmückten *Case* der Dogengeschlechter am Canal Grande. Was heutigen Besuchern unübersichtlich und malerisch erscheint, war ein extrem durchrationalisiertes Gefüge. Die Brücken realisierten das Äußerste an Ökonomie. Der venezianische Palast überdauerte als Typus alle Wechsel der Stilformen. Gliedernde Bauteile waren genormt und auf Vorrat gefertigt. Da die Topografie keinen durchgreifenden Stadtumbau zuließ, lebten auch in der Neuzeit alle Stände in enger Nachbarschaft.

3 Stadtbaukunst der Renaissance

In der humanistischen Kultur, die Italien seit dem 14. Jahrhundert zunehmend prägte, verdichteten sich die vielfältigen gestalterischen und technischen Neuerungen in den Künsten zur Idee einer Wiedergeburt der guten Kunst: Architektur, Skulptur und Malerei sollten erneut jenen Rang erreichen, den man den bewunderten Zeugnissen des klassischen Altertums zumaß. Wieder und wieder wurden Monumente und schriftliche Zeugnisse der Alten als Vorbilder für die eigene Kunstproduktion studiert. Die glanzvollen Leistungen in allen Künsten suchten so das Qualitätsniveau der als Autorität anerkannten Antike zu erreichen. Eine dunkle Zwischenzeit mit ihren barbarischen Artefakten – wir sprechen noch immer vom Mittelalter – schien überwunden. Zugleich wandelte sich das Berufsbild der Künstler. Sie emanzipierten sich allmählich von handwerklichen Bindungen und zünftischer Spezialisierung. Als theoretisch geschulte Wissenschaftler und überdies zumeist als Hofkünstler in fürstlichen Diensten erlangten sie höheres soziales Ansehen.

Der Städtebau der Renaissance entwickelte das Ideal von der Stadt als einem künstlerischen Ganzen, das es harmonisch zu gestalten galt und das durch seine Ordnung die Regeln und Gesetze des Universums ebenso zum Ausdruck bringen sollte wie den ordnenden Zugriff des Fürsten. Natürlich kannte auch das Mittelalter planmäßige Stadtanlagen, doch waren diese nicht nach abstrakten Schönheitsvorstellungen mit Lineal und Zirkel auf dem Reißbrett entworfen. Die urbanistischen Leitbilder der Renaissance zeigen sich in der als Kunstwerk begriffenen Neugestaltung ganzer Stadtareale und mehr noch in der Anlage von Planstädten. Wie beim Entwurf von Einzelbauten galten auch bei der Anlage von Städten die allseitig ausgewogenen Zentralgrundrisse als besonders schön. Angesichts der Entwicklung der Feuerwaffen erwiesen sie sich überdies als fortifikatorisch sinnvoll.

Stadtplanung bildete eine unlösbare Einheit mit dem Festungsbau, eine Siedlung ohne Mauern war keine richtige Stadt. Als sich seit der zweiten Hälfte des 15. Jahrhunderts vermehrt Pulverwaffen in Angriff und Verteidigung durchsetzten, wurden die Mauern niedriger, und die Türme wandelten sich zu Bastionen. Der Festungsbau stand nach der technischen Revolution der Artillerie immer in Wechselbeziehung zur Entwicklung der Ballistik und verlangte nach dem planerischen Zusammenwirken von Ingenieuren, Militärs und Architekten. Dies bedeutete jedoch keineswegs, dass die letztlich von Vitruv abgeleiteten Architekturprinzipien und die ästhetischen Ansprüche an eine Stadt aufgegeben wurden.

Vielen Idealplanungen war keine große Zukunft beschieden. Als Festungen blieben sie oft monofunktional und fielen schließlich hinter den Stand der Militärtechnik zurück. Auch sonst war in den meisten Fällen die Diskrepanz zwischen den fürstlichen Ambitionen einer Stadtgründung und den ökonomischen Grundlagen der Stadt wie auch den tatsächlichen politischen Verhältnissen zu groß.

Die Stadt als Kunstwerk

Um 1480 schuf ein unbekannter Maler für den Hof in Urbino Tafelbilder mit Darstellungen von Idealstädten *(Abb. 24)*. Sie nutzen die Illusionswirkung der Zentralperspektive und führen dem Betrachter eine als künstlerisches Ganzes komponierte Stadtanlage vor Augen. Unterschiedliche Bautypen sind an einer Art Forumsplatz versammelt. Die Mitte nimmt ein antikisierender Rundbau ein, zu beiden Seiten sieht man unterschiedlich gestaltete Paläste, an denen sämtliche Verwendungsmöglichkeiten der klassischen Ordnungen zu sehen sind. Weiter hinten befinden sich schlichter gehaltene Häuser. Trotz aller Vielfalt darf man nichts wegnehmen und nichts hinzufügen. Alles ist sinnvoll und notwendig, alles bildet eine vollkommene, harmonische Einheit.

Als vielleicht erster Architekt setzte sich Filippo Brunelleschi mit Roms antiken Monumenten vor Ort auseinander und übertrug seine Einsichten auf eigene Entwürfe. Empirisch eignete er sich ein genaues Verständnis von den Prinzipien des Sehens an und führte seinen Florentiner Mitbürgern die Illusionswirkung der zentralperspektivischen Darstellungsmethode in öffentlichen Experimenten auf der Piazza della Signoria und der Piazza del Duomo vor. Ähnlich wie in der Malerei die Zentralperspektive die *Befestigung und Systematisierung der Außenwelt* (Panofsky) auf den Betrachter als Bezugspunkt anstrebt, wurden fortan öffentliche Räume und die Stadt insgesamt durch geometrische Regelmäßigkeit und Symmetrie auf den Menschen hin geordnet. Brunelleschi selbst rechnete wohl schon beim Entwurf seines Florentiner Findelhauses (nach 1419), einem Erstlingswerk der Renaissance, mit einer regelmäßig gestalteten Platzanlage vor der Loggia.

Abb. 24
Anonymer Künstler: Ideale Stadtansicht, um 1480 (Urbino, Galleria Nazionale delle Marche).

1416 wurde die erste vollständige Handschrift von *De architectura libri decem* entdeckt, die der römische Architekt Vitruv zur Zeit des Kaisers Augustus verfasst hatte. Zwar war der Traktat im Mittelalter auszugsweise bekannt, doch

lag nun die vollständige Darstellung der antiken Architektur durch einen antiken Autor vor. Sie fand in Abschriften und Drucken, im Original, in Übersetzungen und mit Kommentaren versehen schnelle Verbreitung. Im Blick auf das Vorbild Vitruv verfasste der Florentiner Architekt und Theoretiker Leon Battista Alberti seine zehn Bücher *De re aedificatoria* (1451). Unter anderem umriss Alberti darin die Bauaufgaben, erörterte die bei Vitruv behandelten Säulenordnungen und formulierte eine Proportionslehre auf der Basis der harmonischen Teilungsverhältnisse. Es war eine der großen theoretischen Leistungen Albertis, die Vorstellung von der Stadt als Kunstwerk geweckt und als Forderung für künftige Stadtplanung erhoben zu haben. Nach Alberti sollte die ganze Stadt *wie ein Haus* sein.

Wichtig für künftige Stadtarchitektur war ferner die Entwicklung konventionalisierter Bauformen und -typen. Die Architekturtheoretiker des 16. Jahrhunderts, vor allem Sebastiano Serlio und Giacomo Barozzi da Vignola, bildeten in ihren vielgenutzten Publikationen eine wesentlich auf den fünf Säulenordnungen (toskanisch, dorisch, ionisch, korinthisch, komposit) beruhende Grammatik der Form aus. Der Formenkanon wurde das Zeichensystem der klassischen Architekturrede, die ihre Verbindlichkeit bis ins 18. Jahrhundert bewahrte und in kritischer Brechung teilweise bis heute weiterwirkt.

Eine frühe Idealplanung für eine ganze Stadt entstand als unmittelbarer Reflex auf Albertis Traktat. Der Florentiner Architekt Antonio di Pietro Averlino, der sich das gelehrte griechische Pseudonym Filarete (Tugendfreund) zugelegt hatte, vollendete 1464 am Hof der Sforza in Mailand einen Traktat, der nicht nur die architektonische, sondern auch die soziale Ordnung eines vollkommenen Fürstentums entwirft. In fingierten Dialogen wird die Idealstadt Sforzinda *(Abb. 25)* beschrieben. Als kreisrund angelegte Festung mit sternförmig gewinkelten Mauern, deren Spitzen mit zylindrischen Türmen besetzt sind, überträgt sie das Leitbild der Renaissancearchitektur, den Zentralbau, auf die Stadt. Alberti hatte bereits darauf hingewiesen, dass die vorbildliche Natur von den Planeten bis zu den Nestern der Vögel die Kreisform bevorzuge. In der Mitte der ebenfalls kreisförmigen, von Türmen oder Torbauten umgebenen Binnenstadt, sind die wichtigsten öffentlichen Gebäude eingetragen. Minutiös beschreibt der Autor alle Bauten und Funktionen des städtischen Lebens, das ganz dem Zugriff des Fürsten unterliegt. Bereits die Plandarstellung aber macht den Widerspruch zwischen geometrischer Abstraktion und den Bedürfnissen der Lebenswirklichkeit deutlich.

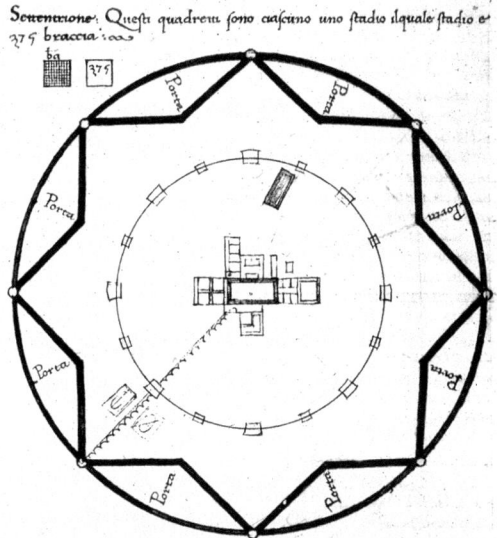

Abb. 25
Antonio Averlino gen. Il Filarete: Plan der Idealstadt Sforzinda, 1462–64 (Florenz, Biblioteca Nazionale Centrale).

Pienza: erste Idealstadt der Frührenaissance

Auch heute noch präsentiert sich die Stadt Pienza abseits auf einsamer Höhe. Der in der Toskana südöstlich von Siena gelegene Ort hieß ursprünglich Corsignano. Er gehörte den Piccolomini, einer Sieneser Adelsfamilie. Aus ihr ging der bedeutende Humanist, Dichter und Politiker Enea Silvio Piccolomini hervor, der 1458 als Pius II. den Papstthron bestieg.

Wahrscheinlich beraten durch Alberti, beauftragte der Papst den Florentiner Architekten Bernardo Rosselino damit, seinen provinziellen Geburtsort in eine prächtige Stadt gemäß den neuen Architekturprinzipien zu verwandeln. Dabei standen Pius die großen Stadtgründer des Altertums vor Augen. Nach ihrem Vorbild erhielt der Ort 1462 den Namen seines Schöpfers: *Pientia*, Pius-Stadt, italienisch *Pienza*.

Um seine Stadt attraktiv zu machen, ließ der Papst neben den Hauptbauten an der Piazza durch den sienesischen Architekten Pietro Paolo Porrina zwölf weitere Häuser errichten. Ferner suchte er, mehrere Kardinäle zu bewegen, ihren Sitz gleichfalls hierher zu verlegen. Doch waren die Rahmenbedingungen für das Wachstum der Stadt zu ungünstig; zudem starb Pius bereits 1464. Doch konnte er noch 1463 die Kathedrale weihen und die Hauptbauten fertig gestellt sehen.

Das Ensemble der heutigen Piazza Pio II *(Abb. 26 und 27)* gilt als Inkunabel der Stadtbaukunst der Frührenaissance. Hier sind die wichtigsten Elemente städtischer Architektur versammelt: die Domkirche sowie Paläste für den Papst, den Ortsbischof und die Stadtverwaltung. Vor dem Besucher, der den Palazzo Municipale mit seiner Erdgeschossloggia im Rücken hat, weitet sich nach Süden der trapezförmige Platz, dessen Pflaster durch ein Travertinstreifenmuster in neun Querrechtecke gefeldert wird. Die Mitte der Platzfläche ist durch einen

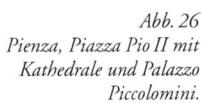

*Abb. 26
Pienza, Piazza Pio II mit
Kathedrale und Palazzo
Piccolomini.*

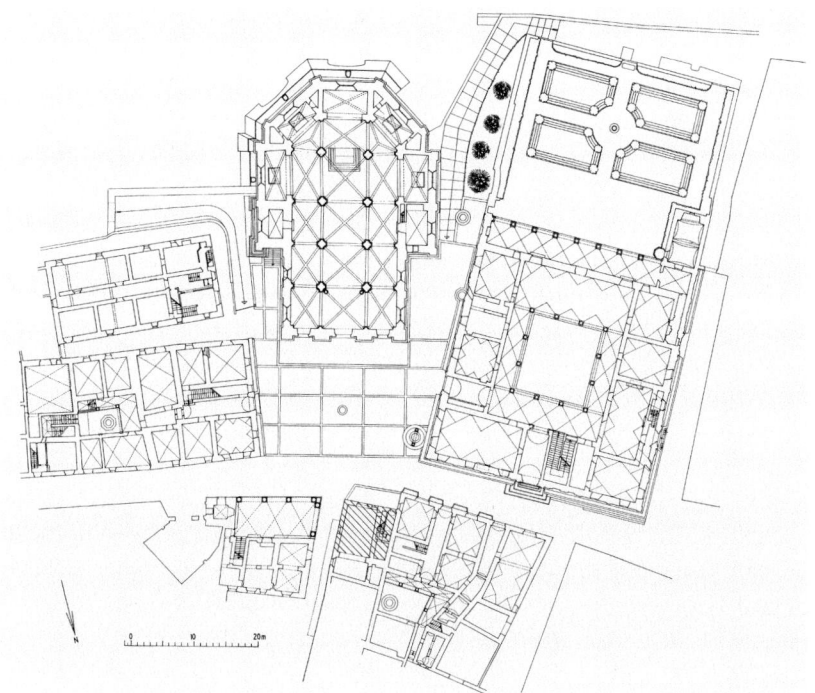

Abb. 27
Pienza, Piazza Pio II,
Grundriss.

Steinring markiert, ein *mundus* gemäß antik-römischer Stadtgründungstradi-
tion. Die linke Platzbegrenzung bildet der einfach gehaltene, im römisch-to-
skanischen Stadthaustypus angelegte Bischofspalast. Dahinter tritt die noch
schlichtere Casa canonica, das Haus der Geistlichkeit, etwas zurück. Wie es
von einer ständisch differenzierten Architektur zu erwarten ist, erscheint auf
der rechten Platzseite mit ungleich reicherer Dekoration der Palazzo Piccolomini, eine Vierflügelanlage mit zentralem Innenhof. Seiner Fassadengliederung nach stellt der Palast eine Variante des Palazzo Rucellai in Florenz dar, der
von Alberti entworfen und von Rosselino mit anderen ausgeführt wurde. An
der Südseite, wo das Gelände stark abfällt, tragen hohe Substruktionen, in denen nach den Worten des Bauherrn *Ställe für hundert Pferde* untergebracht waren, einen von Mauern umschlossenen Garten. Seit der Antike nannte man
eine solche Anlage auf künstlichen Unterbauten einen *hängenden Garten,* in
Anspielung auf die zu den Weltwundern gerechneten hängenden Gärten der
Semiramis zu Babylon. An dieser Seite öffnet sich der Palast in voller Höhe mit
einer dreigeschossigen, siebenachsigen Aussichtsloggia auf das Val d'Orcia und
die umgebende Bergkulisse. Die Entscheidung, den Papstpalast so auszurich-
ten, ging auf die Lektüre antiker Autoren zurück. Erstmals wurde in nachan-
tiker Zeit der optische Genuss der landschaftlichen Umgebung einkalkuliert.
Erstmals ging auch eine Sichtachse durch ein derartiges Gebäude: vom Hauptportal an der Stadtseite über den Hof und weiter als Durchblick auf den Garten und die Landschaft.

Die nach Süden ausgerichtete Kathedrale S. Maria Assunta, welche die Baugruppe mittig beherrscht, kehrt ihre aus dem Triumphbogenmotiv entwickelte Fassadengliederung dem Norden als der lichtfernen Region satanischer Gewalten zu. Insgesamt ist die Kirchenachse gegen die exakte Nordsüdrichtung um etwa 12° 30′ verschoben, so dass sie auf den Gipfel des Monte Amiata weist. Bei Tag- und Nachtgleiche des julianischen Kalenders bildet die Sonne so mittags die Kirchenfassade als Schatten zwischen den neun Rechteckfeldern der Piazza ab. Den dreischiffigen Kirchenraum ließ der Papst nach dem Vorbild gotischer Hallen errichten, die er *bei den Deutschen* gesehen habe. Tatsächlich hatte Enea Silvio Piccolomini lange in Deutschland als Legat der Kirche geweilt.

Die Öffnung zur Landschaft gilt auch für die gesamte Baugruppe. Zwischen Kirche und seitlichen Palästen geht der Blick in die Ferne. Dies mag man als aufgelockerte Komposition ansehen. Doch wäre ein solches Konzept, dem wir in der Romantik begegnen werden, der Zeit Pius' II. völlig fremd gewesen. Tatsächlich sind in Pienza alle Bestandteile nach Maß und Zahl geordnet. Ein für die Kirche geltendes Maß- und Modulsystem greift auf die Piazza und die übrigen Neubauten aus. Deren Achsen und Fassadenfluchten schneiden jeweils eine unterschiedliche Zahl von Rasterquadraten. Alles wie zufällig Erscheinende ist damit in eine umfassende harmonische Ordnung eingebunden. dass dabei in den absoluten Abmessungen wie in den Maßverhältnissen mit geradezu akrobatischer Mathematik die Neun dominiert, lässt schon ein Blick auf das Travertinmuster der Piazza vermuten. Warum aber gerade die Neun? Pius II. hieß mit seinem ursprünglichen Vornamen Enea, was lautgleich ist mit dem griechischen *Ennea:* neun. In Pienza hat sich also die Individualität des Bauherrn nicht nur im Stadtnamen verewigt, sondern ebenso in der Harmonie der Maße und Zahlen ihrer Bauten und in deren räumlichem Zusammenspiel.

Die erste autonome Stadtgründung der Renaissance: Sabbioneta

Die Stadt Sabbioneta *(Abb. 28 und 29)* in der Po-Ebene südwestlich von Mantua ist, ähnlich wie das ein Jahrhundert ältere Pienza, im Willensakt eines einzigen Bauherrn begründet. Sabbioneta war seit 1446 im Besitz einer Nebenlinie der Gonzaga. Deren Chef, Vespasiano, wählte Sabbioneta 1554 als seine Residenz und ließ den Ort in Konkurrenz zum Hof seiner Vettern in Mantua ausbauen. Ab 1565 war Vespasiano Gonzaga Marchese von Sabbioneta, 1574 wurde er zum Principe erhoben.

Der Stadtgründer und sein Festungsbaumeister Girolamo Cataneo entschieden sich für den Sechseckgrundriss. Dabei wurde das vorhandene Kastell, das bereits Vespasianos Großvater als Residenz gedient hatte, mit einer Schmalseite in den Verlauf eines Walles zwischen zwei Bastionen einbezogen. Die praktische Ausführung der Stadtanlage hatte ein ansonsten nicht nachgewiesener

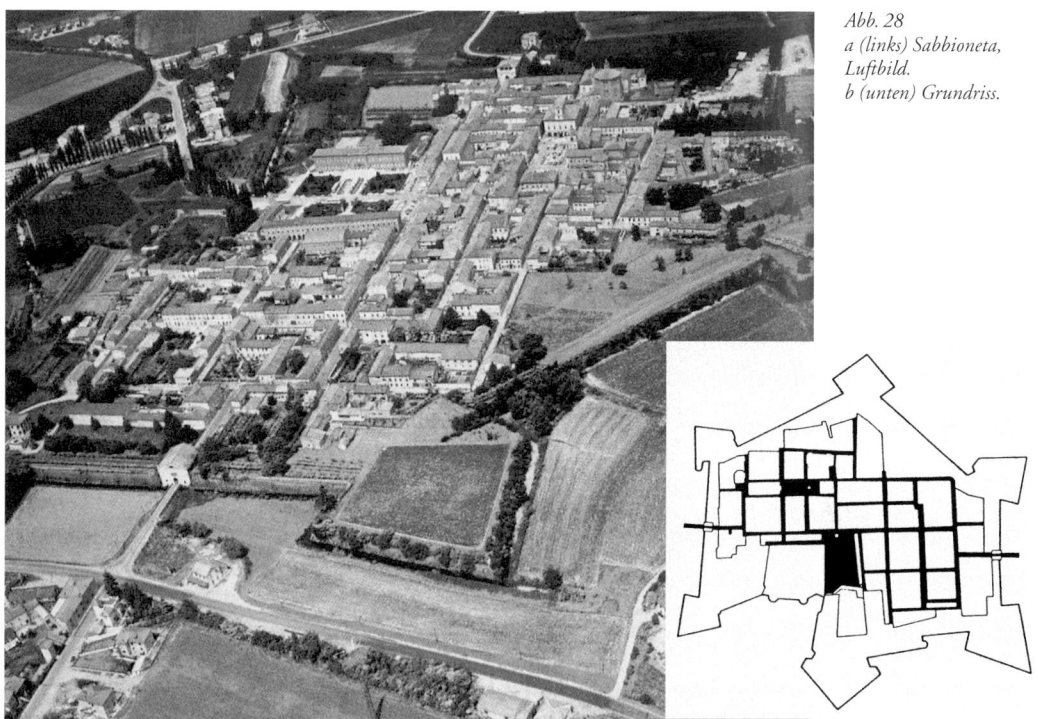

Abb. 28
a (links) Sabbioneta,
Luftbild.
b (unten) Grundriss.

Giovan Pietro Bottazzo inne. Sabbioneta zeigt ein weitgehend regelmäßiges Straßenraster und folgt damit der Architekturlehre Vitruvs. Überhaupt war Vespasiano ein überaus gelehrter Bauherr, der wahrscheinlich alle Vitruv-Ausgaben seiner Zeit besessen hat. Allerdings ist in Sabbioneta der Decumanus keine durchgängige Achse zwischen den beiden Stadttoren, sondern wird jeweils kurz hinter dem Tor umgelenkt. Für diese gebrochene Anwendung des Schachbrettsystems sind vielfältige Erklärungen geltend gemacht worden: militärische Erwägungen, die Brechung der Blickachsen zur Verschleierung der letztlich bescheidenen Größe Sabbionetas, eine Anspielung auf das Gonzaga-Emblem des Labyrinths oder auch das ästhetische Postulat der *Varietas,* der Abwechslung.

Der Gründer war in seiner Stadt durch eine bronzene Sitzfigur gegenwärtig, die zunächst auf einer Säule vor dem Palazzo Ducale stand, dann auf die Piazza kam und nach seinem Tod in Vespasianos Grabmal integriert wurde. Rüstung und Buch verweisen auf Waffen und Wissenschaften als Mittel, durch welche Nützlichkeit und Vornehmheit erlangt werden. Neben dem offiziellen Palazzo Ducale, dessen Ausstattung das dynastische Element hervorhebt, schuf sich Vespasiano mit dem Palazzo del Giardino einen Rückzugsort. In kurzer Zeit entstanden S. Maria Assunta als Pfarrkirche und die Servitenkirche S. Maria Incoronata, die als Zentralbau an römische Mausoleen erinnert und zur Grablege Vespasianos bestimmt war.

*Abb. 29
Sabbioneta, Piazza
Maggiore.*

Nach dem Willen des Gründers sollte die Stadt allen physischen und geistigen Bedürfnissen ihrer Bewohner Rechnung tragen. So gab es neben den religiösen und kommunalen Institutionen eine Münzanstalt, eine Bank und ein Leihhaus, eine Synagoge und eine Druckerei für hebräische Bücher sowie eine Malerwerkstatt zur Ausbildung regionaler Talente. Vespasiano richtete eine Bibliothek ein und gründete eine Akademie, die von dem Humanisten Mario Nizolio geleitet wurde. Ein langer Galerietrakt nahm die umfangreiche Antikensammlung des Stadtherrn auf. 1590 wurde nach dem Entwurf Vincenzo Scamozzis das inzwischen berühmte kleine Hoftheater vollendet, das erste frei stehende Theatergebäude seit der Antike. Das Innere ist Palladios Olympischem Theater in Vincenza nachgebildet, wobei die Erbauer verschiedene antike Typen – Theater, Zirkus und Odeum – in eins setzten.

Die einzelnen Gebäude und die gesamte Stadt durchwalten gelehrte Bezüge, bildhafte Anspielungen und typologische Verweise auf Stätten des antiken Rom. Sie lassen Sabbioneta zu einer Abbreviatur der Ewigen Stadt werden und verankern die Neugründung geschichtlich-mythisch. Unmittelbar an der Hauptachse errichtete Andrea Cavalli 1585 eine später versetzte Säule mit einer Statue der Pallas Athene, die der Überlieferung nach 1527 beim Sacco di Roma erbeutet wurde. Doch als 1590 der einzige Nachkomme starb, machte dies Vespasianos dynastische Ambitionen zunichte. So endete bereits 1591 mit dem Tod des Gründers die kurze Phase höfischen Lebens und kultureller Bedeutung Sabbionetas.

Eine frühabsolutistisch-protestantische Quadratstadt: Freudenstadt

1599 gründete Herzog Friedrich I. von Württemberg auf den Höhen des Nordschwarzwaldes eine Siedlung, die später den Namen *Freudenstadt* erhielt *(Abb. 30)*. Sie sollte von Bergleuten der Silbergrube Christophstal bewohnt werden, aber auch vertriebene Protestanten aus Kärnten und der Steiermark aufnehmen. Der Herzog hatte sich bereits 1586 in Paris für die Sache der Hugenotten eingesetzt und in Deutschland die evangelische Union von lutherischen und kalvinistischen Fürsten gefördert. Überdies konnte die Neugründung als Stützpunkt zwischen dem württembergischen Kernland und den Besitzungen links des Rheines dienen, aber auch als protestantischer Mittelpunkt zwischen dem katholischen Frankreich und den katholischen Landen der Habsburger. Nachdem eine erste Planungsstufe des Architekten Heinrich Schickhardt vom Herzog verworfen worden war, entwickelten Friedrich und sein Baumeister ein in der europäischen Architektur dieser Zeit einzigartiges Projekt, was die enge Verbindung von fürstlicher Residenz und bürgerlicher Stadt anbetrifft.

In der Mitte der Stadt, die auf quadratischer Grundfläche angelegt ist und mit ihren Diagonalen auf die Himmelsrichtungen Bezug nimmt, ist eine große quadratische, als Marktplatz dienende Fläche freigelassen. Auf ihr sollte übereck das im Grundriss ebenfalls quadratische Schloss stehen. Die Stadtbebauung legt sich im Schema eines Mühlespielbretts in mehreren Häuserzeilen um den von Arkaden gesäumten Markt, wobei zunächst drei, dann fünf und schließlich vier Zeilen vorgesehen wurden. Die Häuser waren in der Regel zweistöckige Fachwerkbauten. Jedes besaß eigene Brandmauern und Durchgänge zur Parallelstraße, was den Nachteil des Quadratplanes ausglich. An den Ecken des Marktes, gegenüber den Fronten des geplanten Schlosses, wurden

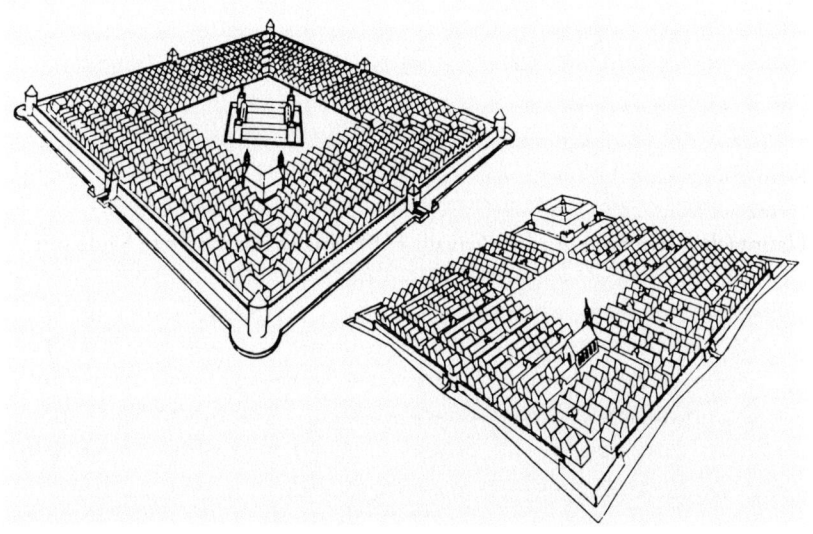

Abb. 30
Freudenstadt, zeichnerische Rekonstruktion der Ausführung (rechts unten) und der ersten Planung.

die wichtigsten öffentlichen Bauten über Winkelhakengrundriss errichtet: Kirche, Rathaus, Kaufhaus und Spital. Von ihnen hat nur die Kirche einigermaßen die Zeitläufte überstanden. Das Schloss ist nie in Angriff genommen worden. Durch den frühen Tod des Herzogs blieb die Stadt ein Torso. Nach Verwüstungen im 17. Jahrhundert wurde die historische Bebauung 1945 weitgehend vernichtet.

Das Freudenstädter Quadratstadtschema lehnt sich eng an den Entwurf einer befestigten Residenz in Albrecht Dürers Traktat *Etliche Underricht, zu befestigung der Stett, Schlosz, und flecken* (1527) an. Wenngleich eine quadratische Anlage für die Verteidigung als weniger günstig erachtet wurde als ein polygonaler Plan, hat Dürers Lösung doch die Festungsbau- und Idealstadtliteratur ebenso wie einige realisierte Anlagen des 16. Jahrhunderts beeinflusst. Schickhardt war nach Ausweis seiner Bibliothek und seiner Selbstzeugnisse in der Theorie des Festungs- und Städtebaus auf der Höhe seiner Zeit. Doch eine reale fortifikatorische Bedeutung konnte das zunächst nur von einem Plankenzaun umgebene Freudenstadt nicht haben, erst 1667 wurde eine achteckige Befestigung ausgeführt. Allerdings zeigt ein Blick auf protestantische Stadtgründungen der Zeit eine Affinität zu quadratischen oder rechteckigen Plänen, wenn auch die in der älteren Literatur vertretene These von den barocken deutschen Planstädten als *Hugenottenstädten* sich als unhaltbar erwiesen hat. Gleichwohl präsentierte sich Freudenstadt bereits in der Wahl des Grundrisses als sicherer Ort für Protestanten. In einer 1608 gehaltenen Abschiedspredigt des Pfarrers Andreas Veringer wird die Stadt wiederholt als *geistliche Frewdenstatt* oder *himmlische Frewdenstatt* angesprochen und damit in Beziehung zum Himmlischen Jerusalem gesetzt.

Mit Schickhardt gut bekannt war der protestantische Humanist und Theologe Johann Valentin Andreae, der in Kenntnis von Thomas Morus' Schrift *Utopia* und Tommaso Campanellas *Civitas Solis* mit *Christianopolis* (1619) die erste deutsche und zugleich lutherische Staatsutopie verfasste. Auch das von Andreae beschriebene Christianopolis ist eine Stadt für religiös Verfolgte und zeigt deutliche Übereinstimmungen mit Freudenstadt, wenngleich Andreae für das Zentrum einen Rundbau mit Kirche und Ratssaal vorsieht.

Palmanova: Festungsstadt und Umsetzung idealer Stadtkonzepte

Idealentwürfe für die Neuanlage einer ganzen Stadt hatten nach Filarete viele Renaissancearchitekten vorgelegt, doch waren immer nur Teillösungen realisiert worden. Erstmals wurde 1593 mit Palmanova *(Abb. 31)* ein Idealentwurf in Gänze in einer Neugründung umgesetzt. Als regelmäßiges Neuneck im Typus einer Radialstadt – ebenfalls ein Gedanke Filaretes, den unter anderem Francesco di Giorgio Martini, Baldassare Peruzzi und Girolamo Maggi weiterentwickelten – verwirklichte Palmanova die Idee der zentralen, völlig gleichförmigen Anlage. Es gab hier keinen Widerspruch zwischen abstrakter Geo-

Abb. 31
Palmanova, Luftbild.

metrie und Praxistauglichkeit. Denn bei der Optimierung der Festungen hatte sich ein oktogonaler Grundriss als beste Lösung zur Abwehr der Belagerer herausgestellt; durch den Ecken vorgelagerte Bastionen konnte jede Stelle des Vorgeländes bestrichen werden.

Palmanova liegt in der norditalienischen Provinz Udine. Die vorzüglich erhaltene Festungsstadt sollte die Grenze des venezianischen Festlands gegen die kaiserlichen Territorien, aber auch gegen Einfälle der Osmanen sichern. Schon seit 1566 waren verschiedene Projekte erwogen worden, bis man schließlich den Entwurf des Grafen Giulio Savorgnan bevorzugte, *Sopreintendente* des venezianischen Befestigungswesens und tüchtiger Militär und Festungsbaumeister, der sich Verdienste um die Einführung der Bastionärbefestigung erwarb. Die weitere Planung oblag einer Kommission von fünf *Provveditori Generali,* welcher Senator Marcantonio Barbaro, Freund der Architekten Palladio und Scamozzi, vorstand. Nach der Grundsteinlegung am 7. Oktober 1593 nahm die Vermessung vom Zentrum der *Palma* getauften Stadt ihren Ausgang. Nach wenigen Jahren war die Arbeit an der allgemein bestaunten Anlage abgeschlossen. Rund zwei Jahrhunderte galt sie als schönste und stärkste Festung Europas, erst 1797 konnte sie das französische Revolutionsheer erobern. Den Namen Palmanova erhielt sie nach der Erweiterung der Befestigungen im 19. Jahrhundert.

Das regelmäßige Neuneck wird durch Radialstraßen und vier konzentrische

Straßenzüge mit Nebenplätzen portioniert. Für die Bebauung waren zwar einheitliche Traufhöhen vorgeschrieben, wie sie noch heute Häuserreihen in den Seitenstraßen zeigen, es gab jedoch keine Typenhäuser. Weil von den Radialstraßen nur sechs den innersten Bebauungsring durchstoßen, wird der Übergang vom äußeren Neuneck zum Sechseck des zentralen Platzes kaum bemerkbar. Hier stand zunächst als Provisorium bis zur Fertigstellung der äußeren Befestigungen eine Pentagonfestung, die bereits 1602 durch den zentralen Brunnen ersetzt wurde, dessen Sechseckform den Platzgrundriss aufgreift.

Palma war für 20 000 Einwohner berechnet und sollte sich durch Landwirtschaft, Handel und Gewerbe selbst erhalten. Allerdings war die Bereitschaft gering, in die abgelegene Stadt an der Ostgrenze zu gehen und dort auch noch zu bauen. So verfügte 1622 der *Consiglio dei Pregardi,* dass Kriminellen Straferlass gewährt sowie Baugrund und Material gestellt würde, wenn sie nur bereit wären, sich in der Neugründung anzusiedeln.

Festungsstädte im Frankreich Ludwigs XIV.: das Beispiel Neubreisach

Den zentrierten Stadtgrundriss idealer Renaissanceplanungen weisen noch die barocken Festungssterne auf. Unbestrittene Autorität im Festungsbau war Sébastien Le Prestre, Marquis de Vauban, erfolgreicher Militär, politischer Denker und schließlich Marschall von Frankreich. Er schuf unter Ludwig XIV. im späten 17. und zu Anfang des 18. Jahrhunderts mehr als zwanzig neue Festungen und modernisierte etwa achtzig bestehende. Damit wurde ein Staatsgebiet gesichert, dessen Grenzen durch expansive Außenpolitik regelmäßige Form gewinnen sollten. Vaubans Idealvorstellungen vom französischen Territorium unterlagen den gleichen Leitbildern geometrischer Perfektion wie zeitgenössische Städte oder Gärten. Seit 1691 unterstand der französische Festungsbau einer Generaldirektion mit einem militärischen Ingenieurkorps. Der Sonnenkönig baute selbst eine Modellsammlung seiner befestigten Plätze auf, von der noch einige Stücke im Musée des plans-reliefs des Pariser Musée de l'Armée zu sehen sind.

Vauban perfektionierte die Festungen in drei Entwicklungsschritten. Während das erste System sich durch Größe der Bastionen und Weite der Binnenflächen auszeichnet, versucht das zweite System die zu starke Exponierung der Bastion und die damit gegebene Verletzbarkeit des Binnenplatzes zu beseitigen. Da nach Vauban eine Festung Meter für Meter verteidigt werden muss, wurde die Bastion gegliedert: eine leicht vorgeschobene Kontergarde genügte, um die wesentlich kleiner gestaltete Bastion zu verteidigen, die ihrerseits den Kurtinen (Mauerstücken) genügend Schutz geben konnte. Vaubans drittes System vervollkommnet die Anlage nach diesen Prinzipien. Ihm gehört die bekannteste und am besten erhaltene Schöpfung des Festungsbaumeisters an: Neuf-Brisach/Neubreisach *(Abb. 32)* im Elsass.

Nachdem die Franzosen mit dem Frieden von Rijswijk 1697 das strategisch

Abb. 32
Neuf-Brisach/Neubreisach,
Modell, 1706 (Paris, Mu-
sée des plans-reliefs).

bedeutsame Breisach auf der rechten Rheinseite verloren hatten, wo Vauban schon 1664 bis 1666 eine Festung geschaffen hatte, wurde zur Kompensation nahebei auf linksrheinischem Gebiet zwischen 1698 und 1708 eine neue Festungsstadt gebaut. In Neubreisach ist das Oktogon des Hauptwalls mit acht Bastionen versehen. Diese besitzen oben Artillerieplattformen und in den Flanken Stückpforten zur Bestreichung der Gräben. Durch die 105 Meter langen, doppelt abgesetzten Kurtinen – damit entstehen jeweils zwei weitere Flanken – werden die Bastionen verbunden, deren Flanken 9 Meter messen. Auf das Äußerste unterteilte Vorwerke schützen den Hauptwall: Kontergarden vor den Bastionen und Zangenwerke vor den Kurtinen. Den Zangenwerken sind wiederum Halbmonde vorgelagert, die ihrerseits in der Mitte durch ein Reduit unterteilt werden. Immer steiler steigen die ursprünglich steinverkleideten Böschungen an, je mehr man sich der Hauptmauer nähert. Die gesamte Anlage wird durch einen gedeckten Weg für die Infanterie eingefasst. Davor erstreckte sich das deckungslose Glacis. Von den ehemals vier Toren sind noch zwei erhalten. Da die Zufahrtsstraßen über die drei Vorwerke führen, konnten sie vollkommen beherrscht werden. Die städtische Bebauung im Inneren des Achtecks folgt dem Schachbrettmuster. Ausgespart ist im Zentrum ein großer Appellplatz, die Place d'Armes, mit einem Brunnen in jeder Ecke. Alle Gebäude sind sehr niedrig gehalten, denn sie sollten die Mauern nicht überragen, um den Angreifern keine von außen sichtbaren Ziele zu bieten.

4 Das zweite Rom und die großen Städte der frühen Neuzeit

Die Modernisierung der europäischen Städte in der frühen Neuzeit wurde weniger durch Idealprojekte beeinflusst, als durch Maßnahmen, die gewachsenen Ensembles eine neue formale Ordnung und neue inhaltliche Bedeutungen gaben. Als gerade verlaufende Straßen noch die Ausnahme waren, wurden im Rom des 16. Jahrhunderts punktverbindende Geraden als Verkehrsadern durch die Stadt getrieben und bei antiken oder modernen Monumenten verknüpft. Einheitlich gestaltete Plätze aktualisierten antike Größe und christliche Tradition und verkündeten im Zeitalter der Gegenreformation die vom Papsttum nach dem Wiederaufstieg der Ewigen Stadt beanspruchte Stellung. Die urbanistischen Innovationen im Italien der Renaissance beeinflussten die Erweiterung und Erneuerung der Städte nördlich der Alpen. Während das bürgerlich-republikanische Amsterdam bei der Stadterweiterung koordinative Ordnungsstrukturen fortschrieb, wurde nach 1600 im Paris des Frühabsolutismus erstmals die Stadt als Ganzes in Beziehung zum Herrscher gesetzt. Die Entfestung durch Ludwig XIV. um 1670 demonstrierte nicht nur dessen äußere und innere Machtstellung, sondern wurde in der Folgezeit zum Vorbild für die Umwandlung der Wehranlagen in begrünte Promenaden oder Prachtstraßen. In der Gestaltungsaufgabe der *Place Royale* fanden zwei bislang unverbundene Elemente zusammen: der einheitlich bebaute Platz und das Denkmal des regierenden Monarchen. Wegen mangelnder Zugriffsmöglichkeiten der Zentralgewalt führte in London selbst der große Brand von 1666 nicht zur Neuordnung. Auch waren hier Huldigungsplätze keine vorrangige Bauaufgabe, sondern einheitliche Wohnanlagen auf privatem Grund.

Die Erschließung der Stadt Rom durch ein System axialer Straßen

Im späten 16. Jahrhundert wurde in Rom eine durchgreifende urbanistische Neuorganisation vollzogen, die Maßstäbe für die Modernisierung der Städte in der frühen Neuzeit setzte. Die Millionenstadt der Antike hatte im Mittelalter einen Niedergang erlebt. Die einst zusammenhängenden antiken Wohngebiete veröderten und wurden von der Campagna zurückerobert. Zwischen Kirchen und Klöstern, antiken Ruinen, Palästen und Wohnhäusern lagen Gärten, Weinberge und Weiden. *Campo Vaccino* (Kuhweide) hieß nun das Areal des Forums, das man bis um 1800 nicht mehr zu lokalisieren wusste. Roms Wiederaufstieg setzte im 15. Jahrhundert nach der Rückkehr der Päpste aus dem Exil in Avignon ein; damals lebten um die 18 000 Menschen in der Stadt. Das niedrig gelegene Marsfeld wurde dicht bebaut und entwickelte sich zum Kern des Rom der Renaissance. Als Zentrum der Weltkirche und Kapitale des Kirchenstaates erlangte es durch ein gewaltiges Bauprogramm innerhalb von anderthalb Jahrhunderten neuen Glanz. Die Stadt der Gegenreformation prägten monumentale Sakralbauten, allen voran die neue Peterskirche, weitläufige päpstliche Residenzen sowie aufwändige Stadtpaläste und Villen der Adelsfamilien, wenngleich weite Areale bis ins 19. Jahrhundert ländlichen Charakter behielten. Die künstlerische Größe des neuzeitlichen Rom entsprach keineswegs der politischen Wirklichkeit. Zudem war der Kirchenstaat wirtschaftlich rückständig und wurde weitgehend durch die Zuwendungen der katholischen Welt alimentiert.

1585 erhielt Domenico Fontana von Papst Sixtus V. den Auftrag, das römische Straßennetz zu systematisieren *(Abb. 33)*. Er konnte dabei allerdings auf Erschließungsmaßnahmen des späten 15. und frühen 16. Jahrhunderts aufbauen. Der Regierungssitz im Vatikan war lange mit der Stadt nur über die Engelsbrücke verbunden, wo das zur Festung ausgebaute antike Hadriansmausoleum den Übergang sicherte. Vom Südkopf der Engelsbrücke, der heutigen Piazza S. Angelo, wurden unter dem *Restaurator urbis* genannten Sixtus IV. (1471–84) fächerförmig Straßen in die dichte Altstadtbebauung des Tiberknies vorgetrieben. Daran anschließend konnte unter Julius II. (1503–13) aber nur die Via Giulia parallel zum Fluss auf etwa ein Kilometer Länge gerade nach Süden geführt werden, wo sie auf den Brückenkopf des Ponte Sisto, der unter Sixtus IV. geschaffenen zweiten Flussquerung, traf. An der Hauptachse des Fächers, der Strada dei Banchi (heute Via Banco Santo Spirito) saßen die großen Bankhäuser der Toskana. Im rechten Winkel dazu führte die Via Recta Rich-

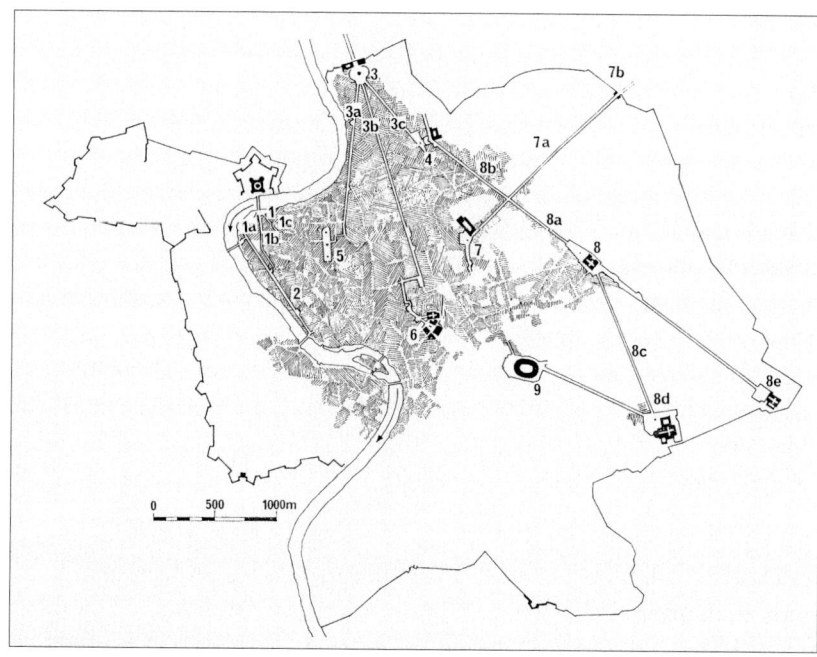

Abb. 33
Rom, frühneuzeitliche Straßendurchbrüche und -regulierungen:
1 Piazza Sant'Angelo,
1a Via Paola, 1b Via Banco di Santo Spirito,
1c Via Panico,
2 Via Giulia,
3 Piazza del Popolo,
3a Via di Ripetta,
3b Via del Corso,
3c Via del Babuino,
4 Piazza di Spagna,
5 Piazza Navona,
6 Kapitol,
7 Quirinal, 7a Via del Quirinale, 7b Porta Pia,
8 Santa Maria Maggiore,
8a Via di Quattro Fontane, 8b Via Sistina,
8c Via Merulana, 8d San Giovanni in Laterano,
8e Santa Croce in Gerusalemme,
9 Kolosseum
(nach W. Braunfels).

tung östliche Innenstadtgebiete. Erst allmählich setzten sich Verordnungen durch, die deutlich zwischen privatem und öffentlichem Besitz trennten.

Ein wesentlich großzügigerer Straßenfächer wurde unter Leo X. (1513–21) – Raffael war damals Stadtbaumeister und für die römischen Altertümer verantwortlich – zur Erschließung Roms von Norden her konzipiert, wo die Masse der Besucher von der Via Flaminia über die Porta del Popolo *(Abb. 34)* die Stadt betrat. Von dort führte die alte Via Lata, nun als begradigte und verbreiterte Via del Corso, nach Süden zum Kapitol. Der westliche Strahl, die Via di Ripetta, tangierte den Tiber und mündete nahe der Piazza Navona in die Altstadt. Der östliche Strahl, die Via del Babuino, zielte auf die Piazza di Spagna. Sixtus V. markierte den Ausgangspunkt des Dreistrahls durch die Aufstellung des Obelisken auf der Piazza del Popolo. Hier nach beschwerlicher Reise endlich die heilige Stadt zu betreten und in die sich auffächernden Straßen zu blicken, war eine bewegende Erfahrung unzähliger Rombesucher.

Sixtus V. ließ die von den Pilgern vorrangig besuchten sieben, später neun Hauptkirchen durch Axialstraßen an das vorhandene Wegenetz anbinden. »Unser Herr wünscht nun«, so Domenico Fontana, »jenen den Weg zu ebnen, die, durch Gläubigkeit oder Gelübde bewogen, die heiligen Plätze der Stadt Rom wiederholt besuchen, im besonderen die sieben Kirchen, die für ihre Ablässe und Reliquien so berühmt sind.« Im großen Maßstab wurden vom Stadtrand gradlinige Straßen in das Zentrum gelegt, dort miteinander verknüpft und so das Hügelgelände innerhalb der Aurelianischen Mauer wieder erschlossen. Da Rom weit unter seinem antiken Umfang lag, konnten einige Straßenabschnitte durch wenig bebaute Areale geführt werden. Zugleich stellte der Papst die Wasserwirtschaft auf eine neue Basis. Neben der instand gesetzten, auf Agrippa zurückgehenden Acqua Vergine ermöglichte die neue, unter Nutzung antiker Aquädukte geschaffene Wasserleitung der Acqua Felice eine bessere Versorgung des Hügelgeländes links vom Tiber. Unter Paul V. (1605–21) wurde dann durch die Acqua Paola die Versorgung von Trastevere, Vatikan und Gianicolo gesichert – insgesamt ein bis ins 19. Jahrhundert ausreichendes Leitungssystem. Der Arbeitslosigkeit begegnete Sixtus V. durch ein Programm öffentlicher Investitionen und den Bau von Manufakturen. Selbst das Kolosseum wollte Fontana in eine Wollweberei umwandeln, um den Bettlern Roms Arbeit und Wohnung zu geben.

Neben den neuen Achsen sollen unter dem nur fünf Jahre regierenden Sixtus V. weitere 125 Straßen gepflastert worden sein. Die Pilgerkirchen oder andere monumentale Gebäude bilden seither Blickpunkte am Ende der Straßenzüge und zugleich Gelenke bei einem Richtungswechsel. Straßen weiten sich zu Plätzen, Obelisken markieren die Perspektiven. Vier antike Obelisken ließ Sixtus versetzen und durch ein Kreuz in Siegeszeichen des Christentums verwandeln: neben dem auf der Piazza del Popolo die Obelisken bei S. Giovanni in Laterano und S. Maria Maggiore sowie den vatikanischen Obelisken vor Sankt Peter, dessen Standortwechsel unter der Leitung Fontanas als eine

der eindrucksvollsten Ingenieurleistungen der Zeit galt. Die antiken Triumph-säulen des Trajan und Marc Aurel wurden freigelegt, restauriert und durch Bronzestatuen der Apostelfürsten Petrus und Paulus bekrönt.

Als längste Achse verbindet, allerdings mit einer Verschiebung bei der Trinità dei Monti, die Via Sistina auf 2 780 Metern die Piazza del Popolo im Norden mit S. Croce in Gerusalemme an der südöstlichen Stadtgrenze, wobei S. Maria Maggiore in etwa die Mittelstellung einnimmt. Bei alledem ging es nicht nur um die abstrakte Ordnung des Raumes durch Geometrie. Auch die Bewegung wurde als Faktor in die Planungen einbezogen. Ausdrücklich sollten die neuen Straßen dem bequemen Verkehr zwischen den Kirchen dienen und dabei die Sinne erfreuen. Dazu wiederum Fontana: »So kann man zu Fuß, zu Pferd oder mit der Kutsche, von welchem Platz dies auch sei, sich aufmachen und sozu-sagen in gerader Linie zu den berühmtesten Andachtsplätzen gelangen. ... Mit wahrhaft unglaublichen Kosten und gemäß dem großen Geist eines so großen Herrn hat er diese Straßen erweitert, von einem Ende der Stadt zum anderen, ungeachtet der Hügel oder Täler, die sie kreuzten. Indem er die ersten abtrug und die zweiten füllte, verwandelte er sie in sanfte Ebenen, reizende Plätze und enthüllte an verschiedenen Stellen die niederstgelegenen Teile der Stadt mit verschiedenen und unterschiedlichen Perspektiven, so dass, abgesehen von der Andacht, diese mit ihren Reizen die Sinne des Körpers ergötzen«.

Abb. 34
Rom, Blick über die Piaz-za del Popolo nach Süden in den Straßendreistrahl. In den Zwickeln die bei-den im 17. Jh. erbauten Kuppelkirchen. Gemälde von Gaspar van Wittel, gen. Gaspare Vanvitelli (Paris, Banca Commer-ciale Italiana).

Das Kapitol als einheitliche Platzanlage und Sinnbild des zweiten Rom

Neben der Systematisierung der Gesamtstadt bildete die Gestaltung von Plät-zen ein wesentliches Moment der neuzeitlichen Urbanistik in Rom. Das bedeutendste Beispiel der neuen Auffassung vom Platz in der ersten Hälfte des 16. Jahrhunderts ist das Kapitol *(Abb. 35),* wie es ab 1536 von Michelangelo geplant, allerdings erst Mitte des 17. Jahrhunderts vollendet wurde. Der Platz bildet hinsichtlich politischer Programmatik und formaler Komposition ein Ganzes. Im Zusammenspiel von Denkmal und einheitlicher Randbebauung wurde ein Typus für künftige Projekte zur Verherrlichung des Herrschers bereitgestellt. Unter den sieben Hügeln des antiken Rom war der kapitolinische der ranghöchste gewesen. Im 12. Jahrhundert hatte sich im alten Staatsarchiv, dem nach Osten auf das Forum blickenden Tabularium, ein neuer Senat versammelt. Im 14. Jahrhundert legten die ersten Gemeindestatuten die Regierungsform fest: einem Senator standen drei Magistrate, die Konservatoren, zur Seite. Der Senatorenpalast war nach Westen ausgerichtet, den Palast der Konservatoren errichtete die Stadt Mitte des 14. Jahrhundert in leichter Schrägstellung seitlich davor; er wurde 1520 noch einmal erneuert. Nördlich grenzte an die Freifläche – mehr verwahrloster Schutthügel als Platz – die hoch gelegene Kirche S. Maria in Aracoeli. Das Kapitol wurde als Ort der Erinnerung an die antike Größe und als Mitte der Stadtgemeinde begriffen. Hier waren bedeutende, vormals beim Lateran versammelte Antiken zu sehen, die Sixtus IV. 1471 dem römischen Volk übergab. Sie symbolisierten die Kontinuität zwischen dem römischen Kaisertum und der weltlichen Gewalt des Papstes. Der Kapitolsplatz diente der Kommune für Ehrungen wie Dichterkrönungen und die Verleihung des Bürgerrechtes.

Paul III. ließ 1538 die bronzene, ehemals vergoldete Reiterstatue Kaiser Marc Aurels vom Lateransplatz auf das Kapitol versetzen. Das Hauptwerk antiker Plastik und Urbild aller abendländischen Reitermonumente war der Zerstö-

*Abb. 35
Rom, Kapitolsplatz nach
der Planung Michelangelos, Kupferstich von
E. Dupérac, 1569.*

rung entgangen, weil man es für eine Darstellung des christlichen Kaisers Konstantin hielt. Michelangelos Platzplanung, deren Realisierung mehr als ein Jahrhundert in Anspruch nahm, ist durch die Stiche Etienne Dupéracs von 1569 und 1575 überliefert. Der Platz wurde durch drei Paläste und nach Westen durch die Balustrade begrenzt. Der Senatorenpalast in der Mitte, den Giacomo della Porta und Girolamo Rainaldi zwischen 1582 und 1605 gestalteten, verwendet weitgehend die Substanz des mittelalterlichen Vorgängers, aber nun mit moderner Kolossalordnung über rustiziertem Podium. Zum Hauptportal führt die von Michelangelo entworfene Treppe. Die Brunnenanlage am Unterbau flankieren die Flussgötter Nil und Tiber; in der Mittelnische erhebt sich ein antikes Standbild der Minerva, das später in eine Roma verwandelt wurde. Der Konservatorenpalast auf der Südseite wurde nach Entwürfen Michelangelos 1568 von della Porta erbaut. Die beiden Stockwerke fasst eine korinthische Kolossalordnung zusammen, deren schweres Horizontalgebälk eine statuengeschmückte Balustrade trägt. Michelangelo hatte identische Fensterachsen vorgesehen, während die Ausführung della Portas mit dem großen Mittelfenster des Obergeschosses ein zentrierendes, frühbarockes Element einfügt. Der gegenüberliegende, gleich gestaltete Palazzo Nuovo entstand erst 1603–67.

Michelangelos Platzensemble präsentiert sich dem Betrachter in geometrischer Idealität: Die Schrägstellung der seitlichen Paläste wirkt der perspektivischen Fluchtung entgegen, das tatsächliche Grundrisstrapez erscheint damit als Quadrat. Ähnlich ist das im Pflaster markierte Rund um die zentrale Reiterstatue zu einem faktischen Oval vorverzerrt, um sich dem Betrachter als vollkommener Kreis darzustellen.

Inschriften am Sockel des Reiterbildes weisen auf den Übergang der Herrschaft vom antiken Rom auf das christliche hin. Das wie ein Triumphschild sich wölbende Mittelrund wurde erst in der Mussolini-Zeit nach Michelangelos Entwurf als zwölfzackiger, auf die Tierkreiszeichen verweisender Stern gepflastert. Das Kapitol des zweiten Rom erscheint damit als *umbilicus et caput mundi,* als Nabel und Haupt der Welt. Auch die anderen Bildwerke aus dem Altertum, darunter die Dioskuren auf der Balustrade links und rechts vom Zugang, wirken mit am Programm eines in der politischen Realität nicht einzulösenden Herrschaftsanspruchs über den Erdkreis.

Der Petersplatz in Rom: Ortsbindung und Aktualisierung der Tradition

Im Mittelalter war der Lateran der Hauptsitz des Papstes mit S. Giovanni als Kathedrale des römischen Bischofs und Mutter aller Kirchen des Erdkreises. Erst nach dem Exil in Avignon entwickelte sich der Vatikan zum Zentrum der Weltkirche. Hier war der Überlieferung nach der hl. Petrus nach seinem Martyrium im Zirkus des Nero bestattet worden, hier stand die erste, von Konstantin d. Gr. errichtete Petersbasilika, deren Neubau unter Julius II. durch Bramante 1506 begonnen wurde.

Heute nähert man sich der Piazza San Pietro *(Abb. 36),* mit deren Gestaltung
Alexander VII. 1656 Gianlorenzo Bernini beauftragte, über die breite Via della Conciliazione, die jedoch erst nach 1929 zum Zeichen der Aussöhnung zwischen Papst und italienischem Staat entstand. Die zweiteilige Platzanlage – an
das der Kirche vorgelagerte Trapez der *Piazza retta* mit glatten, pilasterdeko-
rierten Wänden schließt sich das Oval der *Piazza obliqua* mit den Kolonna-
denarmen an – ist die bekannteste und vielleicht auch virtuoseste Platzschöp-
fung des Barock. Bernini hatte dabei eine Fülle von Sachzwängen zu bewältigen und zugleich die Tradition wie auch den weltkirchlichen Anspruch des Pe-
trus-Amtes zu vergegenwärtigen.
Vorgegeben war der Petersdom selbst mit dem Langhaus Madernas, das 1607
bis 1624 dem Zentralbau der Renaissance angefügt worden war und die Gesamtwirkung der Kirche ungünstig beeinflusste. Denn es nahm dem Heran-
nahenden die Sicht auf die Kuppel Michelangelos. Unbefriedigend war zudem
die übermäßig breite und in Berninis Worten *geduckte* Fassade, die er zunächst
durch Aushöhlung seitlicher Vertikalachsen und Turmaufsätze strecken wollte. Vorgegeben war auch der 1586 versetzte Obelisk, dessen Stellung zudem
die Kirchenachse ein wenig verfehlte. Bernini hatte des weiteren den nördlich
anschließenden Vatikanischen Palast und die Fundamente eines Eingangskor-
ridors mit Uhrturm zu berücksichtigen, woraus sich die Schrägstellung der Pi-

azza-retta-Fronten ergab. Selbstverständlich war eine maximale Raumausnutzung erwünscht, wobei die Gläubigen sich an Festtagen nach Westen zur Benediktionsloggia hin ausrichteten, ansonsten aber nach Nordwesten zum Papstpalast. Vorgegeben waren ferner die Zugänge von Osten her, also Borgo Nuovo und Borgo Vecchio, deren Verbindung mit den nördlich der *Piazza obliqua* einmündenden Straßen aufrechterhalten werden musste. Aber auch die Ausdehnung nach Norden war begrenzt, denn hier führt der *Passagetto* vorbei, ein mittelalterlicher Fluchtgang, der Vatikan und Engelsburg verbindet.

Alle Probleme, mit denen Bernini konfrontiert war, gilt es zu benennen, um die Lösung als Lösung in funktionaler, formaler und bauikonografischer Hinsicht bewusst zu machen. Durch das Zusammenspiel perspektivischer Tricks wird das Auge des Betrachters überlistet und die Kirchenfassade nach vorne gerückt, optisch vergrößert, aber auch gestreckt. Der Gläubige sieht sich durch die Trakte des Platzes wie von Armen – des Erlösers oder der Kirche – umschlossen. Das weite Oval mit der Versammlung der Heiligen und Märtyrer erinnert an das Kolosseum, das als Hauptort frühchristlicher Blutzeugenschaft galt. Zugleich wurde in der *Piazza retta* das Atrium der konstantinischen Anlage aktualisiert. Schließlich wurden Peterskirche und Palast durch das Beziehungsgefüge des Platzes als Ziel der Auffahrt zum vatikanischen Gebäudekomplex ausgewiesen.

Koordinative Stadtstruktur: Amsterdam und sein neuer Grachtengürtel

Auf völlig andere Weise folgte die geometrische Stadterweiterung des bürgerlichen Amsterdam *(Abb. 37 und 38),* das durch eine patrizische Führungs-

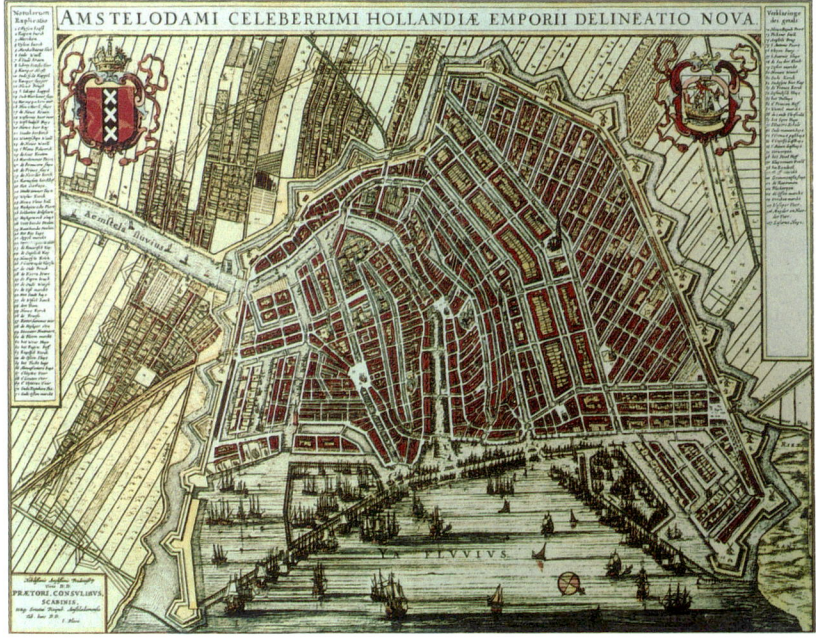

Abb. 37
Amsterdam, Stadtplan von 1649. In der Mitte die Kernstadt mit dem Amstel-Damm, im Westen (rechts) der erste Abschnitt des neuen Grachtengürtels; zwischen diesem und der äußeren Befestigung liegt der Jordaan (Amsterdams Historisch Museum).

Abb. 38
Amsterdam, Luftbild der
Innenstadt von Südwesten.
Oben die mittelalterliche
Kernstadt, links der erste
Abschnitt des Grachten-
gürtels mit den linden-
gesäumten Kanälen, links
außen der Jordaan.

schicht regiert wurde, den Vorgaben von Geschichte und Topografie. Die Entstehungsbedingungen für die spätere Seehandelsmacht waren ideal. Denn hier mündet die Amstel in den IJ, der einst über die Zuiderzee den Zugang zum offenen Meer ermöglichte. Erst im 20. Jahrhundert verwandelte der Abschlussdeich gegen die Nordsee die Zuiderzee in das IJsselmeer genannte Binnengewässer, so dass Hochseeschiffe seither über einen Kanal das Meer erreichen. An den Deichen beidseitig der Amstelmündung hatte sich im Mittelalter eine Ansiedlung gebildet. Um 1270 wurde der Fluss durch einen Damm gesperrt und in Nebenarme aufgefächert, deren äußerste zugleich den Festungsgraben bildeten. Der Damm lag an der Gelenkstelle zwischen See- und Binnenhandel. Er bildete mit Rathaus und Stadtwaage den Hauptplatz Amsterdams, das 1300 Stadtrechte erhielt und im frühen 16. Jahrhundert zur größten Stadt der Niederlande heranwuchs. 1578 trat Amsterdam dem Bündnis gegen den spanischen Landesherrn bei. Die im niederländischen Freiheitskrieg erlangte Unabhängigkeit der Sieben Vereinigten Provinzen wurde endgültig im Frieden von 1648 bestätigt; damals hatte die Stadt etwa 140 000 Einwohner. 1648 wurde auch als Ausweis der politischen und wirtschaftlichen Vormachtstellung der gewaltige Rathausneubau nach Entwürfen Jacob van Campens begonnen.

Die Debatten des späten 16. Jahrhunderts um die Erweiterung der aufblühenden Seehandelsstadt bestimmten zwei Fragen: Wie weit musste man ausgreifen, um dem Bevölkerungswachstum Rechnung zu tragen? Wo waren die Grenzen, an denen die Kosten den Nutzen überstiegen? Die 1609 begonnene Stadterweiterung verdreifachte die Stadtfläche, indem man das Deltaprinzip bei vergrößertem Radius fortschrieb: Der Singel, vormals äußerer Stadtgraben, wurde zur Binnengracht. Um diese legten sich konzentrisch drei neue Kanäle, Heren-, Keizers- und Prinsengracht, sowie die neue Außenbefestigung von rund 8 Kilometern Länge mit 26 Bastionen. Frans Hendriksz. Oetgens und Hendrick Jacobsz. Staets waren für die neue Stadtgeometrie verantwortlich. Die Geh- und Fahrwege zu beiden Seiten der Grachten wurden in regelmäßigen Abständen mit Linden bepflanzt. Kleine Radialgrachten schufen Querverbindungen, besonders im östlichen Kleineleuteviertel, dem Jordaan. Hier lebten auch die ärmeren deutschen Juden, während die wohlhabenderen, aus Spanien und Portugal geflohenen jüdischen Emigranten sich westlich der Amstel ansiedelten. Die eingesessenen reichen Kaufmannsfamilien hingegen hatten ihre repräsentativen Häuser am Grachtengürtel.

Im Zuge der Erweiterung wurden Zuider-, Norder-, Wester- und Oosterkerk errichtet und Synagogen für die portugiesische und die deutsche Gemeinde. Auch Katholiken wurden toleriert, doch durften ihre Kirchen nicht als solche nach außen in Erscheinung treten. Die Bebauung mit Wohn- und Handelshäusern wurde über strenge Vorschriften geregelt. Entsprechend der wirtschaftlichen und sozialen, aber auch der stilistischen Entwicklung machte das städtische Haus einen charakteristischen Wandel durch. In Renaissance und Frühbarock war aus dem mittelalterlichen Treppengiebelhaus ein kleinteiliger Ziegel-Werkstein-Bau mit zahlreichen antikisierenden Detailformen geworden. In der ersten Hälfte des 17. Jahrhunderts erfasste die Gliederung größere Zusammenhänge, zum Teil mit lehrbuchmäßigen Pilasterordnungen. Einige der Häuser mit Glockengiebeln zeigten reine Sandsteinfassaden. Nicht zuletzt der Rathausneubau förderte den Wechsel zu traufständigen Gebäuden mit palladianischen, palastartigen Fronten. Dabei drückte sich die Aneignung feudaler Vorbilder durch die reichen Regentenfamilien darin aus, dass man zwei Grundstücke zusammenfasste und statt drei Achsen sieben und mehr baute. Giebelständige Häuser wurden durch Aufbauten mit klassischem Horizontalgesims dem gewandelten Geschmack angepasst. Die tiefen Parzellen erlaubten zudem die Anlage rückwärtiger Binnengärten.

Amsterdam übertrug das Prinzip der Festungssterne auf die von Grachten durchzogene Stadt. Doch hierarchisch gestaffelte Achsen und die Ausrichtung auf einzelne Monumente fehlen. Zwar bildeten Größe und Aufwand der Häuser die sozialen Unterschiede ab, zwar stehen noch heute die prachtvollsten Bauten an der *Gouden Bocht,* dem Goldenen Bogen der Herengracht zwischen Leidse- und Vijzelstraat, doch schrieb die Stadterweiterung grundsätzlich die koordinativen Strukturen einer ringförmigen Versammlung um das ökonomische und administrative Zentrum fort.

Paris als königliche Hauptstadt unter Heinrich IV.

Mit Heinrich IV., dem ersten Bourbonen auf dem französischen Königsthron, setzte um 1600 nach den Wirren der Religionskriege eine Zeit politischer Stabilität, gestärkter Zentralgewalt und wirtschaftlicher Prosperität ein. In dieser Phase des Frühabsolutismus wurde Paris, damals eine noch weitgehend mittelalterliche Stadt, durch geschickte städtebauliche Eingriffe als ein Ganzes definiert und eindrucksvoll auf den Herrscher bezogen *(Abb. 39)*. Die überkommene Stadtanlage kam dem entgegen. Obwohl ein Gewirr enger Straßen, war sie doch annähernd symmetrisch mit der Seine als Mittelachse. Allerdings konnte die Stadtanlage kaum überblickt werden, da die alten Seinebrücken überbaut waren. Noch der 1512 vollendete Pont Notre-Dame war beidseitig der Fahrbahn mit gleichartigen Giebelhäusern besetzt.

Als man nach 1578 an der Westseite der Seine-Insel eine neue Brücke, den Pont-Neuf, über den Fluss schlug, waren auch hier zunächst seitliche Häuserreihen vorgesehen. Heinrich IV. wollte jedoch eine unbebaute Brücke und ließ die bereits ausgeführten Keller zuschütten. 1606 war die Brücke fertig, die sich in zwei Abschnitten über die Flussarme unter Einbeziehung der Insel schwingt. An deren Westspitze führt die Fahrbahn an einer Bastei vorbei, für deren Plattform die Königin 1605 als Geschenk an die Stadt Paris ein Reiterdenkmal ihres Gatten stiftete. Es zeigt Heinrich als siegreichen Friedensstifter, der in seine Hauptstadt einzieht. Auf das Bild des Königs ist die Place Dauphine östlich von Plattform und Brücke bezogen. Die einheitlichen Häuser bildeten einst, der dreieckigen Geländesituation folgend, eine A-förmige Grundrissfigur. Obwohl sich das Denkmal außerhalb des Platzes befindet, wird der König doch zu dessen inhaltlicher Mitte, denn dort erscheint das lichtumflutete Bild des heranreitenden Monarchen zwischen den rahmenden Kopfbauten. Vor allem betont die Ausrichtung der Place Dauphine die Seine als Symmetrieachse der Stadt. Der Pont-Neuf verläuft im rechten Winkel dazu, wobei die Brückenarme durch gradlinige Straßenzüge ins nördliche wie ins südliche Stadtgebiet weitergeführt werden. Eindringlicher konnten die Ko-

Abb. 39
Paris, Vogelschau mit Ile de la Cité und Pont-Neuf zwischen den Teilstädten Ville im Norden (links) und Université im Süden, links oben überbaute Seinebrücken. An der Inselspitze die Place Dauphine und die Bastei mit dem Reiterbild Heinrichs IV. (Plan Turgot, 1734).

LA PLACE ROYALE DE PARIS laquelle fut commancée l'an 1604. par l'ordre de Louis 13. et achevée quelque temps après. Son dessein estoit d'y loger des Ouuriers et d'y établir des manufactures, mais par ce n'eut quel changement du particuliers 13 ont faite des logemens magnifiques. La statue de Bronze de Louis 13. qui est au milieu est de Biard et le Cheual qui la porte est de Daniel de l'Ostère, ils furent posez, l'an 1639.
A PARIS Chez. N. Langlois rüe St Iacque a la Victoire. Auec Priuilege du Roy.
Perelle fecit

Abb. 40
Paris, Place des Vosges, ehem. Place Royale. Radierung von Pérelle, Ende 17. Jh.

ordinaten der Pariser Stadtanlage kaum sichtbar gemacht werden. Zugleich richtete sich die Stadt als Ganzes auf den Monarchen aus. Er besetzte durch sein Bild den bedeutsamsten Ort im Paris des frühen 17. Jahrhunderts und nahm so seine Hauptstadt in Besitz.

Wenn das Ensemble am Pont-Neuf auf das Verhältnis des Monarchen zu seiner Hauptstadt hinweist, so wird man das gleichzeitige, nicht realisierte Projekt einer Place de France im Nordosten von Paris als Anschauungsäquivalent für das Verhältnis der Zentralgewalt zu den Provinzen verstehen müssen. Geplant war nach dem Entwurf des königlichen Topografen Claude Châtillon ein großer, halbkreisförmiger Platz mit einheitlicher Bebauung und acht ausstrahlenden Radialstraßen. Diese sollten die Namen der acht Hauptprovinzen Frankreichs tragen, die sie verbindenden Nebenstraßen nach den übrigen Provinzen benannt werden.

Ein dritter Platz der Zeit Heinrichs IV., die heutige Place des Vosges *(Abb. 40),* einst nur *la Place* genannt, entwarf ein programmatisches Bild des Verhältnisses von Herrscher und Untertanen. Der König selbst hatte das Grundstück bereitgestellt und seit 1605 Maßnahmen für die einheitliche Bebauung des 1612 eingeweihten Platzes getroffen. Die Platzanlage ist vermutlich das Ergebnis einer gemeinschaftlichen Planung der Architekten Louis Métezeau und Jacques II Androuet du Cerceau, des Topografen Châtillon sowie des Königs selbst und seines Ministers Sully. Das Reiterdenkmal in der Platzmitte wurde erst 1639 aufgestellt und war ursprünglich nicht vorgesehen. 36 Häuser für Angehörige des Adels und des gehobenen Bürgertums schließen eine annähernd quadratische Freifläche ein, neun Häuser an jeder Platzseite. Nur die nördlichen und südlichen Mittelbauten sind leicht hervorgehoben. Als *Pavillon du Roy* und *Pavillon de la Reyne* vertraten sie das Königspaar.

Die Bebauung bringt kollektive und individuelle Momente zu einem vollkommenen Ausgleich. Die Häuser bilden eine kontinuierliche Front, geben sich aber doch als einzelne zu erkennen. Im Erdgeschoss läuft noch eine einheitliche Arkadengalerie als öffentlicher Bereich um den Platz. In den Obergeschossen aber werden durch blonde Steinglieder und rote Ziegel die Hausgrenzen zugleich betont und überspielt. Für den Ausgleich von Kontinuität und Distinktion kommt jedoch den Krüppelwalmdächern die Hauptaufgabe zu. Sie gehen zunächst nahtlos ineinander über, konturieren dann jedoch das Einzelhaus; Gauben und Schornsteine führen das Spiel weiter. Programmatisch zeigt die Place de Vosges eine Gemeinschaftsordnung, deren Glieder sich als Gleichberechtigte zusammenfinden. Auch der Monarch – so suggerieren es die mäßig ausgezeichneten Pavillons von König und Königin – fügt sich als Erster unter Gleichen ein.

Diese Zurückhaltung sollte mit der Ausbildung des absolutistischen Staates schon bald aufgegeben werden. 1639 wurde auf Initiative des Ersten Ministers Kardinal Richelieu auf der Place des Vosges ein Reiterdenkmal König Ludwigs XIII. aufgestellt. Die Maßnahme zeigt einen Funktionswandel an: Während zuvor die Architektur allein Bedeutungsträger war, kam diese Aufgabe nun zuerst dem Denkmal zu. Es degradierte Häuser und Pavillons zum Rahmen für die Huldigung an in seinem Bild gegenwärtigen Monarchen. Die *Place* Heinrichs IV. wurde zur *Place Royale* und damit zur Vorläuferin der Königsplätze zu Ehren Ludwigs XIV. und Ludwigs XV.

Paris unter Ludwig XIV.: Boulevards, Triumphtore, Königsplätze

Nach seinen ersten militärischen Erfolgen betrieb Ludwig XIV. mit seinem Minister Colbert eine durchgreifende Modernisierung und Verschönerung von Paris, um der Hauptstadt einen mehr zeremoniellen Charakter zu geben und die Stellung des Königs auch städtebaulich zum Ausdruck zu bringen. Gegen 1670 wurde die Stadtbefestigung geschleift. An ihre Stelle traten breite, baumbestandene Boulevards *(Abb. 41)*, antikisierende Triumphbögen ersetzten die alten Tore. Die Maßnahmen erregten in Europa Aufsehen, denn zu einer Zeit, in der die meisten Städte noch befestigt waren und das kaiserliche Wien die Türken abwehren musste, demonstrierte der Sonnenkönig durch Entfestung seiner Hauptstadt seine unangefochtene innere und äußere Machtstellung. Erst im späten 18. und im 19. Jahrhundert konnten andere Städte dem Pariser Beispiel folgen und ihre Befestigungen durch Prachtstraßen oder Parkanlagen ersetzen.

Zu Ehren Ludwigs XIV. wurden repräsentative Denkmalsplätze angelegt. Ein Höfling gab 1678 den Auftrag zu einem öffentlichen Standbild, das den König im Krönungsornat zeigte, wie er, von der Siegesgöttin bekränzt, seine Feinde in den Staub tritt. Die Stadt stellte die angemessene Platzanlage bereit; ab 1685 entstand so nach Plänen Jules Hardouin-Mansarts die Place des Victoires

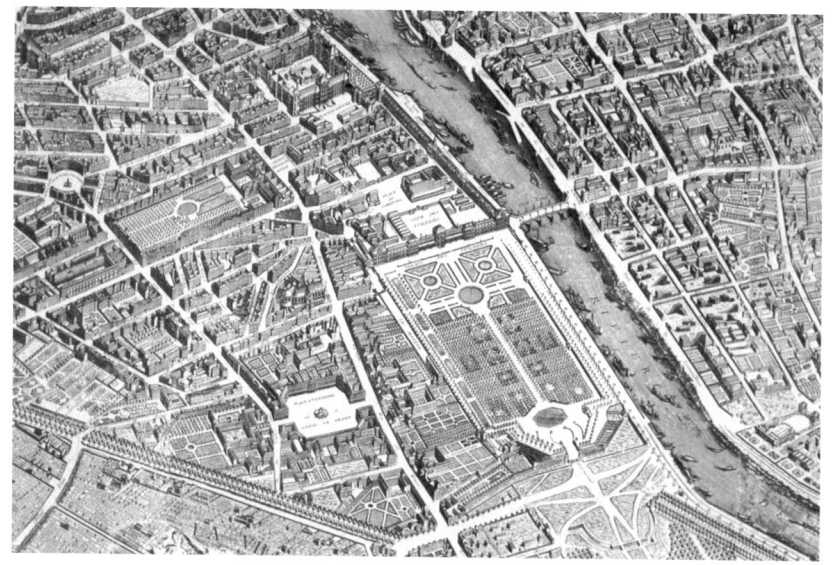

Abb. 41
Paris, Vogelschau der westlichen Stadtgebiete auf
dem nördlichen Seineufer.
Im Vordergrund ein
Abschnitt der Grands
Boulevards, unten die
achteckige Place Vendôme,
oben links die runde Place
des Victoires, in der Bild-
mitte der Louvre-Tuile-
rien-Komplex
(Plan Turgot, 1734).

(Abb. 42). Das Denkmal ging also dem Platz voraus. An diesem wurde zunächst eine Fassadenkulisse errichtet, deren rückwärtiger Ausbau allmählich
erfolgte. Die Place des Victoires steht am Anfang zahlreicher absolutistischer
Places Royales, einheitlich bebaute Plätze mit einem Herrscherdenkmal. Die
palastartigen Fronten mit ihren nahezu identischen Fensterachsen gehen auf
die damals neuen Trakte des Louvre-Schlosses zurück. Sie sollten nicht dem
Prestige der Anwohner dienen, sondern eine Art Kultraum für das Herrscherbild schaffen. Deswegen musste auch das Haupt des Königs immer den Dach-

Abb. 42
Paris, Place des Victoires
um 1690. Radierung von
Pérelle, Ende 17. Jh.

Abb. 43
Paris, Place Vendôme oder
Place Louis le Grand.
Stich von Aveline.

first überragen. Der sakralen Überhöhung Ludwigs XIV. dienten ehemals noch vier immerfort brennende Leuchten auf hohen Pylonen, an denen Medaillons die Taten des Herrschers verkündeten.

Der zweite Pariser Platz zu Ehren des Sonnenkönigs, die Place Louis le Grand oder Place Vendôme *(Abb. 43)*, wurde ab etwa 1700 ebenfalls nach Entwürfen Hardouin-Mansarts angelegt. Auch hier ging die Denkmalsstiftung, das Reiterbild von François Girardon, der Platzplanung voraus. Auch hier wurde zunächst eine umlaufende Kulissenarchitektur errichtet, wobei man ursprünglich eine weit größere Anlage mit königlichen Einrichtungen geplant hatte und erst in einer zweiten Phase Wohnbauten vorsah. Wiederum unterstreichen palastartige Fronten – hier mit korinthischer Kolossalordnung auf dem Podium – die Widmung an den Herrscher. Allerdings erforderte der Achteckgrundriss die zusätzliche Hervorhebung des Königsbildes durch formale Bezüge. So deckt sich die Hauptachse des Platzes, die durch die Zugänge im Norden und Süden und durch die Fassaden der jenseits des Platzes gelegenen Klöster artikuliert wurde, mit der Längsachse des Reiters. Gedachte Verbindungslinien zwischen den Risaliten laufen immer durch das Denkmal. Im Grundriss der Denkmalsplattform findet sich zudem die Grundrissgestalt des Platzes verkleinert wieder.

Auch die Königsplätze für Ludwig XIV. formulierten ein politisches Programm. Ihre Fassaden lassen sich nicht mehr als Einzelhäuser lesen, sondern sind durchgehende Palastfronten. Der Herrscher war nun alleiniges Zentrum und Ziel der Gesamtanlage und zugleich über diese erhoben. Denkmal und Platz machten den Herrschaftsanspruch des Königs im Sinne des Absolutismus unmittelbar evident.

Neben Boulevards und Königsplätzen bestimmt ein Projekt der absoluten Monarchie das Stadtbild von Paris bis in die Gegenwart: die große Achse *(vgl.*

Abb. 114), die auf dem Nordufer von der Stadtmitte aus immer weiter nach Westen vorgetrieben wurde. Ausgangspunkt war der Komplex der Königs-schlösser von Louvre und Tuilerien. Im Laufe der Jahrhunderte hatten die Kö-nige den Louvre, einst Teil des Befestigungssystems, zum Schloss ausbauen und durch eine lange Galerie am Seine-Ufer mit dem westlich gelegenen, heu-te nicht mehr erhaltenen Tuilerien-Schloss verbinden lassen. Um 1665 gestal-tete André Le Nôtre den Tuilerien-Garten neu und ließ in das Waldgebiet jen-seits der Stadtbefestigung eine breite Schneise schlagen, um die Gartenachse optisch weiterzuführen. Die Schneise zog sich nach Westen den Hügel von Chaillot hinauf bis zu einer Lichtung mit einem Wegestern. Nach dem Namen des Wäldchens hieß die Waldschneise Avenue des Champs-Elysées, der Stern war der Vorläufer der heutigen Place de l'Etoile. Als Paris sich seit dem späten 17. Jahrhundert immer weiter nach Westen ausdehnte, gab die Achse einen Anhalt für die städtebauliche Entwicklung. Dem Stern im Westen entsprach an der Hauptausfallstraße nach Osten ebenfalls ein Sternenplatz, die Place du Trône (heute Place de la Nation), wo zeitweilig das 1 : 1-Modell eines riesigen, zu Ehren des Sonnenkönigs geplanten Triumphbogens zu sehen war. Die Ver-bindung beider Sterne und beider Ausfallstraßen durch das Altstadtgebiet wurde eine der großen Aufgaben des frühen 19. Jahrhunderts.

Das frühneuzeitliche London und seine erste einheitliche Platzanlage

London war im frühen 17. Jahrhundert nicht nur eine kleinteilige, mittelal-terliche Stadt, sondern auch in vielfältige Funktionen zersplittert. Eine ratio-nale Begrenzung des Stadtkörpers war schon deshalb schwer, weil er aus zwei Städten entstanden ist: der City of London und der mehr als drei Kilometer

Abb. 44
London, Covent Garden Piazza mit den Bauten von Inigo Jones. Gemälde von John Collet, um 1770 (London, The Museum of London).

themseaufwärts gelegenen City of Westminster. Die City of London war die mittelalterliche Nachfolgerin der antiken Römerstadt Londinium, auch sie bereits ein Umschlagplatz zwischen Binnenhandel und Fernhandel zur See. Ihr Mauerverlauf wurde bis zur Auflassung im 17. und 18. Jahrhundert nie ausgeweitet. Die Könige hielten die Stadt der Handwerker und Kaufleute durch den Tower im Griff, der seiner Funktion nach der römischen Engelsburg oder der Bastille in Paris vergleichbar ist. Im Westen, vor den Mauern der City, entwickelte sich nach der Aufhebung des Templerordens im frühen 14. Jahrhundert das Quartier der Juristen mit den Royal Courts of Justice.

Die City of Westminster geht auf ein Benediktinerkloster zurück, wo sich im Hochmittelalter die Königsresidenz mit der Königshalle etablierte und wo auch das Parlament tagte, ursprünglich ein Kontrollorgan der königlichen Finanzen. Nach der Verstaatlichung des Kirchenbesitzes 1538–40 durch Heinrich VIII. löste sich die Wohngemeinschaft der Könige mit dem Parlament, die Abteikirche behielt aber bis heute ihre Funktion als Krönungsort und Grablege. Die Könige verlegten ihren Sitz zunächst nach Whitehall im Norden von Westminster, dann nach Westen zum Palast von St. James, bis sie, nach einem Intermezzo in Kensington Palace, Buckingham Palace bezogen. Doch ihre Regierung blieb bis heute in Whitehall.

Londons Eintritt in die neuzeitliche Architektur und Stadtbaukunst nach italienischen Vorbildern ist gut zu bestimmen: 1615 kam Inigo Jones von seiner zweiten Studienreise nach Italien zurück und trat in den Dienst James' I. als Surveyor of the King's Works. Der Kunstgeschmack des Hofes und einer kleinen Gruppe kultivierter, royalistischer Adeliger nahm damals eine neue Richtung. Noch 1615 entstanden die ersten Pläne für Queen's House in Greenwich, eine Adaption der Veneto-Villen Andrea Palladios und seiner Nachfolger. 1619 begann Jones mit dem palladianischen Bau des Banqueting House in Whitehall, einziger realisierter Teil seiner großen Residenzplanung. Charles I., der seinem Vater 1625 auf den Thron folgte, hatte zwar genaue Vorstellungen davon, wie sein altmodisches, schmutziges London hätte verschönert werden können, und er setzte dazu auch eine *Commission for Buildings* ein, der Jones angehörte. Doch im Unterschied zu anderen Herrschern konnte der englische König nur begrenzt direkten Einfluss auf die Gestaltung seiner Hauptstadt nehmen.

Jones' bedeutendstes urbanistisches Projekt und das erste Londoner Beispiel systematischer Erschließung war die 1631 begonnene Covent Garden Piazza *(Abb. 44, S. 67)*. Der Auftraggeber, Francis Russel, vierter Earl of Bedford, gehörte nicht dem exklusiven Royalistenzirkel an, sondern betrieb sein Vorhaben vor allem zur Steigerung seiner Einkünfte. Er tat sich mit einem Bauunternehmer zusammen, um den alten Abteigarten nördlich von Bedford House, der seinen Vorfahren 1552 aus Säkularisationsgut überlassen worden war, als Baugrund zu nutzen. Den Rechteckplatz rahmen im Norden und Osten vornehme Häuser, Bauten von antiker Simplizität mit Erdgeschossarkaden und zwei Vollgeschossen bei identischen Fassadenachsen. Im Süden markierte eine Terrasse die Grenze zum Garten von Bedford House. An der Westseite liegt die Kirche St. Paul's mit ihrer strengen toskanischen Portikus, flankiert von zwei Wohnbauten, die durch die Tore zu beiden Seiten der Kirche auf Distanz gehalten werden. Der Earl, der die Kosten so niedrig wie möglich halten wollte, soll der Anekdote nach zu Jones gesagt haben, er möge die Kirche *nicht viel besser als eine Scheune machen*, worauf der Architekt geantwortet habe: *Sie werden die schönste Scheune Europas erhalten.*

Covent Garden Piazza steht am Beginn der Londoner Squares, der Wohnanlagen, die in vorstädtischem Gebiet entstanden: Bloomsbury Square 1661, Grosvenor Square 1695, Cavendish Square 1717, Berkeley Square 1730, Bedford Square 1775 und Russell Square 1800. Die Gevierte einheitlicher Häuser schlossen umfriedete Gärten ein, zu denen nur die Anwohner Zugang hatten.

London nach dem großen Brand und das Scheitern einer einheitlichen Stadtgeometrie

Als die Monarchie nach dem Ende der Diktatur Oliver Cromwells 1660 restauriert worden war, suchte Charles II. den Abschluss an die urbanistischen Entwicklungen auf dem Kontinent. Die niederländischen Architekten Jacob van Campen und Pieter Post wurden nach England verpflichtet, die Gartenkünstler André und Gabriel Mollet, Söhne von Le Nôtres Lehrer Claude Mollet, brachten den formalen Garten französischer Prägung nach England. Nachdem in London 1665 die Pest gewütet hatte, an der 69 000 Menschen starben, brachte die nächste Katastrophe, der große Brand Anfang September 1666, die in Europa einzigartige Gelegenheit, eine altmodische, gewachsene Großstadt nach einem einheitlichen Plan in großem Maßstab wiederaufzubauen. Zu den Mitgliedern des Wiederaufbaugremiums mit je drei Vertretern von Krone und Stadt gehörte Christopher Wren, Naturwissenschafler und

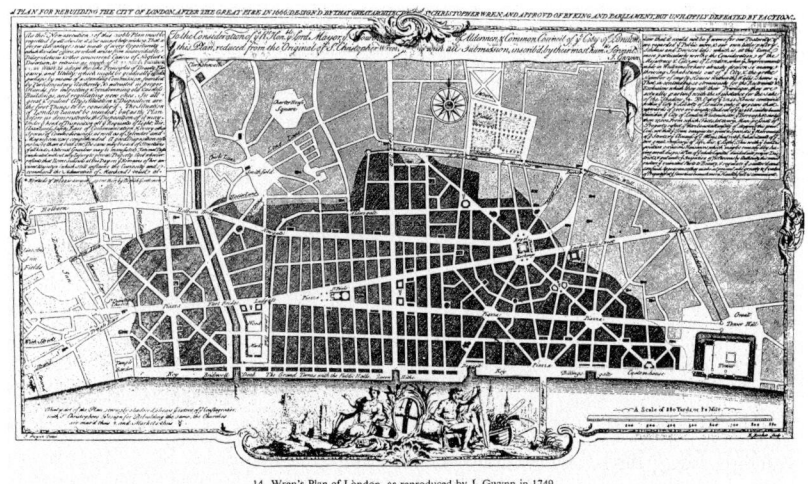

Abb. 45
Christopher Wren:
Wiederaufbauplan für
London.

Astronomieprofessor in Oxford sowie nachmaliger Architekt der neuen City-kirchen und des Neubaus von St. Paul's Cathedral. Unter den acht Entwürfen für die Neuanlage der Stadt war auch Wrens Projekt *(Abb. 45)*.

Wren trug in seinem Plan einer Reihe von Vorgaben Rechnung: den alten Stadttoren, der natürlichen westlichen Begrenzung durch den Fleet River, dem Tower im Osten und der London Bridge, bis 1729 die einzige Themsequerung im Citybereich. Das Areal dazwischen durchdringen zwei breite West-Ost-Achsen und eine verbindende Schräge. Damit ergibt sich eine Figur, die an ein in die Breite gezogenes Z erinnert. Mit ihr werden die wichtigsten Gebäude und Institutionen erschlossen. So findet sich die Royal Exchange als frei stehendes Monument auf einem Platz am oberen Winkel, während unten die neue Kathedrale in den Zwickel zwischen die Schenkel tritt. Als Gelenkstellen zwischen einigen Nebendiagonalen fungieren als Piazza bezeichnete Plätze, die selbst teilweise von konzentrischen Nebenstraßen umgeben sind. Im Mittelfeld hingegen legt Wren ein Gitterwerk aus annähernd rechteckigen Einheiten über das Z der Hauptachsen.

Doch die Projekte erwiesen sich als unausführbar, weil durch den Brand die administrativen und wirtschaftlichen Hindernisse nicht beseitigt worden waren, mit denen auch andere Großstädte zu kämpfen hatten. So wurden die Verkehrsprobleme, von denen Londonbesucher vor dem Brand berichteten, nicht grundsätzlich gelöst. *Der Act for Rebuilding the City of London* von 1667 basierte auf etwas verbesserten Katasterrichtlinien, führte immerhin zur Verbreiterung der Straßen, zur Kanalisierung der Wasserläufe und zu Vorschriften für die Ausführung der in drei Kategorien eingeteilten Wohngebäude, die fortan zugunsten der Feuersicherheit in Ziegeln auszuführen waren.

5 Residenzstädte absolutistischer Fürsten

Der Zusammenhang von Burg und Stadt war im Mittelalter fast immer von politischen Spannungen zwischen dem Landesherrn und der Bürgerschaft gekennzeichnet. Selten vereinnahmte die Stadt die Burg. Meist konnte der Fürst die Macht der Stadt brechen oder sich zumindest gegen Übergriffe sichern. Von Residenzstädten als urbanistischer Kategorie kann man hingegen erst sprechen, wenn die Territorialmacht des Fürsten jeden Aufstand unmöglich gemacht hatte, so dass sich das Schloss zur Stadt öffnen konnte und die Stadt mit Hauptstraßen auf das Schloss zuführte. Mit den seit der Renaissance entwickelten Gestaltungsmitteln geometrischer Raumaufteilung und hierarchischer Achsensysteme war es möglich, Schloss und Stadt zu einem formalästhetischen wie funktionalen Ganzen zusammenzubinden und damit den ordnenden Zugriff des Herrschers auf den Raum zu vergegenwärtigen.

In drei Etappen wuchs die Savoyer-Residenz Turin im 17. und frühen 18. Jahrhundert als Einheit aus Schloss, regelmäßiger Stadtanlage und Festung und bildete die Hauptstadt eines straff geführten Staatswesens. Versailles, die neu angelegte Residenz des Sonnenkönigs, entstand außerhalb von Paris auch unter dem nachwirkenden Eindruck des letzten Aufstandes der Partikulargewalten gegen die königliche Zentralgewalt. Niemals vorher war in einer Residenz die Rolle des Schlosses als Zentrum der Stadtanlage und des gesamten Staatsgebietes so nachdrücklich vor Augen geführt worden. Mit dem Schloss Versailles wurde auch die ihm zugeordnete Stadt zum Modell absolutistischer Stadtbaukunst. So legten sich im neu gegründeten Sankt Petersburg schon bald die französischen Ordnungsmuster über die älteren niederländischen. Berlin und Potsdam hingegen zeigen, wie Stadterweiterungen über regelmäßigem Grundriss und mit teilweise französisch inspirierten Elementen den Kerngebieten angelagert wurden. Im deutschen Südwesten verließen die Fürsten ihre altmodischen Bergschlösser, um in der Rheinebene Planstädte zu gründen oder auszubauen, deren Ausrichtung auf den Herrschersitz die absolutistische Staatstheorie veranschaulicht.

Die drei Stadterweiterungen von Turin

Das bedeutendste Beispiel der Erweiterung einer Residenzstadt durch fürstliche Maßnahmen im Zeitalter des Barock bietet Turin *(Abb. 46)*. In drei Schritten wurden der mittelalterlichen Stadt auf drei Seiten neue Areale über orthogonalem Plan angefügt. Dabei blieb das Straßengitter einem Bastionärgürtel samt Zitadelle eingeschrieben, der mit der Anlage der Neustädte immer weiter ausgriff. 1556 wurde Turin wieder Residenz der Herzöge von Savoyen. Als Herzog

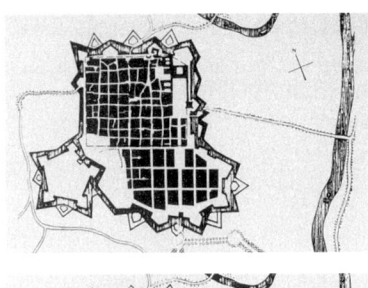

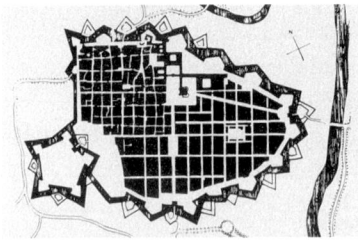

*Abb. 46
Turin, neuzeitliche Stadterweiterungen
von 1620 (oben),
1673 (Mitte)
und 1716 (unten).*

Emanuele Filiberto nach Turin zurück-
kehrte, das er im Dienste Spaniens von
der französischen Besatzung befreit hatte, fand er eine mittelalterliche Stadt
über annähernd quadratischem Plan
vor, deren Mauerverlauf, Tore und Straßenraster noch immer die ehemalige
Römerstadt erkennen ließen. Diese war
nach dem Castrum-Schema zwischen
Po und Dora angelegt worden. In der
mittelalterlichen Kommune, die sich
über und zwischen den antiken Ruinen
eingerichtet hatte, durchbrach nur eine
Schrägachse zwischen Markt und Dom
das römische Raster. Auch waren einzelne Insulae nochmals unterteilt worden.
Aus römischen Stadttoren waren im
Mittelalter Burgen geworden, darunter
das Kastell des Stadtherrn. Doch nicht
dieses erweiterte Emanuele Filiberto,
sondern ab 1564 wurden von Francesco
Paciotto bereits Entwürfe für die Zitadelle mit fünf Sternen im Südwesten der
Stadt vorgelegt. Zusammen mit dem Bastionärgürtel sollte sie die im Spannungsfeld französischer, spanischer und österreichischer Interessen stehende
Stadt schützen. Damit konnte das Kastell samt umgebender Piazza zur Stadtmitte werden, an die nördlich der Palastbezirk mit seinen Gärten vor und auf
den Bastionen anschloss. Dem Palast wurde die Kapelle der Staatsreliquie des
Fürstentums und späteren Königreichs, das Grabtuch Christi, zugeordnet; sie
war zugleich fürstliche Grablege am Ostende der Kathedrale.
Die erste, 1620 unter Carlo Emanuele nach Plänen Ascanio Vittozzis begon-
nene Stadterweiterung ging nach Süden und griff das System der gradlinigen
Geviere auf. Es ermöglichte die Anlage einer von der Porta Nuova über die
Piazza San Carlo *(Abb. 47)* zur Piazza Castello und zum Palast führenden
Hauptachse. Doch sollte es noch ein Jahrhundert dauern, bis die Piazza San
Carlo mit ihren beiden Kirchen zur künstlerisch geschlossenen Anlage ausgebaut war. Bei der nächsten Erweiterung, schon von Vittozzi und seinen Amts-
nachfolgern, den Brüdern Carlo und Amadeo di Castellamonte, geplant und
1673 unter Carlo Emanuele II. in Angriff genommen, wurde der Bastionärgürtel im Osten erheblich weiter gefasst, wobei sich das Stadtgebiet um mehr
als ein Drittel vergrößerte. Dabei schrieb man das Raster der Città Nuova fort.
Allerdings durchschneidet die breite, von der Po-Brücke über die heutige Piazza Vittorio Veneto zum Kastell führende Magistrale der Via Po in gerader Li-

nie die Gevierte. König Vittorio Amadeo II. brachte durch die dritte Erweiterung von 1716 nach Westen – nachdem Filippo Juvarra auch noch dieses ebene Gelände ummantelt hatte – die Gesamtanlage der Residenzstadt vorerst zu einem Abschluss. Gleichzeitig mit dem Ausbau der Stadt und der Einrichtungen für Hofhaltung und Staat entstanden um Turin herum Stiftungen von Klöstern und Wallfahrtskirchen – die bedeutendste nach Rang und Größe ist Juvarras Superga (1717–31) – sowie ein Kranz von Jagd- und Lustschlössern, darunter im Nordwesten die seit 1660 erbaute Veneria Reale und im Süden das von 1729 bis 1733 durch Juvarra errichtete Jagdgut Stupinigi.

Nach den Erweiterungen bot Turin innerhalb seiner Grenze eine einheitliche, durch regelmäßige Straßengevierte bestimmte Erscheinung, mit den rigiden spätmanieristischen Fronten Vittozzis und der Castellamonte, den bewegteren, körperhaften Barockbauten Guarinis und dem Spätbarock Juvarras. Immer waren rationale Planung und die Erschließung neuer Gebiete dem unkontrollierten Wachstum vorausgegangen. Strenge Baustatute gewährleisteten die Uniformierung der Straßenfluchten. Dabei war durchaus eine Mischung der städtischen Funktionen und der sozialen Schichten entstanden. Denn die Bauherren selbst bewohnten zumeist nur das Piano nobile ihrer Paläste. Unter- und Obergeschosse und Hinterhöfe boten Raum für die Dienerschaft und die Handwerker, Händler, Staatsdiener und Soldaten mit ihren Familien. Das 1682 erschienene Stichwerk *Theatrum Statutum Regiae Celsitudinis Sabaudiae Ducis* zeigte Europa Turin als das Ideal einer Residenzstadt, deren formale Geschlossenheit Ruhm und Macht des Fürsten repräsentieren sollte.

Abb. 47
Turin, Piazza San Carlo, ehem. Piazza Reale, nach Süden.
Zeitgenössischer Stich.

Die Residenz des Sonnenkönigs: Versailles als Einheit von Schloss, Garten und Stadt

Als Lehrbeispiel einer absolutistischen Residenz konnte seit dem späten 17. Jahrhundert Versailles *(Abb. 48)* gelten. Das Schloss, seine Gärten, die umgebende Landschaft und die formal wie funktional ganz auf den Herrschersitz bezogene Stadt bildeten eine gestalterische Einheit. Dies war neu, denn bis dahin hatten die verschiedenen Schlösser, die der französische König besaß und mit seinem Hof abwechselnd bewohnte, in etwa gleiche Bedeutung. Wie seine mittelalterlichen und frühneuzeitlichen Vorgänger, die ihre Macht dadurch sicherten, dass sie im Lande umherzogen, in eigenen Schlössern oder bei befreundeten Adeligen wohnten, bald hier und bald dort Recht sprachen und Staatsgeschäfte erledigten, war auch Ludwig XIV. zunächst noch ein König ohne festen Wohnsitz gewesen, wenngleich er seinen Geburtsort Saint-Germain-en-Laye bevorzugte. Aber selbst nach dem Bau von Versailles hielten sich bis zum Ende des Ancien Régime König und Hof für längere Zeit auch in anderen Schlössern auf.

Zunächst hatte Ludwig XIV. ab 1661 durch Louis Le Vau ein bescheidenes

Abb. 48
Versailles. Blick von Südosten über die Stadt, das Schloss und die Gärten.

Jagdschloss seines Vaters zur *Maison de plaisance* ausbauen lassen, einem Schloss für gelegentliche Landaufenthalte, stilistisch altmodisch, mit kleinteiligen Fassaden aus roten Ziegeln und blonder Sandsteingliederung. Schon damals erhielt der Park nach dem Entwurf André Le Nôtres annähernd seine endgültigen Dimensionen und eine im Grundsätzlichen nicht mehr veränderte Gliederung. Auch führten bereits drei Hauptstraßen zum Schloss, von Südosten die Avenue de Sceaux, mittig die Avenue de Paris und von Nordosten die Avenue de Saint-Cloud, die eigentliche Anfahrt von Paris.

Schon in den 1670er Jahren wurde das Schloss durch Le Vau für die längere Anwesenheit des Hofes erweitert und an der Gartenseite durch moderne Palastfassaden ummantelt. Nach nochmaliger Erweiterung durch Jules Hardouin-Mansart war Versailles zum größten Schloss Europas geworden, seit 1682 dauerhafte Residenz und offizieller Regierungssitz. Der König distanzierte sich damit von Paris, wo er als Kind den Fronde-Aufstand erlebt hatte. In Versailles demonstrierte Ludwig XIV. die vorwaltende Königsmacht und unterwarf den Adel einem durch das Zeremoniell minutiös geregelten Hofleben. Der König war eine öffentliche Person, ebenso mussten Schloss und Garten öffentlich sein. Jeder korrekt Gekleidete hatte Zutritt.

Die Stadt Versailles wurde links und rechts der drei Avenuen an regelmäßigen Straßenkarrees nach genauen Vorschriften für Höhe, Breite, Geschossfolge und Material der Häuser erbaut. Im Norden und im Süden lag jeweils ein großer Rechteckplatz. Auch gab es zwei Pfarrkirchen, Notre-Dame auf der Nord- und Saint-Louis auf der Südseite, die heutige Kathedrale. Privilegien, 1671 herausgegeben und schon 1672 erweitert, machten die Stadt für Zuzügler attraktiv. Sie sollte reinlich und wohlgeordnet wirken und so die glückliche Herrschaft des Sonnenkönigs vergegenwärtigen. Die Bewohner waren für Straßenpflaster und Laternenbeleuchtung verantwortlich. Es gab keine Selbstverwaltung, das gesamte städtische Leben war auf den Hof ausgerichtet. Bis zur Französischen Revolution, als Versailles etwa 40 000 Bewohner hatte, wurde die Stadt durch einen Gouverneur regiert.

Der Dreistrahl der Avenuen greift den römischen Straßenfächer an der Piazza del Popolo auf, hat aber entgegengesetzte Funktion, denn er richtet die Stadt auf das Schloss aus. An der Place d'Armes werden die räumlichen Kräfte zusammengeführt, hier begann die zeremonielle Annäherung an den König über die hierarchische Abfolge der Höfe und Empfangsräume des Schlosses. Auch der Garten ist durch Haupt- und Nebenachsen vom alles beherrschenden Schloss her konzipiert. Entsprechend verkündet das Bildprogramm die ordnungsstiftende Macht Apolls und setzt den Tageslauf der Sonne in Analogie zu dem des Königs. Es war nur konsequent, dass der alte König sich 1701 sein neues Zimmer genau in der Mitte des Schlosses einrichten ließ.

Als Versailles immer größere Ausmaße annahm, schuf sich Ludwig XIV. neue Rückzugsorte in der Umgebung: die Ménagerie, das Trianon de porcelaine und danach das Trianon de marbre, Marly, zudem Clagny für seine außerehe-

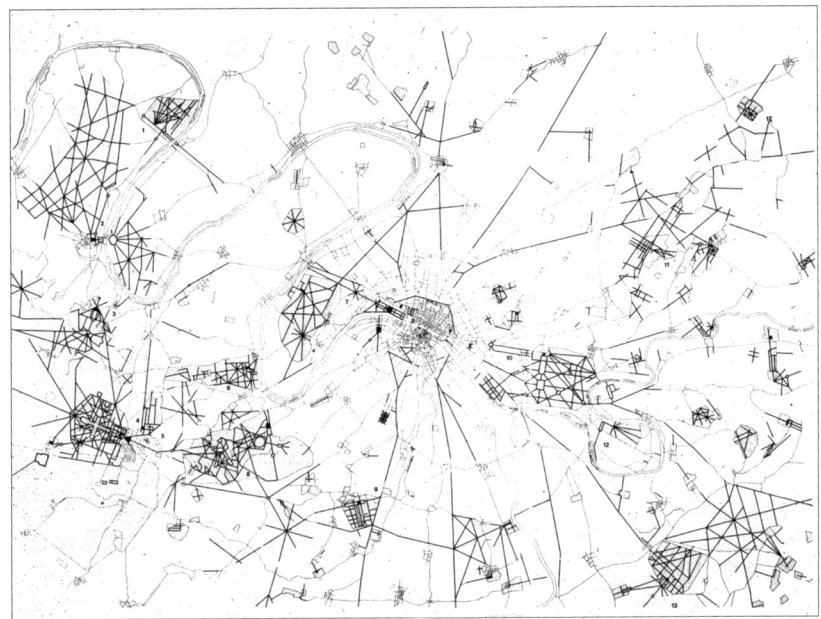

Abb. 49
Straßen, Wald- und Gar-
tenwege in der Umgebung
von Paris um die Mitte des
18. Jahrhunderts
(feine Linien = mittelalter-
liche Landstraßen,
starke Linien = Straßen
und Parkalleen des 17. u.
18. Jhs.,
punktiert = große Parkan-
lagen): 1 Maisons,
2 Saint-Germain,
3 Marly, 4 Versailles,
5 Clagny, 6 Saint-Cloud,
7 Bois de Boulogne,
8 Meudon, 9 Sceaux,
10 Vincennes, 11 Livry,
12 Saint-Maur,
13 Gros Bois
(nach L. Benevolo).

lichen Kinder. Dem Beispiel des königlichen Schlosses auf dem Land folgten die Prinzen von Geblüt, der Adel, die königlichen Mätressen, die Minister und reiche Bürgerliche mit ihren Landsitzen. Vor allem im landschaftlich reizvollen Seine-Tal südwestlich von Paris entstanden zahlreiche *Maisons de plaisance,* die selbst ihre Satellitenschlösschen und -pavillons hatten. Die Besitzungen waren immer so gelegen, dass Hin- und Rückreisen zwischen Paris, der Residenz Versailles und anderen Landschlössern gut in einem Tag zu bewältigen waren. So bildete sich durch Schlösser, Gärten und Städte eine durch ein polyfokales Wegenetz gegliederte Kulturlandschaft *(Abb. 49)* heraus, die sich dem rationalistischen Schönheitsideal einer Welt in regelmäßigen Formen annäherte.

Sankt Petersburg: neue Residenzstadt und Russlands Fenster zum Westen

Die erfolgreichste, von Grund auf neu geschaffene Residenzstadt des Absolutismus war Sankt Petersburg *(Abb. 50 und 51).* Ihre Gründung 1703 im Newa-Delta durch Peter d. Gr. stand im Kontext der despotisch durchgesetzten Modernisierung des Landes und seiner Öffnung nach Westeuropa. Zunächst wurde die Peter- und Paulsfestung auf einer Insel nahe dem rechten Flussufer begonnen, wo sich die Newa in zwei breite Nebenarme verzweigt. Die hohe Spitze des Glockenturms der Kathedrale wurde der Hauptorientierungspunkt in der Silhouette der neuen Stadt. Programmatisch verlegte der Zar 1712 die Hauptstadtfunktion aus dem alten Moskau in die Neugründung. Die neue, im Staatsgebiet exzentrische Hauptstadt stand für die Neuausrichtung, weg vom byzantinisch-slawischen Osten und hin zum lateinischen Westen. An den westlichen Seegrenzen des riesigen russischen Reiches wuchs sie schnell zu seinem größten Seehafen. Die Festung Kronstadt und das Fort Kronschlot schützten die Stadt von der Newa-Mündung im Finnischen Meerbusen her. Als zweite Festung im Stadtgebiet entstanden auf dem Festland gegenüber der Peter- und Paulsfestung Hafenanlage und Admiralität.

Auf der Wassili-Insel, wo Peter zunächst das Zentrum unterbringen wollte, legte man ein orthogonales System aus Kanälen und begleitenden Straßen nach holländischem Vorbild an, dessen Vorzüge der Zar selbst während seines Aufenthaltes in den Niederlanden kennengelernt hatte. Auch für den Stadtnamen wurde zunächst die niederländische Fassung gewählt. Die östliche Inselspitze sollte Regierungsgebäude aufnehmen. Seit 1706 leitete eine spezielle Kanzlei für städtische Angelegenheiten die Bauarbeiten in der Stadt. Sie wurde mit Typenhäusern bebaut, die Domenico Trezzini und Jean-Baptiste Alexandre Le Blond für die verschiedenen Bevölkerungsschichten entwickelt hatten, von schlichten eingeschossigen Lehmhütten und Holzhäusern bis zu aufwändigen, palastartigen Steinhäusern mit mehreren Geschossen.

1716 entwarf Le Blond, der bei Le Nôtre gelernt hatte, ein großes, von Bastionen umgebenes Stadtoval, dessen Binnengliederung wie ein französischer Garten angelegt war, doch blieb dieser Idealplan unausgeführt. Ein Element daraus allerdings prägte die künftige Stadtentwicklung, nämlich ein auf die Admiralität zielender Dreistrahl schnurgerader *Prospekte*. Als erstes wurden die

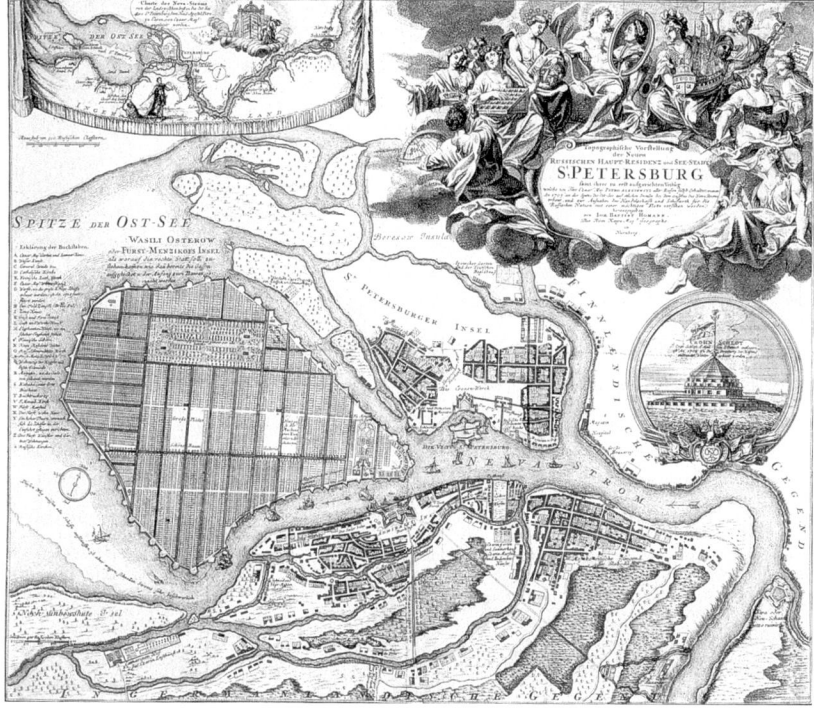

Abb. 50
Sankt Petersburg, Stadtplan von Domenico Trezzini, 1716.
Westlich (links) der Peter- und Paulsfestung die Wassili-Insel, südlich davon die Admiralität mit Andeutung der nach Süden ausgreifenden Prospekte.
Kolorierter Kupferstich (Sankt Petersburg, Staatliches Museum der Geschichte Sankt Petersburgs).

Abb. 51
Sankt Petersburg, Luftbild
des Schlossplatzbereichs.

beiden Seitenstrahlen angelegt, der Newskij- und der Wosnessenskij-Prospekt. 1720 folgte die Gorochowaja als Mittelstraße. Die Hauptstrahlen queren kleinere Flüsse und Kanäle, die im Plan konzentrische Bogenlinien bilden. Das Beispiel Versailles überlagerte allmählich die holländischen Muster, wenngleich in Sankt Petersburg der Newskij-Prospekt und nicht die Mittelachse die wichtigste Straße bildet. Auch sind die Straßen so breit, dass man sie kaum als Einheit empfinden kann, zumal mit dem Admiralitätsturm im Unterschied zum römischen Obelisk der Ausgangspunkt der Petersburger Prospekte außerhalb des Systems liegt. Auf dem linken Newa-Ufer und nicht auf der Wassili-Insel entwickelte sich ab den 1730er Jahren die Mitte der neuen Stadt. Östlich der Admiralität entstand am Fluss auch die Zeile der Zarenpaläste.

Eine neue Kommission widmete sich unter Katharina d. Gr. nach deren Regierungsantritt 1762 dem Ausbau von Sankt Petersburg in Stein. Man erarbeitete einen Generalbebauungsplan für die Admiralitätsseite und verlegte die Stadtgrenze weiter nach Süden. Die Newa und ihre Nebenarme wurden mit Granit verkleidet, so dass sich Kais mit regelmäßigen Treppen und Anlegestellen auf vier Kilometer Länge erstrecken. Das Wasser, in Sankt Petersburg zumeist auf gleichmässig hohem Stand, schafft ideale Horizontallinien, die mit denen der Kais und der Hochbauten zusammengehen, die nicht höher als der Winterpalast sein durften. Klare Vertikalakzente setzen die Türme der Sakral- und Profanbauten.

Wenn auch nicht nach einheitlichem Plan, so doch unter strengem Reglement wuchs im Zusammenwirken ausländischer und russischer Künstler eine Stadt, in der sich niederländische, italienische und französische Architektureinflüsse zu einem Ganzen verbanden. Über mehr als hundert Jahre, über Barock, Rokoko und Klassizismus hinweg, bildete sich ein charakteristischer Stadtstil her-

aus. Südlich der Stadt wurden im 18. Jahrhundert die prachtvollen Schloss-
areale von Zarskoje Selo, Gatschina und Pawlosk geschaffen, der Bauaufgabe
nach vom Modell Versailles und seinen Satellitenschlössern inspiriert, den Stilformen nach zunächst von den Niederlanden, dann von Italien und Frankreich und gegen Ende des 18. Jahrhunderts auch vom britischen Klassizismus.

Der Ausbau von Berlin zur Residenzstadt

Der Ausbau von Berlin durch planmäßige Stadterweiterungen *(Abb. 52)* zur
barocken Residenz der brandenburgischen Kurfürsten und preußischen Könige ist besonders mit zwei Herrschern verknüpft: zunächst Friedrich Wilhelm,
der Große Kurfürst, mit dessen Sieg in der Schlacht von Fehrbellin 1679 eine
80-jährige Friedenszeit begann, sodann Kurfürst Friedrich III., der 1701 als
Friedrich I. in Preußen die Königswürde annahm.

Im Mittelalter war das, was seit Mitte des 17. Jahrhunderts endgültig Berlin
genannt wurde, eine koloniale Doppelstadt mit einer fürstlichen Burg: Westlich der Spree lag das kleine Cölln, östlich das größere Berlin; beide Teile wurden 1307 vereinigt. Auf der Cöllner Seite besaßen die Askanier seit der Mitte
des 15. Jahrhunderts ein Wasserschloss. Auf Befehl des Landesherrn musste
Berlin 1451 seine Bindungen zur Hanse lösen, die bürgerlichen Freiheitsbe-

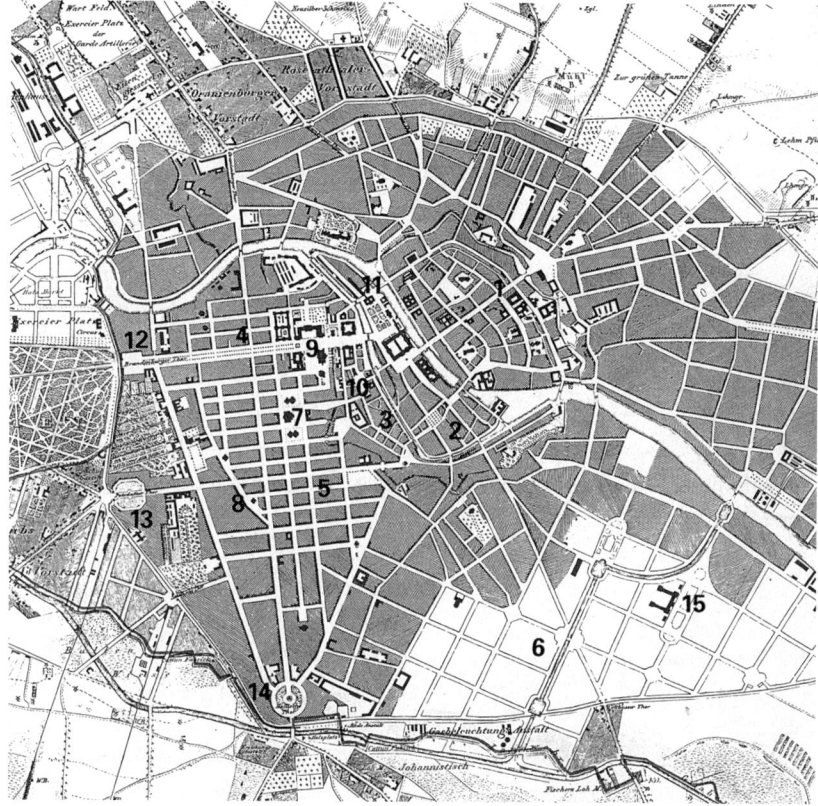

Abb. 52
Berlin, schematischer Plan
des Stadtkerns und der
Erweiterungen.

strebungen und den gemeinsamen Rat aufgeben. Das Schloss wuchs während der Renaissance zu einem prächtigen Fürstensitz heran, die Doppelstadt zu einem Handelsmittelpunkt. Erst der Dreißigjährige Krieg unterbrach diese Entwicklung, doch schon vor Kriegsende begann in den 1640er Jahren der Wiederaufbau unter dem Großen Kurfürsten. Als Protestant und Gatte einer Oranierprinzessin orientierte er sich auch kulturell an den Niederlanden und traf eine für die Stadtgestalt wichtige Entscheidung: Der Reitweg vom Schloss zum westlich gelegenen Tiergarten wurde mit sechs Reihen holländischer Linden zur Allee ausgestaltet, der späteren Straße Unter den Linden, mit der die große Ostwestachse beginnt.

Ab 1658 wurde die Garnison Berlin zur Festung ausgebaut – eine widersprüchliche Maßnahme, denn nicht alle Stadtgebiete lagen innerhalb der Mauern. Zudem setzten wenig später die planmäßigen, über die Fortifikationen hinausgreifenden Stadterweiterungen ein. Während die Friedrichwerdersche Neustadt noch innerhalb der geplanten Festungswerke lag, befand sich die ab 1674 zwischen Linden und Spree angelegte Dorotheenstadt schon außerhalb. Sie zeigt regelmäßige Straßengevierte, wie ebenso die südlich von ihr ab 1688 entstandene Friedrichstadt mit dem Gendarmenmarkt als Mittelpunkt. Erst unter Friedrich Wilhelm I. erhielt die Friedrichstadt ab 1734 durch Ausbau nach Westen und Süden die Gestalt eines spitzwinkligen Dreiecks. Die Stadterweiterungen nahmen Einwanderer auf, denen der Herrscher als Glaubensflüchtlingen, aber auch aus wirtschaftlichem Interesse Asyl gewährte: vor allem Hugenotten, zudem Waldenser aus Piemont, Wallonen aus dem südlichen Flandern, Protestanten aus Böhmen und eine kleine Gruppe jüdischer Familien aus Österreich.

Weiterhin war die Stadt umgrenzt, doch nicht zur Abwehr äußerer Feinde, sondern zur Sicherung der inneren Ordnung und um den eigenen Soldaten das Desertieren zu erschweren. Auch diente die Mauer als Zollgrenze, an der die Akzise, eine Verbrauchssteuer, zu entrichten war. Die im Bereich der westlichen Stadterweiterung innen vor den Toren mit ihren Wach- und Zollhäuschen angelegten Plätze griffen die Grundrissformen der Pariser Königsplätze auf, waren jedoch denkmalfreie Exerzier- und Marktplätze: am Brandenburger Tor das Quarré (der heutige Pariser Platz) als Stadteingang zu den Linden und weiter zum Schlossbezirk, südlich davon das Oktogon (der heutige Leipziger Platz) und an der Südspitze der Friedrichstadt das Rondell (später Belle-Alliance-Platz und heute Mehringplatz).

Die Mitte der Residenzstadt bildete das Stadtschloss, dessen Ausbau zu einer Barockanlage Kurfürst Friedrich III. ab 1698 im Hinblick auf die angestrebte Königswürde betrieb. Eine geplante Place Royale beim Schloss wurde nicht realisiert, aber mit der Neuanlage des Tiergartens und dem Ausbau der Sommerresidenz Charlottenburg orientierte sich das Berliner Stadtgefüge nach Westen um, während in Mittelalter und früher Neuzeit die Haupterschließung von Osten her erfolgte.

Potsdam als Residenz- und Garnisonsstadt

Hinsichtlich räumlicher Zuordnung und Entfernung erinnern Berlin und Potsdam an Paris und Versailles. Und 1661, als Ludwig XIV. den Ausbau des väterlichen Jagdschlosses in Angriff nahm, begann auch der Große Kurfürst in Potsdam den Bau eines Schlosses anstelle der mittelalterlichen Burg. Doch sind Landschaftsformation, künstlerische Form und politische Aussage von Potsdam und Versailles kaum zu vergleichen.

Potsdam *(Abb. 53),* an der Havel inmitten von Wasserläufen und Seen gelegen, war eine der bescheidensten Städte der brandenburgischen Kurfürsten. Das änderte sich erst, nachdem Friedrich Wilhelm I., der Soldatenkönig, 1713 die Regierung übernommen hatte und sein Leibbataillon *Lange Kerls* in die weniger als 200 Häuser umfassende Stadt verlegte, wo den Soldaten wegen der Wasserläufe und Sümpfe ein Entkommen unmöglich war. Mit der wachsenden Garnison wurde auch die Siedlungsfläche planmäßig erweitert, um ausreichend Quartiere bereitzustellen. Als der Soldatenkönig 1740 starb, war seine letzte Stadterweiterung, das Holländische Viertel mit seinen Typenhäusern, noch im Bau.

Unter dem Nachfolger, Friedrich II., wurde der Ausbau zur Garnisons- und Residenzstadt weitgehend abgeschlossen. Friedrich ließ das Stadtschloss durchgreifend modernisieren. Ab 1745 wurde außerhalb der Stadt das Sommerschloss Sanssouci als privater Rückzugsort des ersten Staatsdieners angelegt. Nach dem Siebenjährigen Krieg entstand noch das pompöse Ensemble aus Neuem Palais und Communs, das Europa die neue Machtstellung Preu-

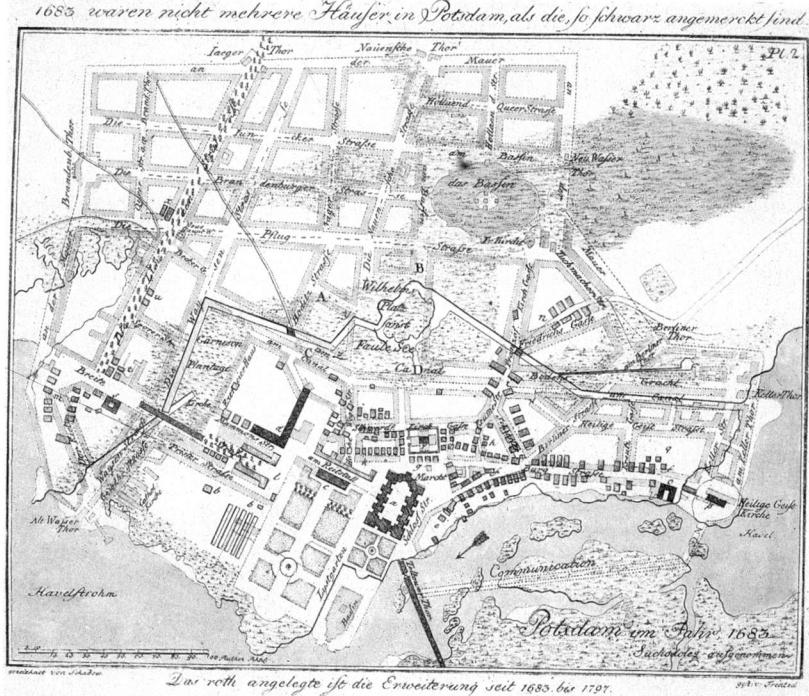

Abb. 53
Potsdam, Stadtentwicklung vom späten 17. Jahrhundert (schwarz) bis 1797 (Kupferstich).

ßens verkünden sollte. Die Verschönerung der Residenzstadt Potsdam betrieb Friedrich II. durch die Adaption anerkannter Architekturvorbilder, die im eklektischen Zugriff in dieser Zeit nicht ihresgleichen hat: Stadttore wurden nach Art antiker Triumphbögen oder in früher Neugotik erneuert und der Alte Markt als römische Platzanlage gestaltet, wobei die Stadtpfarrkirche St. Nikolai eine verkleinerten Kopie der Portalfassade von S. Maria Maggiore als Front erhielt. An herausgehobenen Stellen entstanden nach Stichvorlagen Paraphrasen berühmter Palazzi aus Renaissance und Barock. Sie hatten aber nicht die Funktion von Adelspalais oder öffentlichen Gebäuden, für die nach akademischer Lehre eine solche Architektursprache angemessen gewesen wäre. Es waren vielmehr bürgerliche Wohnbauten, deren innere Disposition und Geschossfolge kaum mit der äußeren Erscheinung übereinstimmte.

Nach Friedrichs Tod 1786 kam unter seinen Nachfolgern ein entscheidender Geschmackswandel hin zur klassizistischen Architektur und zur landschaftlichen Gartenauffassung zum tragen. Schon Friedrich Wilhelm II. schuf sich am Heiligen See einen sentimentalen Rückzugsort. Als nach etwa 1820 die von Schinkel und seinen Schülern gestalteten Schlosskomplexe der königlichen Prinzen und die großräumigen Landschaftsgärten des Peter Joseph Lenné entstanden, vollendete sich das trotz aller Veränderungen noch heute erfahrbare Bild Potsdams als ein preußisches Arkadien.

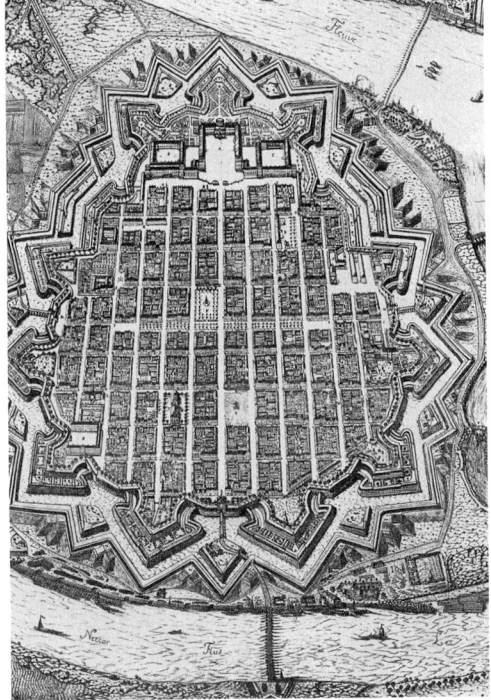

Abb. 54
Mannheim, Vogelschau
von Joseph A. Baertels.
Kupferstich 1758.

Neue Residenzen deutscher Fürsten am Oberrhein

Im Südwestens Deutschlands entstanden in der ersten Hälfte des 18. Jahrhunderts drei einheitlich geplante Residenzen, die von der Theorie und Praxis des neuzeitlichen italienischen und französischen Städtebaus beeinflusst waren. Die regierenden Fürsten verließen damals, nicht zuletzt wegen der Kriegszerstörungen des 17. und frühen 18. Jahrhunderts, die alten Bergschlösser und verlagerten ihren Sitz in die Rheinebene, wo sich Idealplanungen gut realisieren ließen.

So verlegte der Kurfürst von der Pfalz 1720 seine Residenz vom zerstörten Heidelberger Schloss nach Mannheim *(Abb. 54)*. Mannheim war bereits unter Friedrich IV. 1606 als Festung zwischen Rhein und dort einmündendem Neckar angelegt worden. Dem Siebenstern der Zitadelle Friedrichsburg an der Rheinseite war zum Neckar hin die mit einem 8/10-Stern umschlossene Bürgerstadt mit ihrer in Straßenquadrate eingeteilten Bebauung vorgelagert. Eine große Schlossanlage, die der Enkel des Stadtgründers, Carl Ludwig, um 1665 nach Plänen Jean

Marots auf dem Zitadellengelände errichten wollte, blieb unausgeführt. Stadt und Zitadelle wurden im Pfälzischen Erbfolgekrieg ebenso wie Heidelberg und sein Residenzschloss durch die Truppen Ludwigs XIV. verwüstet. Kurfürst Johann Georg ließ seinen Architekten Matteo Alberti im Zusammenhang mit dem Wiederaufbau Heidelbergs zunächst ein gewaltiges neues Schloss für die Ebene zwischen dem Neckar und der Allee nach Schwetzingen entwerfen, doch der Ausbruch des Spanischen Erbfolgekriegs beendete alle Planungen.

1720 erhob schließlich Carl Ludwig Mannheim zur Residenz und ließ Zitadelle und Stadt miteinander verbinden, was die Stadtfläche annähernd verdoppelte. Auf dem Areal der Zitadelle legte der Kurfürst den Grundstein zum neuen Residenzschloss. Der wohl von Louis Rémy de la Fosse entworfene Bau, der an die alten Marot-Pläne anknüpfte, wurde die größte Schlossanlage in Deutschland. We-

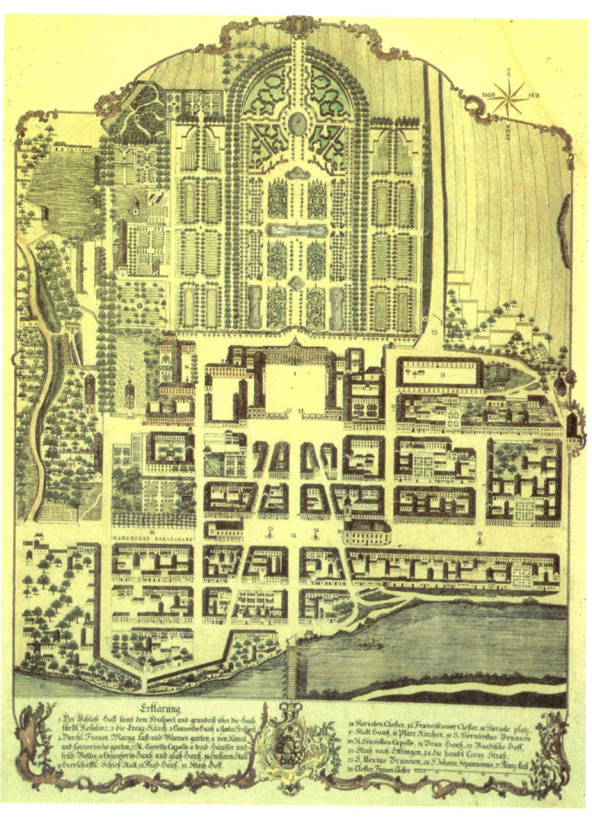

Abb. 55
*Rastatt, Vogelschauplan,
Ende 18. Jh.*

gen der Befestigung konnten jedoch keine aufwändigen Gärten angelegt werden, was mit zum Ausbau der Sommerresidenz Schwetzingen beitrug. Bauverordnungen gewährleisteten Mannheims einheitliches Stadtbild. Während die älteren Stadtgebiete ihren bürgerlich-protestantischen Charakter bewahrten, wurde die elegantere neue Stadt mehr durch den Hofadel und die Niederlassungen der Orden, allen voran die Jesuiten, beim Schloss des nunmehr katholischen Landesherrn geprägt. Unter Kurfürst Carl Theodor war Mannheim nach der Jahrhundertmitte eine der glanzvollsten Residenzen des alten Reiches. Selbst nach den Zerstörungen des Zweiten Weltkriegs und Bausünden der letzten Jahrzehnte ist die Systematik der barocken Quadratstadt noch immer zu erfahren.

Markgraf Ludwig Wilhelm von Baden-Baden, wegen seiner militärischen Erfolge während der Türkenkriege *Türkenlouis* genannt, erneuerte ebenfalls nicht mehr sein von den Truppen Ludwigs XIV. 1697 verwüstetes Schloss in Baden-Baden. 1697, im Jahr des Friedenschlusses von Rijswijk, gründete er Festung, Schloss und Stadt Rastatt *(Abb. 55)*. Die Neugründung lag auf einer Achse, die Schloss Ettlingen mit dem westlich am linken Rheinufer gelegenen französischen Fort Louis verband, dem der Markgraf, Oberbefehlshaber der Reichstruppen am Rhein, wohl besondere Aufmerksamkeit widmete. Das zunächst begonnene Jagdschloss wurde zwei Jahre später, obwohl weitgehend fertig gestellt, fast ganz wieder abgerissen, um einem neuen, großen Residenzschloss Platz zu machen. Nur die Seitenflügel des Vorgängerbaus wurden übernommen. Schon 1699 fertigte der Architekt Domenico Egidio Rossi, der auch die Gestaltung der nach einheitlichem Plan gegründeten Stadt übernahm, Entwürfe für den Schlossneubau, der, schon 1705 von der markgräflichen Familie bezogen, unter Johann Michael Rohrer um 1712 vollendet wurde und Sitz der Linie Baden-Baden bis zu ihrem Aussterben 1771 blieb.

Wie alle Fürsten des deutschen Südwestens war Ludwig Wilhelm kaisertreu. Entsprechend distanziert verhielt er sich gegenüber dem französischen Geschmack. Das Rastatter Schloss zeigt in der Detailbildung die Zugehörigkeit zum Heiligen Römischen Reich durch hochbarocke, süddeutsche Stilformen, die ihrerseits von italienischen Vorbildern abgeleitet werden können. Italienische Künstler waren in Rastatt tätig, die größtenteils aus der böhmischen Heimat der Markgräfin hierher verpflichtet wurden. Erst in den vielen Jahren der Ausführung ergaben sich in den Innendekorationen des Schlosses Kompromisse zwischen der italienischen Art und den modischen französischen Rocailleformen.

Die Gesamtanlage von Schloss und Stadt setzt hingegen Versailles voraus. Das Schloss erinnert an Versailles wegen der Gruppierung der Flügel um die tiefe Ehrenhofanlage an der hier nach Westen gehenden Stadtseite, aber auch wegen der Verlängerung des Mittelbaus durch Flügel auf insgesamt 230 Meter an der Gartenfassade. Noch deutlicher erkennbar ist das Vorbild der Residenzstadt des Sonnenkönigs im Stadtgrundriss: Auf das Schloss führt von Westen ein Dreistrahl zu, der die orthogonale Blockbebauung durchschneidet. Etwa auf halber Strecke wird der Rastatter Patte d'oie durch eine breite Querachse durchbrochen. Aus dem Areal zwischen den drei Strahlen ergibt sich so der Marktplatz mit zwei symmetrisch platzierten Brunnen. Den Markt begrenzen an den Schmalseiten die Stadtkirche und das Rathaus, die aus der Sicht vom Schloss an den äußeren Straßenstrahlen Points de vue bilden. Auf diese Weise werden der höfische Bereich im Osten und die Bürgerstadt im Westen eng miteinander verklammert.

Auch Markgraf Carl III. Wilhelm von Baden-Durlach gab die alte, 1689 zerstörte landesfürstliche Residenz Durlach auf. 1715 gründete er in einem nicht allzuweit von den Rheinauen entfernten Jagdrevier eine neue Residenz um ein *Carols Ruh* genanntes Jagdschloss. Mit Karlsruhe *(Abb. 56)* schuf Carl Wilhelm eine Anlage, in deren Reißbrettentwurf die rigide geometrische Konstruktion mehr als anderswo zur unmittelbar sinnfälligen symbolischen Form absolutistischer Herrschaft geworden ist.

Die Neugründung wurde sternfömig angelegt, mit 32 durch den Hardtwald gezogenen Radialschneisen. Als Zentrum errichtete der Ingenieur Friedrich von Batzendorf, der auch als Erfinder der Gesamtanlage gilt, zunächst einen Turm. Daran schließt nach Süden der Schlossbau an, dessen Außenflügel neun Radialalleen, also acht Sektoren ausgrenzen, auf denen die Residenzstadt entstehen sollte. Jagdsterne für die höfische Parforcejagd mit Schlössern im Mittelpunkt waren im Zeitalter des Absolutismus nichts Ungewöhnliches. Allerdings wurde dieser Typus nur in Karlsruhe mit einer Stadtanlage verbunden, so als wollte der Landesherr die Bürgerschaft mit demselben Zugriff auf den Raum unter Kontrolle halten wie das Wild. Alles ist in Karlsruhe auf den achteckigen Schlossturm im Zentrum ausgerichtet. Um ihn sind konzentrisch an einem engeren Ring die Menagerie und die anschließenden Tier- und Fasanengehege gruppiert. Die Stadt allerdings begann erst jenseits eines weiten, äußeren Rings, vom Schloss distanziert durch den Ehrenhof und einen ausgedehnten Lustgarten. Die neun Richtung Stadtgebiet verlaufende Radialstraßen werden durch die in Ostwestrichtung von Durlach nach Mühlburg verlaufende Lange Straße geschnitten, die einst auch die südliche Begrenzung der Stadt in Richtung auf die nahe Landesgrenze bildete. An dieser Querachse sollten die Kirchen der drei im Reich zugelassenen christlichen Konfessionen liegen. Ähnlich wie Carl Ludwig in Mannheim und Eberhard Ludwig im württembergischen Ludwigsburg bemühte sich auch Carl Wilhelm, durch großzügige Religionspolitik Siedler für seine Neugründung zu gewinnen. Die Hauptachse war der herrschenden lutherischen Konfession vorbehalten, östlich davon erhob sich die reformierte Kirche, während von der im Westen als Pendant vorgesehenen katholischen Kirche vorerst aus Symmetriegründen nur der Turm errichtet wurde. Auch Karlsruhe wurde nach einem Baureglement mit Typenhäusern ausgestattet: zweigeschossige Arkadenhäuser mit Mansarddach am Schlossplatz, eingeschossige Bürgerhäuser in den rückwärtigen Wohnquartieren. Die wenig aufwändigen Bauten aus überputztem und nach holländischer Ziegelbaumanier rot angestrichenem Fachwerk zeugten von dem Bestreben, die Residenzgründung schnell mit möglichst vielen Menschen zu füllen.

Erst nach der Mitte des Jahrhunderts, als der seit 1746 regierende Markgraf

Abb. 56
Karlsruhe aus der Vogelschau.
Stich von G. Pfaunz
nach Christian Thran,
1739.

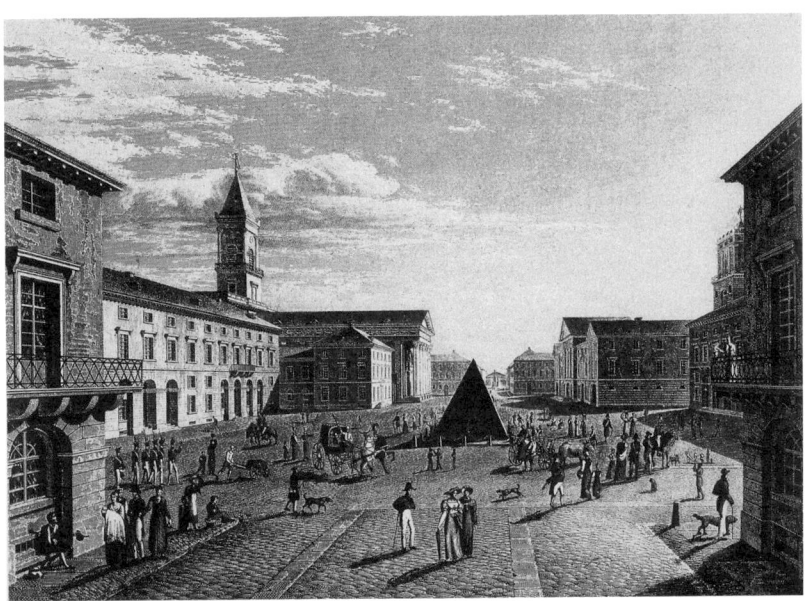

*Abb. 57
Karlsruhe, Marktplatz
nach Süden mit den Wein-
brenner-Bauten und dem
Pyramidenmonument
des Stadtgründers.
Stich, um 1830.*

Carl Friedrich sich dazu entschlossen hatte, Karlsruhe als Residenz beizube-
halten, ging man verstärkt dazu über, das wenig repräsentative Erscheinungs-
bild von Schloss und Stadt grundlegend zu verwandeln. Der Turm als Zentrum der gesamten Anlage behielt seine Rolle jedoch, als der Markgraf 1752
entschied, das ursprüngliche, schlichte Schloss durch einen Neubau nach Plänen des württembergischen Hofarchitekten Philippe de la Guêpière zu ersetzen. Die Ausführung leitete Albrecht Friedrich von Keßlau. Mit der Neugestaltung der Turmkuppel wurde der Schlossneubau 1785 fertig gestellt.

1797 trat Friedrich Weinbrenner in markgräflich-badische Dienste. Als badi-
scher Baubeamter hat der klassizistische Architekt durch seine Planungen und
Einzelbauten das Bild Karlsruhes bestimmt, vor allem das der nach Süden
weiterentwickelten Bürgerstadt. Als Querachse zur Langen Straße führte
Weinbrenner vom Ettlinger Tor im Süden eine Via triumphalis mit einer Abfolge verschieden geformter Plätze nach Norden auf das Schloss zu: zunächst
der quadratische Torplatz, dann das Rund des Rondellplatzes mit dem Obelisken, weiter das Längsrechteck des Marktes *(Abb. 57),* an dem sich Rathaus
und Evangelische Stadtkirche gegenüberliegen, und das anschließende Quer-
rechteck, dessen Mitte seit 1823 die Pyramide über der Gruft mit dem Sarko-
phag des Stadtgründers einnimmt. Die schmale Schlossstraße steigert nur die
Spannung, bevor sich der Raum mit Blick auf die Schlossanlage weitet.

1944 erlitt Karlsruhe durch Bomben schwerste Zerstörungen. Der Wiederaufbau ließ trotz vieler Entstellungen den Stadtgrundriss unberührt. Mehr
noch als Rastatt oder Mannheim macht Karlsruhe evident, dass im absolutistischen Staat der Herrschersitz das alles beherrschende Zentrum der Ordnung
und der Kontrolle bildet, dem die Stadt nur zugeordnet ist.

6 Stadtbaukunst im Zeitalter der Aufklärung

Ein wichtiges Projekt in der Zeit des aufgeklärten Absolutismus bildete die Modernisierung der Städte, oftmals im Zusammenhang mit dem Herrscher gewidmeten Denkmalplätzen. Das Modell der Place Royale französischer Prägung wurde in vielen europäischen Ländern übernommen. Fürstliche Repräsentation und durchgreifende Verbesserungen der städtischen Infrastruktur und damit der Lebensbedingungen in der Stadt sollten sich ergänzen. Demgemäß öffnen sich viele um und nach der Mitte des 18. Jahrhunderts neu geschaffene Platzanlagen zum Stadtraum und zur Natur. Von den Plätzen greifen Achsen aus, wobei das Auge oft erst in der Ferne in einem Point de vue Halt findet. Die Stadtbaukunst machte sich damit Gestaltungsmittel zu Eigen, die bereits über Jahrzehnte im formalen Garten französischer Art erprobt worden waren. Bauten der Administration, Justiz, Fürsorge, Kultur und Bildung sollten als frei stehende Monumente das Stadtbild bestimmen und die Bedeutung der Einrichtungen zum Ausdruck bringen. Ihre Errichtung war bisweilen mit der Erneuerung ganzer Quartiere durch spekulative Erschließung verbunden. Besonders in Frankreich wurde nach der Jahrhundertmitte wieder eine systematische Baupolitik betrieben. Der Ausbruch des Siebenjährigen Krieges unterbrach zwar 1756 viele Initiativen, doch setzte mit dem Beginn der Friedenszeit 1763 ein neuer Bauboom ein. Eine solitäre Aufgabe war die Planung eines Regierungssitzes für die jungen USA in Washington, das erste aus den Vorstellungen der Aufklärung hervorgegangene republikanische Staatswesen.

Stadtbaukunst als Stadtverschönerung

Unter Ludwig XIV. war der Königsplatz mit der Place des Victoires und der Place Vendôme in Paris zu einem zentralen Thema der Stadtbaukunst geworden. Auch in den großen Städten Frankreichs wollten lokale Amtsträger den Monarchen nach dem Vorbild der Hauptstadt durch Denkmalplätze ehren. Nach dem Tod des Sonnenkönigs im Jahre 1715 gab es aber zunächst mit einem König im Kindesalter, der durch den Regenten Philipp von Orléans vertreten wurde, keinen Anlass für Herrscherdenkmäler. Dies änderte sich, als Ludwig XV. erwachsen wurde. Mehrere Städte ergriffen die Initiative zu einem Königsplatz. Faktisch war Stadtverschönerung jedoch eine Staatsangelegenheit, die durch die Intendanten geregelt wurde und für die Pariser Architekten verantwortlich waren. Hier hat sich besonders Jacques Gabriel hervorgetan, der Vater des großen Architekten Ange-Jacques Gabriel. Jacques Gabriel legte ab 1729 Pläne für die Place Royale, die heutige Place de la Bourse in Bordeaux (*Abb. 58*)

PLAN ET ÉLÉVATION
DE LA PLACE ROYALE DE BORDEAUX

vor, die sein Sohn nach langer Bauzeit vollendete. 1743 konnte die Reiterstatue Ludwigs XV. eingeweiht werden. Die Finanzierung erfolgte wie bei den Pariser Denkmalplätzen. Die Stadt übernahm die Kosten für die Flusskais an der Garonne, die Platzfassaden und das Königsbild, während die Grundstückskäufer für den Ausbau mit Ladenlokalen und Wohnungen verantwortlich waren. Weitere Places Royales entstanden unter anderem in Rennes, Dijon, Nantes, Reims, Nancy und Paris; daneben ist eine Fülle von Projekten überliefert.

Die urbanistischen Maßnahmen des 18. Jahrhunderts zeigen eine grundlegend gewandelte Vorstellung von Stadtverschönerung – *embellissement* – im Zeitalter der Aufklärung. Nicht so sehr der Rang einzelner Bauten und Stadträume war nun von Bedeutung, sondern vielmehr die städtebauliche Qualität des Ganzen. Die Plätze waren nicht länger hofartig abgeschlossen, sondern bestimmten das Stadtbild in seiner Gesamtheit, etwa durch ausgreifende Straßenachsen oder prospektartige Gebäudefronten. Als die Place Royale gebaut wurde, wandelte sich Bordeaux gerade von einer befestigten Stadt zum offenen Handelszentrum. Der neue Platz öffnet sich dementsprechend mit einer monumentalen Schaufront zur Garonne. Der Mittelpavillon hinterfängt das Bild des Herrschers; die seitlichen Fassadenarme schließen mit Gebäuden, die im Ancien Régime von der Steuerpacht und der Handelsbörse genutzt wurden. Der Architekt selbst bemerkte zum Verhältnis von belebtem Fluss, Platz und Stadt: »Niemals hatte ich einen so schönen Blick und ein so großartiges Schauspiel wie bei diesem Hafen ... Die große Zahl der Schiffe aus allen Nationen, die sich üblicherweise dort befindet, insbesondere zur Zeit der Messen ... Eine große Stadt, die dahinter aufscheint ... Die Mannigfaltigkeit der hohen Türme ... Die Vielzahl der schönen Gebäude ..., so dass man den Anblick wohl mit Konstantinopel vergleichen könnte«. Die gegebenen Schönheiten und der Reichtum des Hafens sollten sich zum Wohl der Stadt und der Provinz mit der Kunst verbinden. Die Huldigung an den Monarchen ging mit praktischen Zwecken einher: Förderung der Wirtschaft, Erleichterung des Verkehrs, aber auch Steigerung der Lebensqualität der Stadtbewohner durch eine schöne Promenade und die Verbesserung der hygienischen Verhältnisse. In eine genuine Gestaltungsaufgabe des Absolutismus drangen tendenziell bürgerliche Nützlichkeitserwägungen ein. Die Place Royale als urbanistische Idee wurde auch außerhalb Frankreichs rezipiert. Die Amalienborg in Kopenhagen *(Abb. 59),* Teil eines großen Stadtplanungsprojekts der dänisch-norwegischen Monarchie, ist durch die Lage in Hafennähe mit der Place Royale in Bordeaux verwandt. Der achteckige Grundriss hingegen leitet sich von der Pariser Place Vendôme ab. Unter Frederik V., dessen 1752 durch Jacques-François Saly geschaffenes Reiterdenkmal die Mitte einnimmt, wurde der Platz 1749 in Angriff genommen. Die Pläne legte der Däne Nicolai Eigtved vor, der mit dem neuesten europäischen Baugeschehen gut vertraut war. Vier gleichartige Paläste, für führende dänische Adelsfamilien im französischen Hofstil Hardouin-Mansarts erbaut, treten an die Schrägen des Achtecks heran. Niedrige Trakte und Pavillons schließen die Platzumbauung bis auf die Zufahrtsstraßen. Eine von ihnen, die Frederiksgade, führt nach Westen auf den großen Kuppelbau der Marmorkirken zu. Die Kirche als Point de vue am Ende der Sichtachse hatte bereits Eigtved vorgesehen. Der Bau wurde 1757 jedoch nach dem Projekt von Nicolas-Henri Jardin begonnen, im Wesentlichen allerdings erst Ende des 19. Jahrhunderts ausgeführt.

In Deutschland beeinflussten die französischen Königsplätze die Gestaltung von Kassel, die Residenz der hessischen Landgrafen, deren Wiederaufbau nach dem letzten Krieg kaum eine Ahnung der ehemaligen städtebaulichen Schönheit vermitteln kann. Seit 1688 war unter Landgraf Carl nach einem Gesamtplan des hugenottischen Architekten Paul du Ry außerhalb der befestigten Altstadt die Oberneustadt als Siedlung für die aus Frankreich geflohenen Glaubensgenossen entstanden. Ab 1767, mit der Schleifung der Stadtbefestigung, begann Simon Louis du Ry unter Landgraf Friedrich II. mit dem Ausbau der nunmehr Altstadt und Neustadt verknüpfenden Anlagen von Königs- und Friedrichsplatz. Der Königsplatz ist ein volles Kreisrund, das im Gegensatz zu den französischen Vorbildern von schlichten Gebäuden eingefasst war. Lockerer und den landschaftlichen Gegebenheiten angepasst ist der Friedrichsplatz, ein quer gelagertes Rechteck mit zentralem Herrscherstandbild, das von einem lang gestreckten, palastartigen Gebäude an der Ostseite hinterfangen wird. Dieses *Museum Fridericianum* war der erste selbstständige Museumsbau außerhalb eines Schlosskomplexes in Deutschland und entstand im Rahmen der von der Aufklärung getragenen Bau- und Kunstpolitik des Landgrafen.

Abb. 59
Kopenhagen, Amalienborg und Frederikskirche.

Der Neubau Lissabons nach dem Erdbeben von 1755

Ebenfalls deutlich von französischen Modellen beeinflusst war die Anlage der Praca do Comércio in Lissabon *(Abb. 60)* nach dem großen Erdbeben von

Abb. 60
Lissabon,
Praca do Comércio.

1755 – ein Jahrhundertereignis, das wegen des Einbruchs irrationaler Naturgewalten den rationalistischen Optimismus des aufgeklärten Europas nachhaltig erschüttert hatte. Der mächtige Erste Staatsminister Marques de Pombal betrieb nach den Zerstörungen ebenso tatkräftig wie rücksichtslos den Aufbau Lissabons als einer modernen Stadt im hippodamischen Schema. Die Entwürfe lieferte der Architekt Eugenio dos Santos. Das neue Lissabon öffnet sich zum Ufer des Tejo in dem 175 × 200 Meter großen *Handelsplatz,* dessen Namen Pombal mit Bedacht gewählt hatte. Doch wegen seiner königlichen Geste bezeichnen die Einwohner der Stadt den Platz gern als *Terreiro do Paco,* als Schlossterrasse.

Von einer weiten Terrasse führen Marmorstufen zum Fluss hinab, wo auch Ozeanschiffe anlegen sollten. Die Freifläche wird von durchlaufenden Arkadengängen eingefasst. Sie schließen mittig ein Triumphtor ein, welches dem Reiterstandbild König Josés I., geschaffen von dem Bildhauer Machado de Castro, einen eindrucksvollen Hintergrund gibt. Pompals Medaillon am Sockel des Denkmals verweist auf den eigentlichen Initiator der urbanistischen Maßnahmen.

Nancy unter Stanislaus Leszczynski

Ein konzeptionell wegweisendes Ensemble neuer Plätze und Straßen machte die lothringische Hauptstadt Nancy *(Abb. 61)* zu einer der glanzvollsten Städte des 18. Jahrhunderts Lothringen gelangte 1735 an Stanislaus Leszczynski, den entthronten König von Polen und Schwiegervater Ludwigs XV. von Frankreich. Stanislaus war offiziell souveräner Herrscher, stand aber unter französischer Kontrolle, sollte doch nach seinem Tod das Territorium in

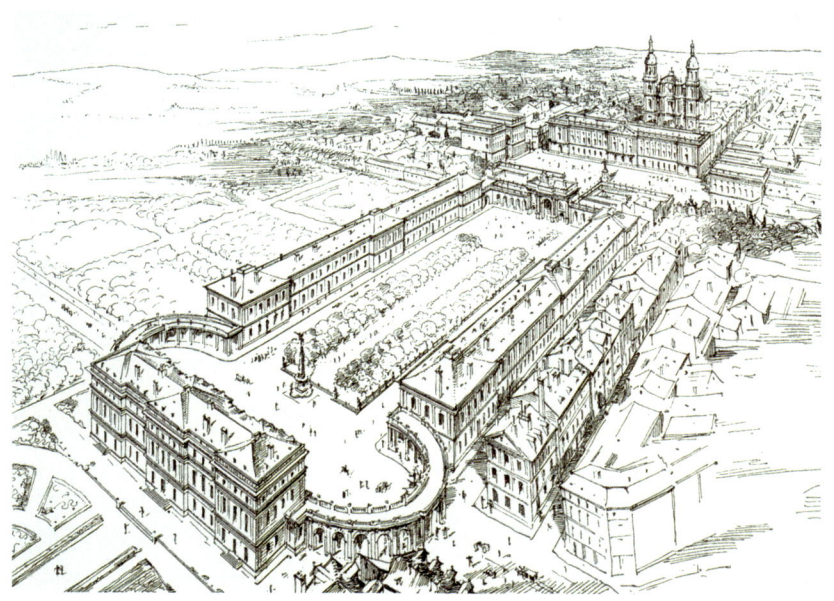

Abb. 61
Nancy, Vogelschau der Plätze des 18. Jhs. Im Vordergrund der Hémicycle, nach Süden anschließend die Place de la Carrière, jenseits des Triumphbogens die Neustadt mit der Place Stanislas, ehem. Place Louis XV.

Frankreich aufgehen. Die unerwartet lange, bis 1766 währende Regierungszeit des schon betagten Polenkönigs brachte Lothringen eine Periode wirtschaftlicher und kultureller Blüte. Politisch machtlos, konnte sich Stanislaus vor allem als Bauherr hervortun. Sein Architekt war Emmanuel Héré de Corny. Der gebürtige Lothringer verstand es, auf unorthodoxe Weise das Erbe des in Lothringen tätigen Germain Boffrand zu handhaben und die klassisch-französische Bauweise mit den Zierformen des späten Rokoko zu verbinden. In Nancy schuf Héré eine Sequenz dreier eleganter Platzanlagen. Sie sollten die Altstadt mit der Neustadt verknüpfen, ohne dass deshalb die Festungsanlagen zwischen den beiden Stadtgebieten hätten geschleift werden müssen.

Am Nordrand der Neustadt entstand ab 1752 die heutige Place Stanislas *(Abb. 62)*. Dieser Königsplatz war einst Ludwig XV. von Frankreich gewidmet

Abb. 62
Nancy, Place Stanislas. Blick nach Süden auf das Stanislaus-Denkmal und das Hôtel de Ville, im Vordergrund die Basses faces.

und sollte die lothringischen Landeskinder auf die künftige Herrschaft von Stanislaus' Schwiegersohn vorbereiten, dessen Denkmal deshalb die Mitte des weiträumigen Rechtecks einnahm. An der Nordseite führt mittig eine Straße auf einen Triumphbogen zu, der als Tor genau auf der Stadtbefestigung liegt. Die Achse setzt sich in der Place de la Carrière fort, einem lang gestreckten ehemaligen Turnier- und Festplatz, nunmehr eine öffentliche Promenade, deren Randbebauung von Héré durch neue Hausfronten vereinheitlicht wurde. Den nördlichen Abschluss bildet das Hôtel de l'Intendance, der Regierungspalast, der durch zwei Blendkolonnaden über Halbkreisgrundriss mit den Pavillons am Ende der Carrière-Bauten verbunden ist. So entstand ein kleiner, quer gelagerter Platz, der nach seinen seitlichen Abschlüssen von alters her *Hémicycle* genannt wurde.

Auch in Nancy sind die Plätze Teil eines größeren urbanistischen Zusammenhangs. Die ehemalige Place Louis XV begrenzen nicht geschlossene Fronten, sondern einzelne Baukörper. Auf der südlichen Längsseite findet das Herrscherdenkmal im Hôtel de Ville einen würdigen Hintergrund. Dessen palastartige Fassade wird auf den beiden Schmalseiten durch je zwei Pavillons aufgegriffen, zwischen denen Axialstraßen auf ferne Triumphpforten als Points de vue führen. Nur aus dem rustizierten Podium bestehen die *Basses faces,* die niedrigen Begrenzungsbauten der Nordseite. Zur heiter-festlichen Wirkung des Ensembles tragen nachdrücklich die schmiedeeisernen, reich vergoldeten Gitter Jean Lamours bei, welche zugleich eine lose Verknüpfung der Baukörper herstellen. Die Gitter steigern sich an der Nordwest- und der Nordostecke zu prunkenden, triumphbogenartigen Einfassungen der von Barthélemy Guibal geschaffenen Brunnenanlagen. Solch rauschende Zierbrunnen, wie sie zum Beispiel auch den Reiz des barocken Rom ausmachen, sind äußerst selten in französischen Städten des 18. Jahrhunderts, die Fontänen fast nur als Wasserspeicher und -abgabestellen zur Versorgung der jeweiligen Viertel kennen.

Die Place de la Concorde in Paris: der Königsplatz und sein aufgeklärter Betrachter

Die Öffnung des Platzes zur Flusslandschaft in Bordeaux und die Einbindung der Place Stanislas in die Verkehrsachsen von Nancy waren wichtige Vorstufen zum letzten urbanistischen Großprojekt des Ancien Régime in Paris, der heutigen Place de la Concorde. 1748 beschloss die Stadt, auch Ludwig XV. durch ein öffentliches Reiterbild zu ehren. Ein erster Wettbewerb zur Place Louis XV brachte zwar eine Fülle von Projekten für ganz unterschiedliche Situationen im Stadtgebiet, aber keine Entscheidung. Pierre Patte, zu seiner Zeit der wichtigste Theoretiker der Stadtbaukunst, hat in seinem Werk über die Monumente zu Ehren Ludwigs XV. eine Übersicht über die verschiedenen Entwürfe *(Abb. 63)* in einem Plan zusammengefasst. Pattes Zusammenstellung zeigt übrigens, wie sehr Gestaltungsprinzipien des formalen Gartens die französischen Vorstellungen vom Städtebau im Zeitalter der Aufklärung bestimmten,

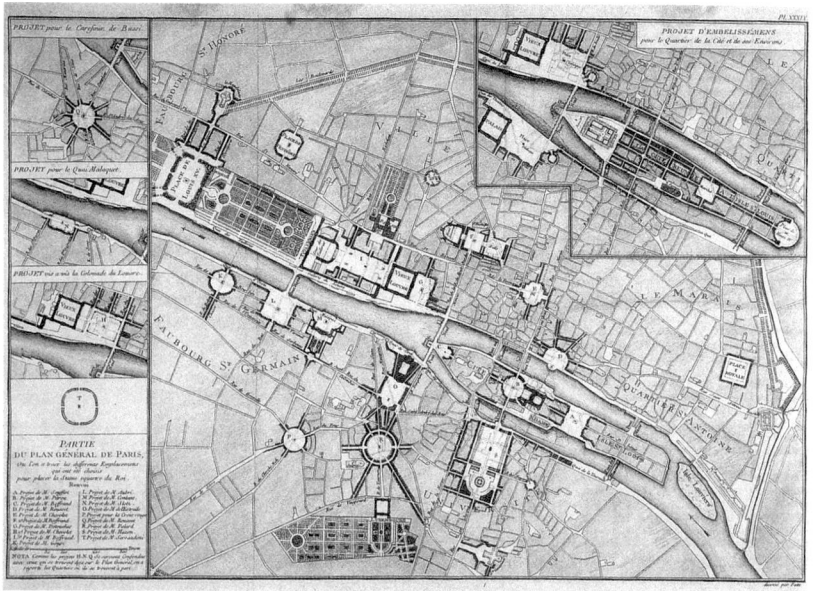

Abb. 63
Pierre Patte: Paris-Plan
mit Projekten für neue
Platzanlagen zu Ehren
Ludwigs XV., darunter am
linken Rand des großen
Bildfeldes die heutige
Place de la Concorde
(Patte, Monumens, 1765).

die noch in Haussmanns Paris-Planungen des 19. Jahrhunderts nachwirken sollten.

1750 stellte der König als Ausweis untertanenfreundlicher Gesinnung das unbebaute Gelände zwischen Tuileriengarten und Champs-Elysées für die neue Platzanlage zur Verfügung. Nachdem auch ein zweiter Wettbewerb 1753 keine befriedigende Lösung brachte, wurde Gabriel die Planung übertragen mit der Maßgabe, Gedanken anderer Beiträge einzuarbeiten. 1763 konnte man das Denkmal von Edme Bouchardon und Jean-Baptiste Pigalle auf der neuen Place Louis XV *(Abb. 64)* aufstellen. Es propagierte den König als milden Friedensfürst und wohlwollenden Landesvater. Um 1775 war der Platz weitgehend fertig gestellt. Die palastartigen Bauten an der Nordseite erinnern ganz unmittelbar an die Ostfassade des Louvre, die der französischen Fachwelt um die Mitte des 18. Jahrhunderts als Glanzstück der Epoche des Sonnenkönigs und *herrlichstes Bauwerk der Welt* galt. Mit ihren Kolonnaden setzt die Place de la Concorde also die Zeit Ludwigs XV. in direkte Beziehung zum Grand Siècle.

Im Rahmen der tradierten Bauaufgabe bot die Place Louis XV Bedingungen für ein vergleichsweise modernes Betrachterverhalten. Denn der Platz überrascht durch ungewöhnliche Weite und Freizügigkeit. Die rahmende Architektur wird auf eine Seite beschränkt, an den drei übrigen trifft man auf gestaltete Natursituationen. Zudem durchdringen sich mehrere formale Ordnungsschemata: das großes Achsenkreuz, der nach Westen geöffnete Dreistrahl und die – einst durch Trockengräben ausgeschiedene – achteckige Plattform mit den Diagonalwegen. Allein die Größe des Platzes relativierte das Königsdenkmal. Die nahen Gärten, der Blick auf den Fluss und die Vielfalt möglicher Wege luden zur Promenade ein. Der Betrachter wurde nicht, wie zur

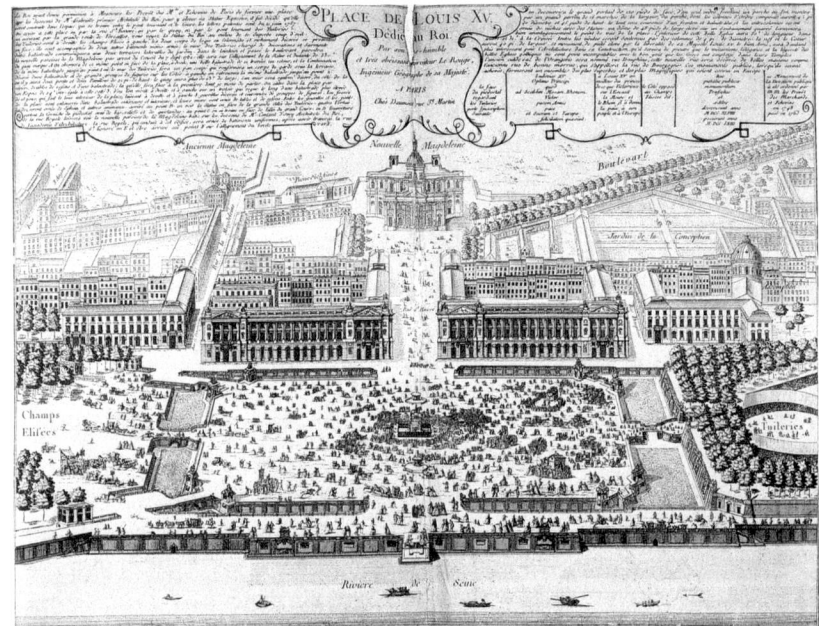

Abb. 64
Paris, Place Louis XV,
heute Place de la Con-
corde. Ausführungsprojekt
von Ange-Jacques Gabriel,
1755. Vogelschau nach
Norden mit der am Ende
der Rue Royale geplanten
Madeleine-Kirche
(Paris, Archives
Nationales).

Zeit Ludwigs XIV., auf einen Hauptstandpunkt festgelegt. Im Gegenteil: Es öffnen sich noch heute jeweils in der Mitte der vier Platzseiten Achsen, die den Blick in die Ferne führen. Im Norden sollte die Fassade der neuen Madeleine-Kirche den Point de vue zwischen den Platzfronten bilden. Nach Osten fand das Auge am Ende des Tuileriengartens im Mittelpavillon des Tuilerienschlosses ein Ziel. Im Westen öffnet sich die Perspektive der Avenue des Champs-Elysées. Nach Süden wurde schon unter Ludwig XVI. eine Brücke über die Seine gebaut. Die Platzanlage forderte vom Betrachter als anschaulich denkendem Individuum den aktiven Mitvollzug ihrer gestalterischen Ordnung. Gerade darin lässt sie auch in formalästhetischer Hinsicht eine aufklärerische Dimension erkennen.

Die Place Royale in Reims und der glückliche Bürger

Das Glück und den Wohlstand der Untertanen unter einem milden Landesvater thematisiert die Place Royale in Reims *(Abb. 65),* der durch Handwerk, Handel und Weinanbau reichen Hauptstadt der Champagne. Schon 1748, nach dem Frieden von Aachen, war die Idee eine Platzes zu Ehren Ludwigs XV. entstanden, der als *Vater seiner Untertanen, Sieger über seine Feinde und Friedensbringer Europas* gefeiert werden sollte. Die Ausführung nach dem Projekt von Jean-Gabriel Legendre begann 1758. Durch die in den Platz einmündenden Straßen verbesserten sich die Verkehrsverbindungen nach Flandern, Deutschland und Paris sowie im kleinteiligen Altstadtbezirk *Grand Credo.* Der annähernd quadratische Platz wurde von einzelnen Gebäuden eingefasst, ähnlich wie in Nancy, aber bei strengeren Fronten mit einer römisch-dorischen

*Abb. 65
Reims, Place Royale.*

Kolossalordnung auf dem Podium. *Edle Einfachheit, Einheit ohne Monotonie* kennzeichnet die Platzanlage nach den Worten ihres Architekten.

Voltaire hatte in seinem *Siècle de Louis XIV* bemerkt, es sei *eine alte Gewohnheit der Bildhauer, Sklaven zu Füßen der Statuen von Königen abzubilden. Es wäre besser, dort freie und glückliche Bürger zu zeigen.* Das Denkmal in Reims von Jean-Baptiste Pigalle präsentiert den König als Standfigur in römischer Art, wie er die Bürger unter seinen Schutz nimmt. Personifikationen am Sockel verweisen auf das milde Regiment und das Glück der Untertanen. Dazu der Bildhauer Pigalle: »Das Glück der Bevölkerung wird durch einen zufriedenen Bürger verkörpert, der sich der Ruhe inmitten des Überflusses erfreut ... Er sitzt auf einem Ballen von Waren, seine Geldbörse ist geöffnet, um seine Sicherheit auszudrücken.« Angesichts der demonstrativen Volksnähe, erscheint es folgerichtig, dass die Widmungsinschrift nicht in lateinischer Sprache sondern auf Französisch verfasst ist und auf den vom König bei der Krönung in Reims geleisteten Eid anspielt: »Du der Franzosen Liebe ewiges Denkmal, Verkünde auf immer der Welt, / dass Ludwig in unsern Mauern einst schwur, seinem Volk ein Vater zu sein / Und dass er treu war seinem Eid.«

Die Königsplätze in Nancy, Paris und insbesondere in Reims beeinflussten auch die Gestaltung der Place Royale in Brüssel. Die Anlage eines großen Rechteckplatzes mit einheitlicher Umbauung auf dem Brüsseler Coudenberg betrieb ab 1766 der Statthalter der Habsburgischen Niederlande, Karl von Lothringen. Die Ausführungsplanung legten die Architekten Nicolas Barré und Barnabé Guimard im Sommer 1775 vor.

Eine Variante der Denkmalplätze französischer Prägung entstand nach 1776 mit dem Neubau von Somerset House in London durch William Chambers. Chambers, der aufgrund seiner Reisen und über seine Pariser Architektenfreunde bestens mit den neuesten französischen Entwicklungen vertraut war, errichtete zwischen Themse und Strand ein vielflügeliges Gebäude zur Unterbringung verschiedener Behörden und öffentlicher Einrichtungen, darunter die Admiralität, die Royal Society und die Royal Academy. Die 800 Fuß lange Palastfront über der Themse orientiert sich in ihrer Gesamtwirkung am Diokletianspalast in Split, der durch die Publikation von Chambers' Kollegen Robert Adam bekannt geworden war, konkurrierte aber auch mit dem in der Nähe liegenden *Adelphi,* dem von den Brüdern Adam errichteten Wohnkomplex, der sich dasselbe Vorbild zu Eigen machte. Die frühklassizistischen Stilformen von Somerset House verbinden die britische palladianische Tradition mit Motiven der gleichzeitigen Pariser Architektur, etwa von Gabriel oder Antoine. Wie eine französische Place Royale stellt sich die weite Vierflügelanlage des Innenhofes dar, ein öffentlicher Raum, der inzwischen wieder die Verbindung zwischen Strand und der Terrasse über dem Fluss gewährleistet. In der Mitte des platzartigen Hofes erhebt sich das Standbild König Georgs III.

Washington: die Federal City nach der Planung L'Enfants

Gegen Ende des 18. Jahrhunderts entstand mit Washington ein Stadtgrundriss *(Abb. 66),* der unterschiedliche Gedanken neuzeitlicher und aufgeklärt-absolutistischer Ordnung des Raumes miteinander verband: das Rechteckgitter, das System der großen Verbindungsachsen, die geometrische Gliederung nach Art des formalen Gartens, aber auch landschaftliche Elemente. Völlig neu war allerdings der Funktionszusammenhang als permanenter Sitz der Bundesregierung der jungen Vereinigten Staaten von Amerika.

Zwischen 1774 und 1789 waren die Regierung und die Mitglieder des Kongresses in verschiedenen Städten der Unionsstaaten zusammengetroffen. Doch die Verfassung verlangte 1787 eine dauerhafte nationale Hauptstadt. Für die neue *Federal City* wurde 1790 eine Enklave des Bundes vorgesehen, der District of Columbia, am Zusammenfluss von Potomac und Anacostia zwischen den Bundesstaaten Maryland und Virginia. Die Wahl des Ortes durch Präsident George Washington beruhte auf strategischen Aspekten, politischen Überlegungen wie der Lage zwischen Norden und Süden mit ihren unterschiedlichen kulturellen Traditionen sowie der Hoffnung auf wirtschaftliches Wachstum. Auch die mögliche Nutzung des westlich gelegenen Georgetown als Wohnstadt und die Nähe zu Washingtons eignem Landsitz Mount Vernon waren Faktoren.

Als die Regierung 1800 vom Provisorium Philadelphia in die neue Stadt zog, hatte diese ewa 8 000 Einwohner. Doch blieb das Wachstum Washingtons als einer weitgehend monofunktionalen Stadt der Regierung und Verwaltung zunächst begrenzt, so dass der französische Botschafter noch ein halbes Jahrhundert nach der Gründung sagen konnte, Washington sei im Winter noch trost-

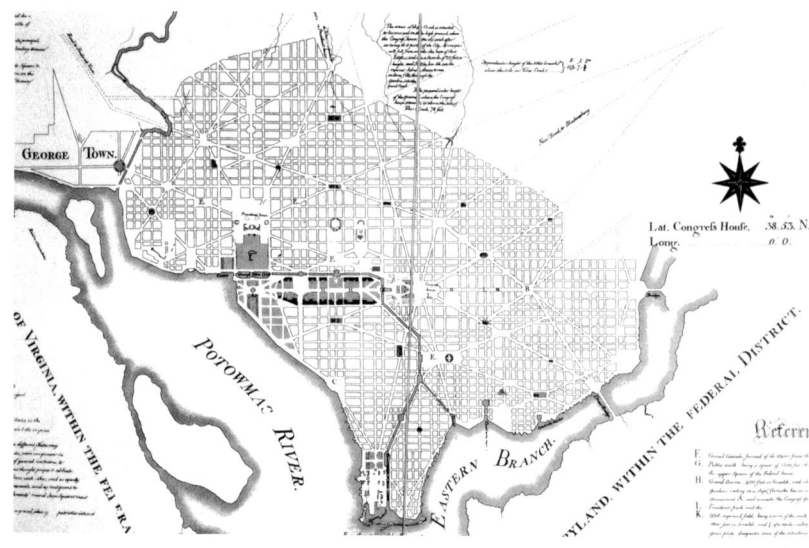

Abb. 66
Washington, Plan von
Pierre-Charles L'Enfant,
1791, Ausschnitt.

loser als Karlsruhe. Erst nach dem Bürgerkrieg wurde die Zahl von 132 000 Einwohnern erreicht.

Den Stadtgrundriss der Neugründung entwarf 1791 Pierre-Charles L'Enfant, ein französischer Ingenieur der Armee La Fayettes. Dementsprechend waren die Planungen von den Projekten für das Paris des Aufklärungszeitalters und französischen Theorien des Städtebaus beeinflusst, aber auch von Versailles und der kolonialen Stadt Williamsburg in Virginia. Washington ist somit die einzige völlig einheitlich geplante Stadt der USA. Das in etwa dreieckige Stadtgebiet zwischen den beiden Flüssen hat seinen formalen und inhaltlichen Schwerpunkt in einem rechtwinkligen Dreieck nördlich des Potomac mit der exakt nach Norden verlaufenden kürzeren Kathete als Zone des Präsidenten und der längeren, nach Osten weisenden als Bereich des Parlaments. Die kurze Kathete führt vom leicht erhöhten President's House (1792 durch James Hoban begonnen, heute Weißes Haus) über den President's Park (heute Ellipse) zum Reiterstandbild George Washingtons, später der Platz des Washington Monument. Von hier verläuft die längere Kathete über die von Botschaftsgebäuden flankierte Grand Avenue (die spätere Mall) nach Osten zum Kapitolshügel, den bereits L'Enfant als Sockel beschrieb, der geradezu auf ein Monument warte. An dieser Stelle entstand ab 1793 das erste, 1814 von den Briten niedergebrannte Kapitol nach dem Entwurf von William Thornton. In der Hervorhebung der öffentlichen Bauten durch eine höhere Lage zeigt sich in Washington ein konzeptioneller Unterschied zu den europäischen Planstädten des Hochbarock, die ihre Geometrie auf einer Ebene entfalten. Aus der 1600 Meter langen Hypothenuse, die das Haus des Präsidenten und das Kapitol verband und beidseitig darüber hinausgriff, wurde die Pennsylvania Avenue, die als kommerzielles und gesellschaftliches Zentrum der Stadt vorgesehen war.

Im Gegensatz zu den Straßenrastern idealer Stadtanlagen besteht das recht-winklige Straßengitter Washingtons aus unterschiedlich dimensionierten Einheiten. So konnte ein an sich unhierarchisches System hierarchisiert werden und mehrere Schwerpunkte ausbilden. Einige Straßen wurden zu Hauptach-sen erhoben und verbreitert, etwa 8th Street, die durch eine geplante National Church dominiert werden sollte. Der die Flüsse verbindende, schon im 19. Jahrhundert verfüllte Kanal war zum Transport von Baumaterial und Waren bestimmt, sollte aber auch ein pittoreskes Element in die Stadtanlage brin-gen. Der föderale Gedanke und ebenso das Muster französischer Denkmals-plätze zeigt sich darin, dass L'Enfant insgesamt dreizehn Plätze anlegen wollte, die jeweils einen der Gründungsstaaten vertreten und mit einem Denkmal ei-ner berühmten Person dieses Staates ausgestattet werden sollten. Die von den jeweiligen Staaten bei den Plätzen anzulegenden Siedlungen würden, so L'En-fant, allmählich zusammenwachsen und das Miteinander der Staaten veran-schaulichen. Schon 1792 wurden jedoch die Avenuen nach den Staaten be-nannt. Damit war die Stadtanlage für die symbolhafte Vertretung weiterer Bundesstaaten offen.

Die wesentlichen Züge der Stadtanlage L'Enfants haben sich bis heute erhal-ten, wenngleich die Hauptachsen im 20. Jahrhundert zu kreuzförmigen Koor-dinaten erweitert wurden: vom Weißen Haus nach Süden in Richtung auf das spätere Jefferson Memorial und vom Kapitol über das Washington Monument hinaus nach Westen zum späteren Lincoln Memorial. Untypisch für eine nordamerikanische Stadt ist nicht nur der von absolutistischen Modellen übernommene Grundriss und die Reglementierung der Bauhöhen, sondern auch die Homogenität der Monumentalbauten, von denen viele in einer im 18. Jahrhundert begründeten Stil- und Typenauffassung wurzeln. Noch bis in die Zeit des Zweiten Weltkriegs bestimmte der Neoklassizismus die Bundes-architektur, wie es exemplarisch das Lincoln Memorial von Henry Bacon (1922), das Jefferson Memorial von John Russell Pope (1936) und Popes 1936 bis 1943 errichtete National Gallery zeigen. Zahlreiche öffentliche Gebäude der Nachkriegszeit versuchten überdies, traditionelle und modernistische Ele-mente in Einklang zu bringen.

7 Stadtlandschaft und landschaftliche Stadt

Im 18. Jahrhundert nahm der Städtebau immer mehr Bezug auf die ästhetische Erfahrung der architektonischen Umwelt durch den Betrachter. Die Bauten und Projekte kalkulierten zunehmend die Bewegung ein, das transitorische Erleben der Stadt in immer wechselnden Ansichten. Gleichzeitig wurde in Architekturtheorie und -praxis die unmittelbare Wirkung eines Bauwerkes auf seinen Betrachter berücksichtigt. Im Begriff des *guten Geschmacks* als Maßstab der Produktion und im Begriff des *Gefallens* als Maßstab der Rezeption kündigte sich eine Entwicklung von den festen Schönheitsnormen zum subjektiven Kunsturteil an. Wenn also Einzelbauten und Ensembles bereits vor aller rationalen Lektüre der Form und des inhaltlichen Programms durch ihren *Charakter* Aufschluss über die Bauaufgabe geben sollten, so führte dies in letzter Konsequenz zur Psychologisierung der Architektur.

Neben die Vorstellung, dass Städte durch ihre auf dem Reißbrett zu studierende Systematik definiert werden, neben die Schönheit der geometrischen Perfektion und uniformen Bebauung trat die Vorstellung von der landschaftlichen Stadt. Sie sollte sich entlang einiger allgemeiner Vorgaben vergleichsweise frei entwickeln, dabei im Detail durchaus in schöner Unregelmäßigkeit, aber doch als künstlerisches Ganzes. Städte wurden nach bildmäßigen Gesetzen harmonisch komponiert und in die Umgebung eingefügt. Wie im landschaftlichen Garten entwickelten sich Beispiele einer vorgeblich der Natur nachgebildeten Ordnung des Raumes, die fortan als Modell neben die geometrische Rigidität der aus Renaissance und Barock überkommenen Lösungen traten.

Die gesteigerte Bautätigkeit in den Vorstädten, stadtnahe Villen und Landhäuser trugen dazu bei, den traditionellen Gegensatz zwischen Stadt und Land aufzulösen. Städtischer Komfort erreichte das Umland der Städte, im Gegenzug gewährten ländliche Bautypen, Garten- und Parkflächen den oberen Schichten die Reize des Landlebens am Stadtrand und in den Vorstädten. Peripherie und Zentrum unterschieden sich vor allem in der baulichen Verdichtung und der Präsenz öffentlicher Einrichtungen.

Im Unterschied zum Zeitalter des Absolutismus wurde insbesondere die Stadt des Klassizismus um und nach 1800 weniger mittels durchgängiger Straßenzüge und Plätze bei klar definierter Randbebauung strukturiert, sondern als freies Zusammenspiel potentiell autonomer Monumente innerhalb der Stadtlandschaft.

Der Blick auf die Stadtlandschaft: die Spanische Treppe in Rom

Die berühmte Spanische Treppe in Rom *(Abb. 67)*, zwischen 1723 und 1726 angelegt, zeigt vergleichsweise früh die Tendenz zur transitorischen Wahrnehmung der Stadt. Noch heute zieht es die meisten Touristen zu dieser Sehenswürdigkeit als Muss jeder Romreise. Doch erkennbar fühlen sich die Besucher dort wohl und empfinden einen Gang über die Monumentaltreppe als außerordentlich reizvoll. Dies mag mit einer Wahrnehmung der Stadt und einer Selbsterfahrung des Betrachters zu tun haben, die sich von römischen Plätzen aus Renaissance und Barock unterscheidet und modernen Erwartungen an Urbanität besonders entgegenkommt: Weitläufigkeit, fließende Übergänge zwischen einzelnen Bereichen des Stadtraumes, ein komfortabler Anstieg, die Auswahl unterschiedlicher Wege, mannigfaltige Attraktionen, Sehen und Gesehenwerden, vielfältige Blicke über die Stadt.

Ein System gegenläufiger Treppen zur Erschließung eines Hanges findet sich bereits in den Terrassenheiligtümern der römischen Antike, die ihrerseits zahlreiche Gartenanlagen des Manierismus und des Frühbarock beeinflussten. Einen weiten Blick bot, allerdings bei klarer architektonischer Begrenzung, schon der Kapitolsplatz, wie Michelangelo ihn geplant hatte. Direkter Vorläufer der Spanischen Treppe war jedoch der 1701–11 durch Alessandro Specchi gestaltete römische Stadthafen von Ripetta. Der Straßenraum öffnete sich hier – mit der Kirche S. Girolamo dei Sciavoni als Bezugspunkt – auf die Flusslandschaft. Zum Tiber hin wurde eine Aussichtsterrasse angelegt, von der verschieden gekurvte Treppenläufe mit sanfter Neigung zum Fluss hinunter führten. Leider fiel die Anlage unter dem Faschismus der Neugestaltung des Viertels zum Opfer.

Die Planungsgeschichte der Spanischen Treppe ist sehr verwickelt. Ihren Namen erhielt sie wie die Piazza di Spagna aufgrund der dort gelegenen spanischen Botschaft. Die Kirche SS. Trinità dei Monti am oberen Ende des Areals hingegen war französisches Eigentum. 1655 hatte ein französischer Diplomat Mittel zum Bau einer Treppenanlage hinterlassen. Unter frühen Projekten war auch das Berninis, der bereits eine Dreiteilung und eine platzähnliche Fläche auf halber Höhe vorsah, wo, politisch nicht durchsetzbar, ein Reiterdenkmal Ludwigs XIV. hätte stehen sollen. Schließlich beauftragte Papst Clemens XI. den Hausarchitekten der Mönche von SS. Trinità, Francesco de Sanctis, mit dem 1723–26 ausgeführten Bauvorhaben, obwohl die römische Baubehörde Specchi vorgeschlagen hatte.

Die Spanische Treppe schuf eine Verbindung zwischen den Achsen von der Porta del Popolo nach S. Maria Maggiore und zugleich einen Blickpunkt am Ende der vom Tiber kommenden Westostverbindung. Die Treppenläufe sind im symbolischen Bezug auf die Dreifaltigkeit längs und quer in Dreiergruppen eingeteilt. Elegant überspielt der spätbarocke Kurvenreichtum die Unregelmäßigkeiten des Grundstücks, aber auch die Achsendivergenzen zwischen

Abb. 67
Rom, Spanische Treppe.
Blick von der Piazza di
Spagna mit dem Barcac-
cia-Brunnen nach Osten
zur Kirche SS. Trinità dei
Monti.

dem Barcaccia-Brunnen Pietro Berninis auf dem Spanischen Platz und der Kirchenfassade, vor der 1789 noch ein antiker Obelisk aufgestellt wurde. Die Besonderheit der Spanischen Treppe liegt allerdings in der neuen Betrachter-erfahrung. Trotz der Steigung bietet sich hier ein sehr bequemer und überaus abwechslungsreicher Spaziergang. Man geht, hält inne, wechselt die Richtung, dreht sich um und sieht dabei die nahen und fernen Bauten Roms unter immer wechselnden Aspekten. Die Stadt erscheint bildhaft, in der Sequenz der vom Betrachter als schön empfundenen Ausschnitte.

In der Folgezeit griffen immer wieder Aussichtstreppen und -rampen mit imposanten Rundblicken über die Stadt das Vorbild der Spanischen Treppe auf. In Rom selbst wurde die Verbindung von der Piazza del Popolo zum Pincio im frühen 19. Jahrhundert nach ähnlichen Prinzipien gestaltet, gegen Jahrhundertende in Paris der Aufgang zur Kirche Sacré-Cœur auf dem Montmartre.

Villen zwischen Stadt und Land

Während im Mittelalter ein deutlicher Gegensatz zwischen Stadt und Land herrschte, bildeten sich in der frühen Neuzeit in einigen europäischen Regionen Übergangsbereiche heraus: Die Vorstädte jenseits der Mauern mit ihrer weniger verdichteten Bebauung dehnten sich immer mehr aus. Den städtischen Oberschichten erschlossen Villen und Landhäuser die Vorzüge des ländlichen Lebens. Die Grundlagen der europäischen Villenkultur hatte bereits die römische Antike gelegt. Das Land galt als Gegenbild zu den verderbten Sitten der Stadt. Der Landaufenthalt sollte der musse dienen, geistigen Beschäftigungen, körperlicher Ertüchtigung und der Geselligkeit. Bereits die Römer kannten neben dem landwirtschaftlichen Gut die stadtnahe *Villa suburbana*. Die antiken Leitbilder wurden in der *Villeggiatura* der Renaissance wiederbelebt. Auf den Freiflächen in und um Rom besaßen die Päpste, die Kirchenfürsten und die Adelsfamilien ihre *Vigna,* in der Umgebung der Stadt suchte man in den Villen von Castel Gandolfo oder Frascati Schutz vor der Sommerhitze. Die Venezianer intensivierten auf großen Landgütern mit Herrenhäusern die landwirtschaftliche Nutzung der Terraferma und unterhielten stadtnahe Sommersitze. Im barocken Wien, das noch immer in seine Befestigung eingezwängt war, wurden zahlreiche Palais auf dem Hügelgelände vor der Stadt errichtet. Seit dem späten 18. Jahrhundert erweiterte sich zudem der Begriff der Villa. Villen dienten nicht nur dem gelegentlichen Landaufenthalt, als Villen wurden auch größere, frei auf dem Grundstück gelegene und von Grünflächen umgebene Häuser bezeichnet, die für eine dauernde Bewohnung vorgesehen waren. Heute wird selbst das im Grünen gelegene Einfamilienhäuschen als Villa bezeichnet.

Das 18. Jahrhundert entdeckte den ästhetischen Reiz der durch Villen geprägten Landschaften, besonders wenn zahlreiche herrschaftliche Häuser zwischen kleineren Ortschaften malerisch an gewundenen Flussläufen gelegen waren. Am meisten gerühmt wurde die Gegend an der Brenta zwischen Padua und Venedig, die keiner der Grand Tourists, der reisenden Kavaliere und Bildungsbeflissenen, auslassen durfte. Ähnlich bekannt ist in den Niederlanden die Vechtstreek zwischen Utrecht und Amsterdam oder die Umgebung der ehemaligen statthalterlichen Residenz beim Haag. Von London führt der Weg themseaufwärts nach Westen Richtung Hampton Court durch eine reizvolle Villenlandschaft. Hier entstanden auch wichtige frühe Landschaftsgärten.

Der landschaftliche Garten als Gestaltungsmodell

Der landschaftliche Garten ist als Gegenentwurf zum rationalistischen Zugriff auf den Raum durch Geometrie und axialsymmetrische Anordnung bis heute auch für den Städtebau von Bedeutung. Ein Kreis liberaler Politiker, vor allem Angehörige der Gentry, des Landadels, propagierte im Engalnd der ersten Hälfte des 18. Jahrhunderts zusammen mit Literaten und Intellektuellen eine neue Architektur und Gartenkunst. Den barocken Bauformen und -typen des höfischen Absolutismus wurde die vorgeblich antikennahe Kunst Andrea Palladios entgegengestellt, die in England schon im frühen 17. Jahrhundert durch den Architekten Inigo Jones eingeführt worden war. Der Palladianismus, der die Villen der reichen Grundbesitzer im Veneto zum Vorbild hatte, schien be-

Abb. 68
Chiswick House bei Lon-
don. Die Seitenansicht der
Villa im Landschafts-
garten an einem Brenta
genannten Kanal soll an
die Brenta-Villen
zwischen Padua und
Venedig erinnern.

sonders geeignet, das Bewusstsein einer landbesitzenden Elite mit altrömischer Dignität auszustatten. Im Gegensatz zum formalen Garten französischer Prägung, der die Natur ähnlich zu vergewaltigen schien wie der höfische Absolutismus seine Untertanen, sollte die landschaftliche Gartenanlage durch Schlängelwege, sanfte Hügel, unregelmäßig konturierte Gewässer, freieren Pflanzenwuchs und verstreute Monumente eine vermeintlich natürlichere Erscheinung erlangen und sich mit der umgebenden Landschaft verbinden. 1707 wandte sich Shaftesbury, 1712 Joseph Addison und 1713 Alexander Pope gegen die Geometrisierung von Landschaft und Vegetation. Popes Garten in Twickenham entwickelte sich noch um eine Längsachse, war aber in seinen Außenbereichen bereits unregelmäßig gestaltet. 1728 veröffentlichte Batty Langley die *New Principles of Gardening,* 1729 entwarf William Kent zusammen mit Lord Burlington dessen Anwesen Chiswick House *(Abb. 68).* Lancelot ›Capability‹ Brown gestaltete mehr als hundert Anlagen, die bei freier Komposition Rundgänge ohne bestimmtes Ziel erlaubten. Sie folgten ästhetischen Vorstellungen, wie sie 1753 in William Hogarth' *Analysis of Beauty* als Theorie der wellenförmigen Schönheitslinie begegnen oder 1757 von Edmund Burke in der *Philosophical Enquiry into the Origin of Our Ideas of the Sublime an the Beautiful* formuliert wurden. 1771 popularisierte Horace Walpoles *Essay on Modern Gardening* die Ideen.

Im landschaftlichen Garten, der den traditionellen Begriff des *Pittoresken* mit der neuen Sensibilität für die Natur zu verbinden wusste, wurde auch die Rolle des Betrachters neu bestimmt: Er wird nicht rigide gelenkt, muss nicht in rationaler Lektüre ikonografische Programme nachvollziehen. Vielmehr promeniert er, sanft geleitet, durch den Garten, erlebt die Abfolge bildhaft kom-

ponierter Situationen und wirkt durch assoziativen Mitvollzug an der Sinn-
fülle des Gesehenen mit. Mit der Verbreitung des neuen Gartenstils in Europa trat der ursprüngliche liberale Weltentwurf immer mehr zurück. Gerade die
vielen so genannten anglo-chinesischen Gärten auf dem Kontinent um und
nach der Jahrhundertmitte waren nurmehr modische Varianten fürstlichen
Plaisirs.

Formale Platzanlagen und landschaftliche Raumerfahrung: Bath

Ein überaus homogenes Bild einer Stadt im georgianischen England, die auf
der Höhe des Kunstbewusstseins ihrer Zeit binnen weniger Jahrzehnte gestaltet wurde, bietet das südenglische Bath. Hier finden sich die einzigen natürlichen hypothermischen Quellen des Landes, deren heilsame Wirkung schon
in der Römerzeit genutzt wurde. Im frühen 18. Jahrhundert erlebte die Stadt
einen rasanten Aufstieg. In einer Zeit politischer Stabilität, enormen Wirt-
schaftswachstums und relativer gesellschaftlicher Mobilität wurde sie das Mo-
debad und bevorzugter Sommeraufenthalt der eleganten Welt. Der Bauboom
hielt bis zum Jahrhundertende an. Bereits im frühen 19. Jahrhundert verlor
Bath seine Bedeutung, so dass sich ein von späteren Überformungen weitgehend freies Stadtdenkmal des 18. Jahrhunderts erhalten hat. In den urbanistischen Projekten dieser Zeit wird ein mehr und mehr landschaftlicher Zugriff
auf den Stadtraum erkennbar, wobei die Stadt zugleich den Bezug zur lieb-
lichen, sanft hügeligen Umgebung mit ihren weiten Wiesenflächen und lich-
ten Wäldern sucht. Die geometrisierten Städte des 18. Jahrhunderts hingegen
konnten sich nur in der Ebene ideal ausbreiten. Allerdings machten sich die
neu angelegten Viertel in Bath durchaus die absolutistischen Modelle ihrer
Zeit zu Eigen, wenngleich mit einem entschiedenen Funktionswandel.
Als Bath auf Initiative privater Unternehmer in großem Stile ausgebaut wurde, schufen John Wood d. Ä. und sein Sohn John d. J. eine Folge neuer Straßen und Plätze *(Abb. 69 und 70)* von imperialem Zuschnitt. Vom quadratischen Queen's Square (Wood d. Ä., 1728–36) geht die Gay Street nach Norden zum kreisförmigen King's Circus (Wood d. Ä., 1754–66). Von dort führt
die Brock Street zum Halboval des Royal Crescent (Wood d. J., 1767–75). Die
Häuser an der Nordseite des Queen's Square sind hinter einer palastartigen
Front mit einer korinthischen Kolossalordnung auf dem Podium zusammengefasst, wie sie in England schon seit Inigo Jones zu Anfang des 17. Jahrhunderts eingeführt war und auch den Palladianismus des frühen 18. Jahrhunderts
bestimmte. Der Circus zeigt eine dreifache Superposition klassischer Ordnungen wie aus dem akademischen Lehrbuch, der Crescent hingegen eine ionische Kolossalordnung auf dem Podium mit 114 Säulen in sich schier endlos
wiederholenden Fensterachsen, nur in der Mitte und an den Ecken durch
Doppelsäulen mäßig akzentuiert.
In Bath wurden zwar die geometrischen Grundrisse und die einheitliche

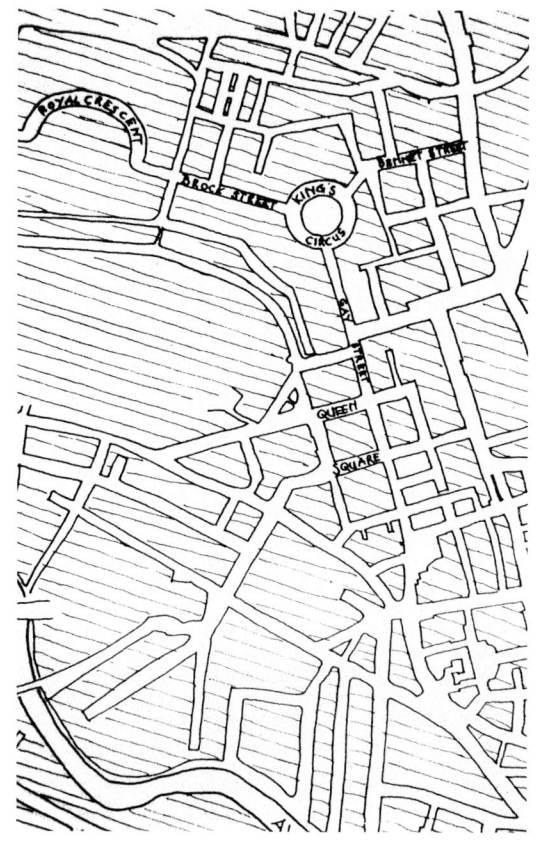 

Randbebauung der französischen Plätze aufgegriffen, doch das zentrale Herrscherbild fehlt. Denn der Kontext ist ein völlig anderer. Die den Reihenhäusern vorgeblendeten Palastfassaden betonen hier ausschließlich die Exklusivität der Wohnanlagen. Die Woods pachteten Land und verpachteten es weiter an die Bauherren. Diesen stellten sie die Aufteilung der einzelnen Häuser frei, behielten aber die Kontrolle über die Fassaden. Nicht die Obrigkeit garantierte die einheitliche Bebauung, sondern der Unternehmer. In der privaten Produktion von Stadt wurden dabei die architektonischen Würdeformen spekulativ verwertet. Zwar fomulierte John Wood d. Ä. in seinem *Essay towards a description of Bath* einen nebulösen Gründungsmythos, der keltische Wurzeln und römische Größe assoziationsreich verbindet, doch hatten die klassischen Formen ihre traditionelle rhetorische Funkion schon weitgehend eingebüßt.

Eine Promenade in Bath vermittelt dem Betrachter eine dem Landschaftsgarten vergleichbare Erfahrung. Vom Square führt die Straße ansteigend zum Circus, wo eine pittoreske Achsenbrechung erfolgt und es weiter aufwärts zum Crescent geht. Hier öffnet sich vor der palastartigen Häuserfront der Blick nach Süden auf die weite Parklandschaft. Jenseits des Avon-Tales erblickt man

Prior Park, den palladianischen Landsitz und Landschaftsgarten von Ralph Allen, einem Hauptinvestor der wachsenden Bäderstadt.

Vor allem im frühen 19. Jahrhundert wurden die *Crescents* (im Halbrund angelegte Reihenhäuser hinter palastähnlichen Fronten) und die *Terraces* (aus Einzelhäusern zusammengefügte Pseudopaläste) zu bevorzugten städtebaulichen Lösungen für gehobene bis luxuriöse britische Wohnarchitektur.

Eine landschaftliche Stadtutopie: Ledoux und Chaux

Den Entwurf einer Stadt, deren Werkstätten, öffentliche Einrichtungen und Wohnbauten in die Landschaft eingebettet sind, veröffentlichte 1804 der französische Architekt Claude-Nicolas Ledoux in seinem Traktat *L'Architecture considérée sous le rapport de l'art, des mœurs et de la législation (Abb. 71)*. Lange wurde das Projekt in die vorrevolutionäre Zeit datiert, wobei man einer von Ledoux selbst betriebenen Umredaktion seiner Vita aufsaß. Als Architekt der vom Salzmonopol profitierenden Generalsteuerpächter (Fermiers Généraux) hatte Ledoux ab 1774 in der Franche-Comté die Königliche Saline in Arc-et-Senans errichtet. Für den Modearchitekten und Begünstigten des Ancien Régime wurde es in der Revolutionszeit bedrohlich, zeitweilig saß Ledoux sogar im Gefängnis. Er ordnete in diesen Jahren seine in Stichen dokumentierten Entwürfe neu, ergänzte sie und schrieb seine künstlerische Biografie im Sinne der neuen Zeit um. Dabei stilisierte er sich zum verhinderten Sozialrevolutionär: Seinen weit ausgreifenden Stadtentwurf habe die Krone 1774 bei der Ausführung auf die eigentlichen Salzgewinnungsanlagen reduziert, nämlich auf die Gebäude des vorderen Halbrunds der in der Vogelschau zu sehenden Stadtanlage. Heute wissen wir, dass immer nur dieses Halbrund geplant war.

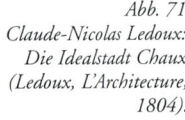

*Abb. 71
Claude-Nicolas Ledoux:
Die Idealstadt Chaux
(Ledoux, L'Architecture,
1804).*

Stadtplanung ist für Ledoux eine von moralischen Erwägungen geleitete, das allgemeine Glück gewährleistende Sozialplanung. Sie umfasst alle Lebensbereiche, so dass selbst die Triebabfuhr geregelt ist. Der Blick auf Chaux zeigt die Mitte der Stadt als Vollrund, zu dem Ledoux das originale Salinenhalbrund für die *Architecture* ergänzt hat. Davon ausgehend greifen Hauptstraßen radial in die Umgebung aus, folgen aber bald in unregelmäßiger Führung der hügeligen Gegend. Außerhalb der geometrischen Kernanlage sind die zumeist als Einzelmonumente aufgefassten Bauten lose in die Landschaft gestreut. Dabei sollen die Baugestalt oder der Bauschmuck symbolhaft die Bauaufgabe zum Ausdruck bringen. Berühmt sind der Entwurf für das Gebäude der Reifenmacher in konzentrischen Ringen, das Kugelhaus mit Treppen in die vier Himmelsrichtungen für die Flurwächter oder der auf den Weltenbau verweisende Friedhof. Ledoux versuchte so, die mit dem Ende der normativen Ästhetik einhergehende Auflösung der klassischen Architekturrede durch unmittelbar sinnfällige, außerarchitektonische Signale zu kompensieren.

London in der Regency-Zeit: John Nash und das Picturesque

Wie oben beschrieben, hatte London nach dem großen Brand von 1666 nicht die Gelegenheit ergriffen, die City im Sinne von Christopher Wrens Projekt in großmaßstäblicher, geometrischer Gliederung wiederaufzubauen. Einheitliche Bebauungen über regelmäßigem Plan wurden bei der Erschließung vorstädtischer Gebiete durch die Squares des 17. und 18. Jahrhunderts mit ihren Typenhäusern verwirklicht. Solche Platzgeviere schlossen umfriedete Gärten ein, zu denen nur die Anwohner Zugang hatten. Doch handelte es sich bei allen Projekten um Anlagen mittlerer Größe ohne stringenten Gesamtzusammenhang. Im Vergleich zu Paris verfügte London aber über wesentlich mehr Frei- und Grünflächen, insbesondere in den westlichen Stadtgebieten. Hier befanden sich die ausgedehnten Parkanlagen im Residenzbereich von St. James's. Auch Pall Mall war noch nicht die spätere Prachtstraße, sondern erst höfische Ballspielanlage und danach elegante Promenade. Hinzu kamen kommerzielle Vergnügungseinrichtungen wie Vauxhall Gardens oder Ranelagh Gardens.

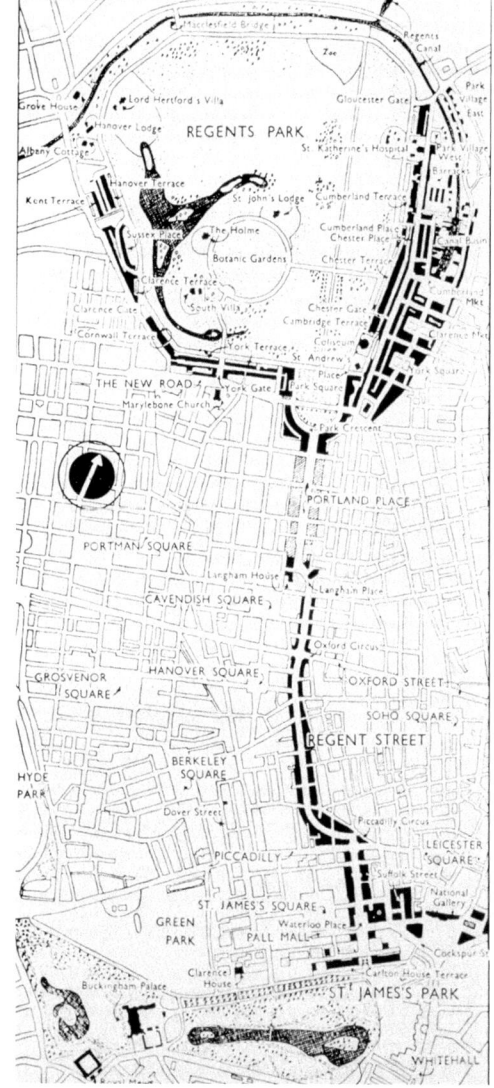

Abb. 72
London, Plan der westlichen Stadtgebiete mit den Improvements um St. James's Park, Regent's Street und Regent's Park (nach John Summerson).

Im frühen 19. Jahrhundert, unter dem Prinzregenten und späteren König Georg IV., wurde der Versuch unternommen, die additive Entwicklung der Millionenstadt durch den großen Wurf der *Metropolitan Improvements (Abb. 72)* zu überwinden. Diese Erschließung der Krongüter sollte zugleich die Einnahmen der Krone maximieren. Dabei wurden zwei große Parkgebiete, der vorhandene St. James's Park im Süden, wo Georg vor dem Neubau von Buckingham Palace in Carlton House residierte, und der neue Regent's Park im Norden, über die große Verkehrsader der Regent's Street verbunden. Weiter umfasste das Projekt die Anlage des Trafalgar Square, das Westende von The Strand und damit die Verbesserung der Verbindung zwischen City und Westminster sowie das Gebiet der Suffolk Street. Im Norden war der Regent's Canal vorgesehen, mit einem Stichkanal und einem Becken für den Regent's Park. Alles in allem ein immenses Vorhaben, das Londons unfertigem Westend ein Rückgrat geben sollte. Die Ausführung sah eine Vielzahl von Unterbrechungen, Kompromissen und Planwechseln, doch halfen Glück und Instinkt immer wieder den Verantwortlichen.

John Nash war die beherrschende Figur bei der Umsetzung der Projekte, Bindeglied zwischen privater und öffentlicher Hand, zwischen privaten Bauunternehmen und den drei zuständigen Dienststellen der Regierung, die erst 1832 vereinigt wurden. Schon der Maler Joshua Reynolds hatte in seiner 13. Akademierede die Unregelmäßigkeit des Londoner Straßenverlaufes der seiner Auffassung nach langweiligen Gleichförmigkeit von Wrens Wiederaufbauentwurf vorgezogen. Auch Nash, der die französischen Modelle aus eigener Anschauung kannte, bevorzugte Abwechslung, selbst wenn der Prinzregent mit pompöser Architektur Napoleon in den Schatten zu stellen wünschte. Ob Nash Ledoux' *Architecture* mit den Entwürfen für die landschaftliche Stadtutopie Chaux eingesehen hat, ist nicht zu ermitteln.

Die große Nordsüdverbindung wurde auch aufgrund von Sachzwängen keine Gerade, sondern weist Kurven und durch Viertelkreisstraßen ausgeglichene Achsverschiebungen auf. Vielfalt entstand durch ein breites Spektrum architektonischer Handschriften. Den Regent's Park selbst leiten ein Crescent und ein Square ein. Nash versuchte, die urbane Typologie mit der ländlichen Atmosphäre zu verbinden. So blieb die runde Mittelfläche des Parkareals nach drastischer Reduktion der zunächst vorgesehenen Bebauung weitgehend frei. Sie erhielt neben Rasenflächen und zwangloser Bepflanzung einen See mit gewundenen Uferlinien und vereinzelte Villen, jede als Fokus einer malerischen Gruppierung. Auch der am Park vorbeiführende Kanal wurde als Belebung der Szenerie begrüßt, wenngleich man die Schiffer durch Abzäunungen vom noblen Areal fernzuhalten suchte. Im Nordosten verläuft der Regent's Canal zwischen zwei pittoresken Park Villages mit kleinteiligen, asymmetrischen Bauten für bürgerliche Klienten.

Spektakulär aber sind vor allem die prachtvollen *Terraces (Abb. 73)* an der äußeren Ringstraße. Dass es sich bei diesen klassizistischen Palästen eigentlich

Abb. 73
London, York Terrace am
Regent's Park. John Nash,
1824–26.

um Wohnanlagen aus zumeist dreiachsigen Reihenhäusern handelt, erkennt man nur an den vielen Eingangstüren, den Schornsteinen und allenfalls noch an leichten Farbunterschieden im hellen Anstrich der antikisierenden Stuckfassaden. Wenngleich von beeindruckender Länge, wirken die Gebäude niemals monoton. Denn sie werden durch Risalite, Pavillons, Tempelfronten und Triumphtore vielfältig strukturiert.

Schinkels Berlin: wechselseitige Beziehung autonomer Monumente

Von dem großen preußischen Baumeister Karl Friedrich Schinkel ist kein umfassendes Projekt zur Neuordnung des Berliner Stadtgebietes bekannt. Auch wurden durch ihn weder ganze Straßenzüge noch große Plätze angelegt. Doch hat Schinkel nach dem Ende der Befreiungskriege gegen Napoleon mit einer Folge von Einzelbauten das klassizistische Berlin gestaltet und dem Gesicht der Stadt für mehr als ein halbes Jahrhundert die charakteristischen Züge verliehen. Wenngleich der großgrundbesitzende Adel seine politische und militärische Vorrangstellung behaupten konnte, wandelte sich Berlin in diesen Jahren von einer Residenz des aufgeklärten Absolutismus zu einer mit Kultur- und Bildungseinrichtungen durchsetzten bürgerlichen Hauptstadt.

Schinkels städtebauliche Leitgedanken veranschaulicht sein eigener Blick auf das von ihm mitgestaltete Ensemble der Bauten am Gendarmenmarkt *(Abb. 74)*. Vorgegeben waren auf dem querrechteckigen, drei Häuserblöcken entsprechenden Areal der Friedrichstadt die deutsche und die französische Kirche mit den hohen Kuppeltürmen. Die Türme hatte Friedrich II. 1781–85 durch Carl von Gontard in frühklassizistischen Formen errichten lassen. Schinkel wurde von Friedrich Wilhelm III. beauftragt, das 1817 abgebrannte Thea-

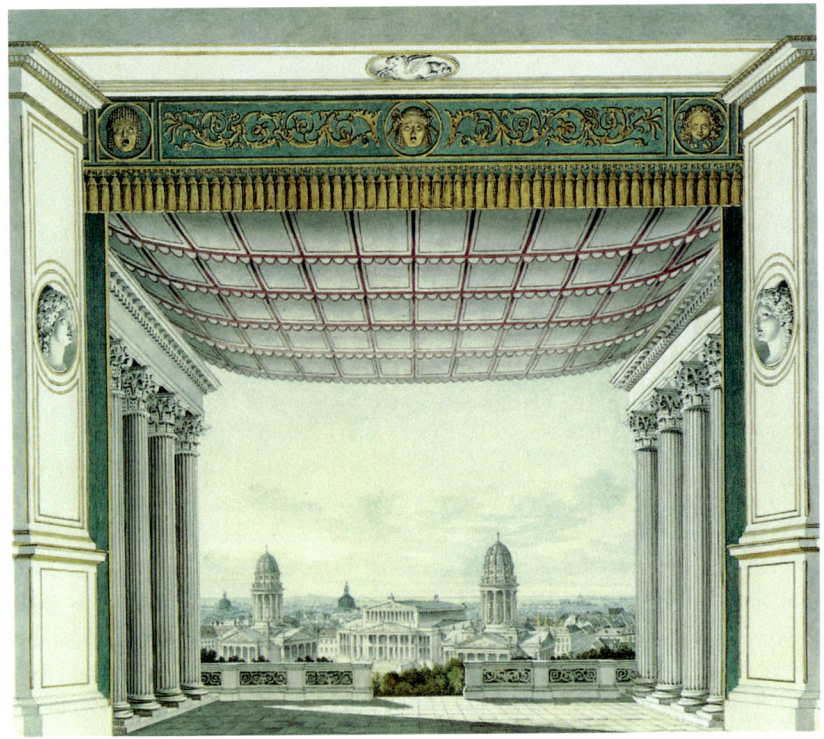

Abb. 74
Karl Friedrich Schinkel:
Bühne des Schauspielhau-
ses am Gendarmenmarkt
in Berlin (Schinkel,
Sammlung architec-
tonischer Entwürfe).

tergebäude zwischen den Kirchen durch einen Neubau unter Verwendung alter Partien zu ersetzen. Das 1818–21 errichtete Schauspielhaus, nach Kriegszerstörung 1979–84 als Konzertsaal eingerichtet, ist ein klassizistischer Bau, dessen gestaffelte Hauptansicht durch eine vorgelagerte ionische Portikus mit hoher Freitreppe ausgezeichnet wird, also eine axialsymmetrische Anlage wie auch der gesamte Platz. Schinkel jedoch ließ den eisernen Vorhang mit einer Vedute bemalen, die den Theaterbesuchern die Bauten des Gendarmenmarktes nicht axial darbot und auch nicht von der Seite, sondern in leichter Schrägsicht. So präsentierte sich das Platzensemble wie auch jedes einzelne Gebäude als malerische Gruppierung oder, wie Schinkel es in anderem Zusammenhang formulierte, als *perspektivisch mannigfaltig gegeneinander verschobene Ansicht.* Auch die Tafeln in Schinkels *Sammlung architectonischer Entwürfe* zeigen seine Bauten in leichter Schrägsicht im städtischen oder landschaftlichen Kontext. Bereits das fortgeschrittene 18. Jahrhundert tendierte zur denkmalhaften Heraushebung der Kirchen und öffentlichen Bauten innerhalb der geometrischen Stadtanlagen. Schinkel hingegen dachte von vornherein in potentiell autonomen Monumenten, die jedoch in eine formale und motivische Wechselbeziehung treten und so den Stadtraum zu einem künstlerisch durchgestalteten Ganzen werden lassen. Den Anfang machte die 1816–18 errichtete Neue Wache am Eingang zum Schlossbezirk, ein dem Volumen nach kleiner Bau, der jedoch als kastellartig verstärkter Körper angesichts des benachbarten barocken Zeughauses das notwendige Gewicht gewinnt. Dieses wiederum kam als blockhafte Vierflügelanlage Schinkels urbanistischen Vorstellungen durchaus entgegen. Die große, von Westen kommende Prachtstraße Unter den Linden und, in ihrer Verlängerung, die 1819–24 von Schinkel geschaffene Schloss- brücke trafen das Stadtschloss nicht axial, sondern liefen auf dessen Portal IV zu. Der mächtige Bau wurde damit körperhaft über Eck gesehen.

Dem Schloss tritt, bei leichtem Schwenk in der Ausrichtung, am Nordende des Lustgartens Schinkels Altes Museum gegenüber, entworfen 1822, ausge- führt 1825–30. Seine ionische Kolonnade erinnert zwar noch an antike Tem- pel. Typologisch handelt es sich jedoch um eine Stoa, eine dem öffentlichen Bildungsbau entsprechende Säulenhalle. Die Ostseite des Lustgartens besetz- te der 1816–22 durch Schinkel umgestaltete Dom, der wesentlich kleiner als der heutige, den Maßstab sprengende Neubau der Wilhelmischen Ära war. Die durch Schinkel angestrebte subtile wechselseitige Beziehung von Museum und Dom erweist sich, bei ansonsten ungleicher Baugestalt, in der Wahl der gleichen ionischen Ordnung. Jenseits des Kupfergrabens entstand 1832–36 Schinkels in technischer und ästhetischer Hinsicht richtungsweisende Baua- kademie, ein allseitig fast identisch gestalteter Körper. Fast ein Programmbild dieses urbanistischen Konzeptes ist der berühmte Blick aus dem Treppenhaus des Alten Museums auf die umgebende Stadtlandschaft *(Abb. 75)*, wie ihn ähnlich auch Schinkel selbst in seine *Sammlung architectonischer Entwürfe* auf- genommen hat. Durch den Säulenvorhang hindurch bietet sich ein Ausschnitt der spannungsreichen Komposition architektonischer Monumente, die sich hier vor dem Betrachter entfaltet: Links der Dom, dann das barocke Stadt-

Abb. 75
Carl Daniel Freydanck:
Blick von der Treppe des
Alten Museums auf die
Stadt, vor 1843
(Berlin, Königliche Por-
zellanmanufaktur).

schloss. Halb rechts die Bauakademie und die Werdersche Kirche, in der Ferne die Türme der Kirchen am Gendarmenmarkt. Und schließlich im Westen ganz rechts das Zeughaus.

Die Vorstellung von einem malerisch gruppierten Ensemble monumentaler Einheiten, wie es Schinkel zum Beispiel im Entwurf eines Königspalastes in Orianda auf der Krim geplant hatte, wie es aber im alten Griechenland schon die Athener Akropolis zeigte, bestimmte zunächst auch die weitere Entwicklung des Nordbereichs der Spreeinsel zur Museumsinsel. Nach dem Willen Friedrich Wilhelms IV. sollte hier *eine Freistätte für Kunst und Wissenschaft* entstehen. Den Anfang machte das 1841–59 von Friedrich August Stüler erbaute Neue Museum. 1862–76 folgte die noch von Stüler unter Verwendung einer Idee des Königs entworfene Nationalgalerie, die Johann Heinrich Strack fertig stellte, ein hoher Podiumstempel in dem von Säulenhallen gefassten Hof. Erst die Zeit Kaiser Wilhelms II. sollte das Konzept entschieden modifizieren, als 1897–05 an der Nordspitze der Insel durch den Hofarchitekten Ernst von Ihne das Kaiser-Friedrich-Museum, das heutige Bode-Museum, errichtet wurde. Zweifellos handelt es sich dabei um eines der schönsten Museumsgebäude Berlins und um eine Lösung von hohem städtebaulichen Rang. Doch folgten urbane Kontextualisierung und Bauformen nun in neoabsolutistischer Tendenz barocken Modellen. Auch das jüngste Museumsgebäude, das 1906 von Alfred Messel begonnene und von Ludwig Hoffmann bis zur Einstellung der Arbeiten 1930 fortgeführte Pergamon-Museum, schließt sich in der Gesamtdisposition barocken Typen an. Gleichwohl bietet die Museumsinsel ein stadtlandschaftliches Gefüge selbstständiger Einheiten, das angesichts der zumeist in palastartigen Bauten untergebrachten Museen anderer Hauptstädte einzigartig ist.

München: Vom Englischen Garten zum Ausbau als Kunststadt

München, Residenzstadt der bayerischen Kurfürsten und späteren Könige, besaß als Kern eine mittelalterliche Bürgerstadt. Sie wurde seit der frühen Neuzeit immer mehr durch die herzogliche Residenz dominiert und im Barock von einem Kranz weitläufiger Jagd- und Lustschlösser umgeben. Der erste Schritt in die Moderne erfolgte gegen Ende des 18. Jahrhunderts unter Carl Theodor, dem Pfälzischen Kurfürsten, der 1777 auch die bayerische Kurwürde geerbt hatte. 1789, im Jahr der Französischen Revolution, begann eine Neuordnung der Stadt *(Abb. 76)*, die der Bürgerschaft neue Erholungsgebiete bereitstellte und durch Monumentalbauten für Bildungseinrichtungen geprägt wurde.

Da die Festungswälle 1795 geschleift wurden, konnte der alte Hofgarten zum Landschaftsgarten ausgeweitet werden. Der durch Friedrich Ludwig von Sckell gestaltete Englische Garten hatte primär die Funktion eines alle Stände zusammenführenden Volksparks mit einem Angebot maßvoller Vergnügun-

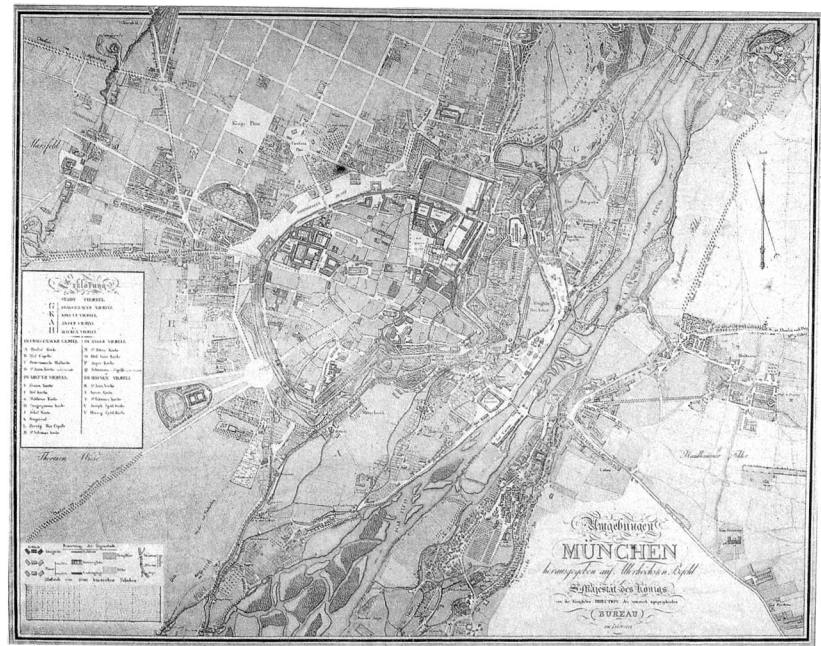

Abb. 76
München, Plan des
Königlich bayerischen
topographischen Bureaus
mit Teilen des Englischen
Gartens (oben rechts), den
Stadterweiterungen und
der Brienner Straße, dem
runden Carolinenplatz
und dem rechteckigen
Königsplatz (oben links).
Kupferstich, 1812.

gen, die erste Anlage dieser Art. Untertanenfreundliche Reformen von oben sollten der Gefahr eines Umsturzes von unten nach französischem Muster entgegenwirken. Die Stadt konnte nach dem Fall der Mauern mit neuen Straßen und Plätzen großzügig über die ehemaligen Grenzen hinausgehen. Im Gegensatz zum eher planlosen oder von Spekulation bestimmten Wuchs der bürgerlichen Wohnquartiere entwickelten die Baumeister des Königs raumgreifende urbanistische Projekte. Schon im Generalplan von Carl von Fischer und Ludwig von Sckell wurde 1812 das gesamte Vorfeld der Altstadt in die Veränderungen einbezogen. Die weitere fürstlich gelenkte Stadtentwicklung vollzog sich entlang großer Straßen: in Richtung Westen die Brienner Straße mit dem Königsplatz, nach Norden die durch Leo von Klenze 1816 begonnene und durch Friedrich von Gärtner vollendete Ludwigstraße, nach Osten die 1853 durch Friedrich Bürklein realisierte Maximilianstraße, die auch das jenseitige Isarufer einbezog, schließlich gegen Ende des 19. Jahrhunderts die Prinzregentenstraße, letztes Beispiel bewusster fürstlicher Lenkung des Städtebaus in Deutschland.

Im Vergleich zu Schinkels Berlin folgten die Münchener Planungen besonders seit Klenze deutlicher dem Modell langer Prachtstraßen mit Plätzen über Kreis-, Quadrat- oder Rechteckgrundriss. Doch betonte die aufgelockerte Bebauung vom Beginn des 19. Jahrhunderts, etwa an der Brienner Straße und am Carolinenplatz, durch villenartige Wohnarchitektur und reichliches Grün den ländlich-vorstädtischen Charakter. Auch die Bildungsbauten der Klenze-Zeit erscheinen als frei stehende Monumente, wenngleich ihre Ausrichtung

Abb. 77
München, Königsplatz.
Blick nach Westen zu den
Propyläen, rechts die
Glyptothek.

ihnen weniger körperliche Autonomie ermöglicht als in Berlin. Der ab 1812 durch Klenze unter nachdrücklicher Anteilnahme des Kronprinzen und späteren Königs Ludwig I. gestaltete Königsplatz *(Abb. 77)* hat durch die Wiederbegrünung von 1988 einen wesentlichen Teil seines ursprünglichen Charakters zurückgewonnen. Die Anlage ist nicht nur ein Dokument von Ludwigs archäologischen Interessen, Sammlungseifer und Kunstförderung. Das Zusammenspiel der hellen Steinbauten mit ihren griechischen Formen auf grünen Wiesen unter blauem Himmel zeigt die Griechenlandsehnsucht des Monarchen, der sogar sein *Baiern* durch ein Y, das griechische I, zu *Bayern* gräzisierte. Von Westen her bieten die durch Klenze erst 1846 begonnenen Propyläen, die das Athener Vorbild mit dem Kastelltypus verbinden, den monumentalen Stadteingang. An der Nordseite erhebt sich die ab 1816 durch Klenze errichtete Glyptothek, Spezialmuseum für die unter Ludwig bedeutend angewachsene Sammlung antiker und klassizistischer Skulptur. Das südliche Gegenüber bildet das 1838 von Georg Friedrich Ziebland errichtete Kunst- und Industrieausstellungsgebäude.

8 Die Großstadt des 19. Jahrhunderts

Von der Antike bis ins 18. Jahrhundert herrschte trotz aller Veränderungen im Bereich der architektonischen und städtebaulichen Gestaltungsmittel, Materialien und Techniken relative Kontinuität. Ein Baumeister aus dem antiken Rom wäre wohl auf einer Baustelle der vorindustriellen Neuzeit, etwa im Paris des Sonnenkönigs, nicht orientierungslos gewesen. Doch die wirtschaftlichen, sozialen und politischen Umwälzungen um und nach 1800 veränderten in wenigen Jahrzehnten die Welt von Grund auf und mit ihr das gesamte Bauwesen. Exemplarisch soll der urbanistische Wandel an drei großen europäischen Hauptstädten und an zwei Metropolen der Neuen Welt verdeutlicht werden.

In Paris, zu Beginn des 19. Jahrhunderts noch eine enge Stadt mit katastrophalen hygienischen Verhältnissen, entwickelten sich Typen moderner Großstadtarchitektur. Ein die Eigentumsrechte einschränkendes gesetzliches Instrumentarium erlaubte in den Händen einer autoritären Regierung und effektiven Administration in den beiden Jahrzehnten nach der Jahrhundertmitte die umfassende Modernisierung der Stadt unter Napoleon III. und dem Präfekten Haussmann. Das neue Paris wurde in den nächsten fünfzig Jahren zum überragenden Vorbild für die Städteplanung – man könnte sagen: Haussmannisierung – in ganz Europa. Etwa zur gleichen Zeit wurde auch Wien endlich entfestet, was die Anlage der prachtvollen Ringstraße mit ihren historistischen Monumentalbauten ermöglichte und die Verbindung von Altstadtkern und Vorstädten. Berlin, größter Industriestandort Deutschlands und seit 1871 Hauptstadt der verspäteten Nation, wuchs bis zum Ersten Weltkrieg zur größten Mietskasernenstadt heran. Die Entwicklung Berlins zeigt besonders deutlich, dass der moderne Städtebau jenseits der Monumentalbauten durch private Produktion der Stadt gekennzeichnet wurde. Nicht mehr die Abbildfunktion von Architektur, sondern die Schaffung der wirtschaftlich effektiven Stadt stand im Mittelpunkt. Sie wurde vor allem durch die Anlage eines leistungsfähigen Straßennetzes und den Ausbau sonstiger Verkehrssysteme erreicht. Mit der privaten Produktion der Stadt wurde die Vorstellung des künstlerischen Ganzen aufgegeben. Die rasant wachsenden nordamerikanischen Städte New York und Chicago breiteten sich mittels immer gleicher Straßengevierte aus. Alle Baugattungen hatten dabei gleichen Rang, faktisch dominieren bis heute jedoch Gebäude der Privatwirtschaft. Gegen Ende des 19. Jahrhunderts entwickelte die Chicago School den neuen Typus des Büro-, Geschäfts- und Wohnhochhauses, mit dem sich die Großstadtarchitektur Nordamerikas von den traditionellen europäischen Modellen entfernte.

Die Stadt im Zeitalter der Industriellen Revolution

Seit dem späten 18. Jahrhundert nahm in Europa der Verstädterungsgrad stetig zu. Die Neuordnung der Gesellschaft in den bürgerlichen Revolutionen, Agrarreform, Gewerbefreiheit und Industrielle Revolution führten zu einem nie dagewesenen Anstieg der Produktion. Die Stadt zog die Menschen in Massen an, als Industriestandort, aber auch als Handelszentrum und Sitz der im Aufbau begriffenen modernen Verwaltungen. Zugleich bewirkte die Verbesserung von Ernährung, Hygiene und medizinischer Versorgung eine Bevölkerungsexplosion.

Die zunehmenden Land-Stadt-Wanderungen hatten in den ersten Jahrzehnten des 19. Jahrhunderts in den britischen Bergbau- und Industrierevieren die starke Vermischung von Wohn- und Gewerbefunktionen bei hohen Wohndichten zur Folge, gerade auch in den Altstadtbereichen vieler historischer Städte. Charakteristisch für die neuen äußeren Wohngebiete englischer Industriestädte oder -gemeinden wurden die Reihenquartiere *(Abb. 78)* in unmittelbarer Nähe der Zechen und Fabriken. Sie waren durch außerordentlich schlechte hygienische und sanitäre Bedingungen gekennzeichnet, größere Freiräume und Grünflächen fehlten. Unter dem Einfluss gesetzlicher sanitärer Bestimmungen setzte sich erst ab den 1870er Jahren eine neue Einfamilien-Reihenhausbauweise mit geringerer Wohndichte durch.

Kritik der Stadt des Industriezeitalters war schon seit der ersten Hälfte des 19. Jahrhunderts meist auch Kultur- und Gesellschaftskritik. Der Architekt und Theoretiker Augustus Welby Northmore Pugin antwortete auf die sich verändernden Städte im England seiner Zeit mit einer Fundamentalkritik der Moderne. Der fortschreitenden Industrialisierung und den sozialen Spannungen stellte er das vom katholischen Glauben geprägte Mittelalter als Epoche

Abb. 78
Preston, Häuserreihen mit mittiger, offener Latrinengrube in einem Außenbezirk der englischen Industriestadt, 1844.

vermeintlicher sozialer Harmonie gegenüber. Zugleich brach Pugin mit den dominierenden klassischen Bauformen. Angesichts ihres antik-heidnischen Hintergrundes seien sie aus religiösen Erwägungen abzulehnen. Allein die gotische Bauweise könne als die wahre christliche der Gesellschaft Werte und Orientierung geben. In seinen 1836 veröffentlichten *Contrasts* stellte Pugin eine fiktive *Katholische Stadt* des Jahres 1440 ihrem Zustand von 1840 gegenüber *(Abb. 79)*. Die mittelalterliche Stadt bietet, von Kirchen beherrscht, eine homogene Erscheinung. Sie ist durch Wehranlagen klar vom Umland abgegrenzt, wo neben Klöstern und Kirchen nur bescheidene Häuschen an der Landstraße zu erkennen sind. Die frühindustrialisierte Stadt hingegen präsentiert sich als hässliche Mixtur gegensätzlicher Bautypen und -stile. Die Kirchen, inzwischen Gotteshäuser verschiedener Konfessionen, haben ihren Vorrang eingebüßt und sind durch klassizistische

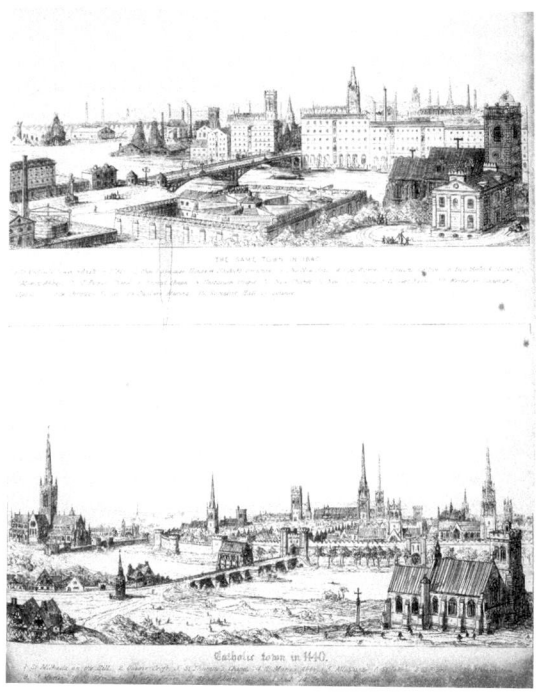

Abb. 79
Augustus Welby Northmore Pugin: Ansicht einer Stadt 1840 und 1440 (Pugin, Contrasts, 1836).

Umbauten entstellt. Fabrikschlote dominieren die Stadtsilhouette. Reine Zweckbauten ohne Anspruch auf Gestaltung säumen das Ufer des Flusses, über den eine Eisenbrücke führt. Die Industriestadt wuchert mit Fabrikanlagen und Arbeitersiedlungen über das Umland. Als Symptom der neuen Zeit nimmt nicht nur ein Gaswerk den Vordergrund ein, auch ein nach neuesten Erkenntnissen angelegtes Gefängnis steht für den desolaten Zustand der Gesellschaft im Industriezeitalter. Pugins Vorstellungen beeinflussten nicht nur die Reformideen John Ruskins und William Morris'. Falsch-Richtig-Bilder begleiteten die Kulturkritik über traditionalistische Positionen der ersten Hälfte des 20. Jahrhunderts bis zum *New Urbanism* der Gegenwart.

Paris von der Französischen Revolution bis zur Mitte des 19. Jahrhunderts

Am Vorabend der Revolution erhielt Paris noch einmal einen Mauergürtel, nicht zur Befestigung, sondern als Zollgrenze, an der durch die Fermiers Généraux im Namen des Königs Verbrauchssteuern erhoben wurden. Die Wach- und Zollhäuser an den Stadteingängen entwarf Claude-Nicolas Ledoux. Die Zollmauer trug zwar der überkommenen Stadtgestalt Rechnung, indem sie konzentrisch zu den alten Boulevards die Vorstädte einbezog. Sie wurde aber als eine die Defizite des Staates offen legende Zwangsmaßnahme verstanden. Bald lief das Wortspiel um: *Le mur murant Paris rend Paris murmurant.* (Die Mauer, die Paris ummauert, reizt Paris zum Murren.)

Abb. 80
Paris, Rue de Rivoli. An-
sicht nach Osten.
Foto Ende 19. Jh.

Die Französische Revolution selbst hatte allenfalls mittelbare Folgen für die Stadtgestalt: Der *Plan des Artistes de la Révolution* fasste 1793 verschiedene städtebauliche Vorhaben zusammen, die zum Teil noch auf die Monarchie zurückgingen, insbesondere Vorschläge für die Systematisierung des Verkehrsnetzes mit neuen Plätzen und breiten Straßenzügen durch die Altstadt. Er bildete damit eine Grundlage für die späteren Planungen. Durch Enteignung von Kirchen- und Adelsbesitz schuf die Revolution zugleich Areale für die Neubebauung.

Anfang des 19. Jahrhunderts bestand noch immer keine innerstädtische Verbindung zwischen den Hauptausfallstraßen nach Westen und Osten. Napoleon griff einen Gedanken der Revolutionskünstler auf, als er ab 1801 nördlich von Tuilerien und Louvre die schnurgerade Rue de Rivoli *(Abb. 80)* anlegen ließ, deren Verbindung mit der Rue Saint-Antoine allerdings in der Altstadt ins Stocken geriet. Charles Percier und Pierre-Léonard Fontaine entwarfen für die Häuser der Nordseite einheitliche Fassaden, auf die jeder Bauherr verpflichtet wurde. Die Bauformen standen durchaus in der Pariser Tradition, neu war jedoch die ins Unendliche gehende Wiederholung immer gleicher Vertikalachsen. Im Sinne der Kunsttheorie der Zeit wurde damit eine erhabene Wirkung angestrebt. Worin bestehen aber die Analogien zur gesellschaftlichen und politischen Ordnung der Napoleonischen Ära? Nach dem Ende des Absolutismus hatte die Revolution die Gleichheit aller Bürger verkündet. Napoleon bewahrte diese Errungenschaften, konzentrierte aber die Macht in seiner Person. Die Rue de Rivoli versinnbildlicht in der großen Geste der einheitlich gestalteten, endlosen Straße den Zugriff des neuen starken Mannes. Zugleich führt die unhierarchische Folge gleicher Fensterachsen ein Gleichheitsprinzip vor Augen, das die Gleichheit des Einzelnen als Bürger wie als Untertan umfasst.

Ein ähnlich autoritärer Zugriff wird am Funktionswandel der Place Vendôme deutlich. Der Platz verlor den Charakter des Binnenraumes und wurde mittels Straßendurchbrüchen an Hauptverkehrsadern angeschlossen, im Süden über die Rue de Castiglione an die Rue de Rivoli, im Norden über die Rue de la Paix an die Grands Boulevards. Anstelle des in der Revolution gestürzten Denkmals dominiert die riesige Triumphsäule, die Napoleon und seine Taten verherrlicht, nun das gesamte Stadtviertel, in welchem man andauernd durch die Namen der Straßen und Plätze auf die militärischen Leistungen des Kaisers und seiner Armee hingewiesen wird.

Um 1800 bildete sich in Paris mit der Passage *(Abb. 81)* ein neuer urbaner Bautypus heraus. Passagen stellten als glasüberdachte, von Ladenlokalen gesäumte Verkehrswege auf privatem Gelände halböffentlichen Raum bereit. Vor der Witterung geschützt und durch Gaslicht künstlich beleuchtet, besaßen sie den Komfort von Innenräumen und wurden zu modischen Orten öffentlicher Kommunikation. Walter Benjamin hat in seinem Passagenwerk gezeigt, wie besonders in der Passage der Großstadttyp des Flaneurs neben den zielstrebigen Passanten tritt. Modebewusste Müßiggänger sollen hier sogar demonstrativ Schildkröten statt Hunden an der Leine spazieren geführt haben. Der schlechte Zustand der verkehrsreichen Straßen, die teilweise noch kein Trottoir besaßen, begünstigte den Passagenboom ebenso wie das Bedürfnis,

Abb. 81
*Paris, Passage des
Panoramas, Guasch, 1807
(Paris, Musée Carnavalet).*

Luxusprodukte an einem ansprechenden, störungsfreien Ort anzubieten. Die durch die Revolution gewandelten Besitzverhältnisse erlaubten es, zwei annähernd gleich frequentierte Straßen durch den Häuserblock hindurch zu verbinden. Prototyp der Passagen waren die Galeries de Bois, mit denen die nach 1780 entstandenen Ladenarkaden des Palais Royal 1786–88 um einen vierten Arm ergänzt wurden, noch in anspruchsloser Holzbauweise, aber mit großzügiger Verglasung der Auslagen und des Obergadens. Die Läden, Spielsalons, Bordelle, Restaurants und Clubtreffs waren auf dem privaten Grund des Herzogs von Orléans dem Zugriff der Polizei entzogen und bildeten im Vorfeld der Revolution einen Umschlagplatz subversiver Ideen. Die große Zeit der Pariser Passagen war jedoch die erste Hälfte des 19. Jahrhunderts mit den mehrheitlich im nordwestlichen Geschäftsviertel zwischen Palais-Royal und Grand Boulevards sowie darüber hinaus nach Norden situierten Passagen. Am Anfang stand 1799 der Passage du Caire, dessen Name auf Napoleons Ägyptenfeldzug

zurückgeht. Ein Jahr später begann man den Passage des Panoramas, der von der angegliederten Attraktion großer Panoramen profitierte. Jenseits des Boulevard Montmartre setzten nach 1845 die Passagen Jouffroy und Verdeau das Gangsystem fort. In den Dachkonstruktionen der Passagen kam Eisen zum Einsatz, auch wurden die Innenräume mehr und mehr als architektonische Einheit gestaltet. Über den Ladenlokalen befanden sich Halb- und Vollgeschosse für Werkstätten, Lager und Wohnräume. Es wurden gleichsam zwei untere Zonen des traditionellen Stadthauses gegeneinander gestellt und mit einem transparenten Witterungsschutz versehen.

Um die Jahrhundertmitte lösten große Kaufhäuser allmählich die Passagen als Organisationsform des Detailhandels ab. Der Bautypus erlebte in Frankreich einen gesellschaftlichen Abstieg, während er im Ausland weiterentwickelt wurde bis zur haushohen Galleria Vittorio Emanuele in Mailand (1867), der Galleria Umberto I. in Neapel (1891) oder den Berliner Friedrichstadtpassagen (1908). Die klassische Passage hat – auch unter Mitwirkung der Baugeschichte – seit den 1970er Jahren eine erstaunliche Renaissance erlebt. Hingegen ist ihre moderne Verwandte, die Shopping Mall, einseitig auf Kommerz reduziert, meist ohne urbanen Kontext und immer mehr auch Mittel sozialer Ausgrenzung.

Die Neuordnung von Paris unter Napoleon III. und Baron Haussmann

Unter dem II. Kaiserreich wurde Paris durch Baron Haussmann zur modernen Großstadt umgestaltet. Das Gesamtkonzept und die Lösungen verschiedener Bauaufgaben waren vorbildlich für Europa und machten Paris zur *Hauptstadt des 19. Jahrhunderts* (Walter Benjamin). Die Maßnahmen dienten zwar den Kapitalinteressen und damit der Sicherung und dem Ausbau der bürgerlichen Gesellschaft, aber auch der öffentlichen Wohlfahrt. Paris war durch die Bevölkerungsexplosion seit dem späten 18. Jahrhundert und durch andauernden Zuzug von Menschen aus der Provinz hoffnungslos übervölkert. Die Choleraepidemien von 1832 und 1849 hatten die Missstände, vor allem in den Quartieren der unteren Schichten, unmittelbar deutlich gemacht. Hinzu kam das Verkehrsproblem: Die Industrielle Revolution und der Ausbau der Verwaltung hatten den innerstädtischen Massenverkehr verstärkt. Dem zentralistischen Charakter des französischen Staates entsprechend laufen die Fernstraßen auf Paris zu, ebenso die Eisenbahnlinien, die zwischen dem ehemaligen Zollring und den inneren Boulevards in Kopfbahnhöfen enden. Weder Fernstraßen noch Bahnhöfe waren miteinander verknüpft. Es gab noch immer keine durchgehende Ostwestachse, aber auch keine breite Nordsüdverbindung, vor allem wegen der dicht bebauten Seine-Insel. Nicht zuletzt innenpolitische Gründe sprachen für die Neuordnung von Grund auf. Neben den Revolutionen von 1789, 1830 und 1848 hatten zahlreiche kleinere Revolten deutlich gemacht, dass eine Stadt mit verwinkelten Straßen, Sackgassen, Hofdurchgängen und übermäßig verdichteter Bebauung sich hervorragend zum Barrikadenkampf eignet und für Ordnungskräfte unkontrollierbar ist.

Napoleon III. hatte in London die technischen Neuerungen einer modernen Großstadt kennen gelernt. In George-Eugène Haussmann fand er eine Person, die den Umbau von Paris mit der gewünschten Rigorosität durchsetzen konnte. Haussmann wurde 1853 Präfekt des Départements Seine und damit faktisch Stadtherr von Paris. Um sich scharte er einen fähigen Stab aus Architekten, Ingenieuren, Stadtplanern, Gartenkünstlern und Verwaltungsfachleuten. Die Gesetzeslage erlaubte die Einschränkung des Privateigentums zugunsten *übergeordneter Maßnahmen.* In den wenigen Jahren bis zu seinem Sturz 1870 konnte Haussmann alle wichtigen Projekte einleiten. Die Realisierung der Maßnahmen zog sich zum Teil bis in die 1920er Jahre hin, ihre Nachwirkung dauert bis heute an.

Die Neuordnung *(Abb. 82)* knüpfte an das barocke Boulevard-, Achsen- und Platzsystem an. Eine Ringeisenbahn verband die Kopfbahnhöfe. Die Ostwestachse wurde mit der Weiterführung der Rue de Rivoli vollendet und durch Ausbau der Seinequais entlastet, eine Nordsüdachse mit dem Boulevard Saint-Michel auf dem Südufer und den Boulevards de Sébastopol und de Strasbourg auf der Nordseite neu geschaffen. Die Ile de la Cité bildete nicht länger ein Hindernis, da ihre kleinteilige Bausubstanz zu Dreivierteln abgerissen und durch großzügige öffentliche Bauten, Straßen und Plätze ersetzt wurde. So entstand ein Achsenkreuz, um dessen Schnittpunkt sich konzentrische Ringe legen. Die nördlichen Grands Boulevards Ludwigs XIV. erhielten mit dem Boulevard Saint-Germain ein Gegenstück auf dem Südufer. Ein äußerer Boulevardring folgte der Zollgrenze des späten 18. Jahrhunderts Innerer und äußerer Ring und ihre Schnittstellen mit dem Achsenkreuz wurden durch Tangentialstraßen verbunden, so dass sich eine Vielzahl von Platzanlagen mit strahlenförmig einmündenden Straßen ergab. In der Nähe dieser Plätze liegen, stra-

Abb. 82
Paris, hauptsächliche Straßendurchbrüche der Haussmann-Planung (nach Des Cars und Pinon 1991).

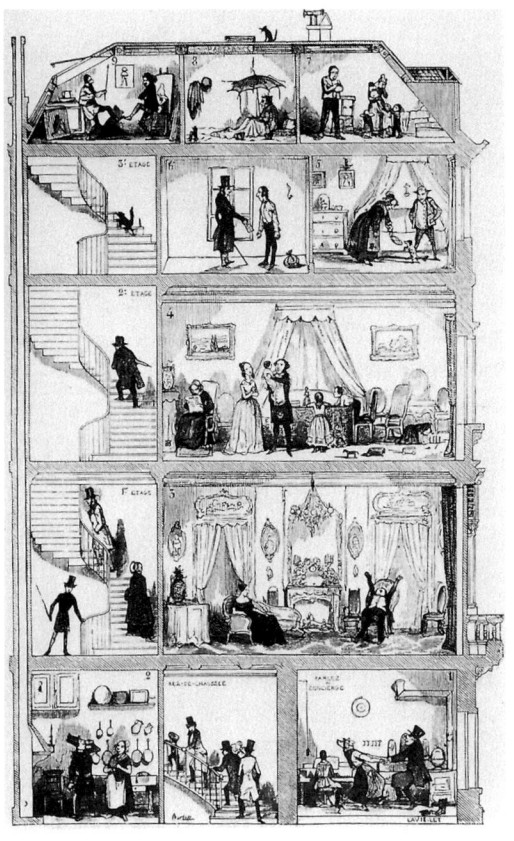

*Abb. 83
Fünf Geschosse eines Pariser Wohnhauses. Karikatur von Texier, 1852.*

tegisch günstig, die neu erbauten Kasernen zur Unterdrückung innerer Wirren; sie konzentrierten sich besonders auf die Arbeiterviertel des Ostens. Doch ist diese militärische Funktion der Straßenzüge eher die bonapartistische Ergänzung zu einem für den kommerziellen Verkehr bestimmten Straßensystem. Öffentliche Grünanlagen – darunter die großen Parks Bois de Boulogne im Westen und Bois de Vincennes im Osten, aber auch kleinere Squares nach Londoner Vorbild – verbesserten das Klima und dienten der Erholung. Im Herzen der Stadt, wo auch zuvor die Markthallen lagen, entstanden ab 1855 auf einer Fläche von neun Hektar die Halles Centrales nach dem Projekt Victor Baltards, ein serielles System leichter Pavillons aus Eisen und Glas mit überdachten Straßen. Ihr Trinkwasser bezogen die Pariser nun aus neuen Fernleitungen. Das leistungsfähige Kanalnetz von 570 Kilometern Länge, welches das oberirdische Straßensystem unter der Erde wiederholte, entsorgte die Abwässer.

Die Haussmannsche Stadtarchitektur gilt heute wieder als Beispiel gelungener Funktionsmischung von Wohnen, Gewerbe, Freizeit und Verkehr. Auch bot die Wohnstruktur unterschiedlichen gesellschaftlichen Schichten Raum, wenngleich die proletarische Bevölkerung teilweise durch elegante Neubauten verdrängt wurde und sich die Viertel der Superreichen im Westen von den armen Quartieren des Ostens deutlich unterschieden. Doch zeigen uns Karikaturen der Zeit das Pariser Haus *(Abb. 83)* in der Nutzung durch verschiedene Bevölkerungsgruppen: Im Erdgeschoss die Concierge-Wohnung, wo man es sich bei Musik und Tanz gutgehen lässt. Darüber im ersten Obergeschoss ein großbürgerlicher Salon im modischen Neorokoko. Ein bescheidener Wohlstand findet sich auch noch bei der kinderreichen Bürgerfamilie darüber. Im dritten Obergeschoss geht es weit ärmlicher zu, während unter dem Dach mittellose Künstler und eine arme Proletarierfamilie hausen.

Die verkehrstechnische Aufgabe der Haussmannschen Planungen zeigt sich besonders an der Ausrichtung des Straßensystems auf die Kopfbahnhöfe. Die Anbindung des Schienennetzes an den innerstädtischen Verkehr führte zu brutalen Einschnitten in das alte Paris. So hat der erste unter Haussmann entstandene Straßenzug, der Boulevard de Strasbourg, nicht nur den Bahnhof, die Gare de l'Est, als Ausgangs- bzw. Zielpunkt, sondern ist gleichsam dessen lineare An- und Abfahrtsschneise in die Innenstadt. Die Förderung der Geschäfte der Großbourgeoisie durch ein effektives Straßensystem erweist sich an der Verdichtung der Verkehrswege im Bereich zwischen Madeleine-Kirche, Oper und Gare Saint-Lazare. Gerade hier häufen sich bis heute Läden des gehobenen Bedarfs und elegante Kaufhäuser.

Zunehmend drangen die Werkstoffe Glas und Eisen in die Architektur ein. Bereits seit dem 18. Jahrhundert hatten sich die Berufsbilder von Architekt und Ingenieur auseinander entwickelt, im 19. Jahrhundert waren nicht nur Ausbildung und Qualifikation unterschiedlich, man suchte auch die Zuordnung nach Bauaufgaben zu unterscheiden. So hatten Ingenieure bei technischen Funktionsbauten wie Brücken den Vorrang, Architekten hingegen bei herkömmlichen Aufgaben wie Kirchen oder Stadtpalais. Avancierte Technik und öffentliche Repräsentation in einer Baugestalt und Formensprache zu vereinen, war hingegen schwer. Bei Bahnhöfen unterschied man die Überdachung der Gleise als technische Zone vom repräsentativen Empfangsbereich. Auch die Kaufhäuser zeigten historistische oder eklektizistische Fassaden. Bei großen Ausstellungshallen – Paris war Schauplatz der Weltausstellungen der zweiten Hälfte des 19. Jahrhunderts – versuchte man zunehmend, die kühnen Ingenieurleistungen hinter konventionellen Außenfronten zu bändigen.

Wenn Haussmanns Stadtumbau auch überkommene Substanz großflächig opferte, so folgte seine Neuordnung doch der inneren Logik des Pariser Stadtbildes und den urbanistischen Maßnahmen der voraufgegangenen Regierungen. Auch in der Bebauung blieb die Tradition zumindest dadurch respektiert, dass für alle neuen Straßen und Plätze jeweils einheitliche Geschosshöhen,

Abb. 84
Paris, Place de l'Etoile
und Arc de Triomphe.

eine allgemeine *Ordonnance* und Fassaden in klassischen Formen verbindlich waren. Zusammen mit der Einheit der Materialien wurde so die noch heute beeindruckende Geschlossenheit des Pariser Stadtbildes gewährleistet.

Man hat, was Geometrie, große Achsen, Symmetrie und Points de vue als Merkmale der Haussmann-Planung angeht, zu Recht im Städtebau des 17. und 18. Jahrhunderts das Vorbild gesehen. Die Übereinstimmungen sind augenfällig, aber auch die Unterschiede: Während im Barock das Wegesystem eine Konsequenz des Monumentes darstellt, ist im Paris des 19. Jahrhunderts das Monument oftmals eine Konsequenz des in erster Linie verkehrstechnisch bestimmten Wegesystems. Dies zeigt sich beim Umgang mit vorhandenen Monumenten, etwa bei der Gestaltung der Place de l'Etoile *(Abb. 84)* ab 1854 durch Jacques-Ignace Hittorff. Übermäßig breite Prachtstraßen, teilweise mit mehreren Baumreihen, führen auf den großen Triumphbogen zu. Er steht auf einer ausgedehnten Freifläche, die ohne markante Binnengliederung ebenfalls von Bäumen eingefasst ist. Selbst die an einer Ringstraße platzierten Hôtels rahmen das Rund nicht etwa mit ihren Hauptfassaden, sondern gehen mit den Gärten auf den Bogen hinaus.

Abb. 85
Paris, Avenue de l'Opéra.
Blick nach Norden auf die
Fassade der Oper.

Historische und moderne Monumente dienten vergleichsweise beliebig als formale Bezugspunkte. Deutlich zeigt dies der 1860 von Baltard entworfene Kuppelbau der Kirche Saint-Augustin, die auf ungünstig geschnittenem Grundstück dem Blick am Ende des langen, von der Madeleine nach Nordwesten führenden Boulevard Malesherbes Halt gibt. Auch das prominenteste Bauwerk des Zweiten Kaiserreiches, die von Charles Garnier 1861–85 errichtete Grand Opéra *(Abb. 85)*, ist das Ziel der breiten Avenue de l'Opéra. Während das Barock ein hierarchisches, zentriertes, auf das einzelne Monument ausgerichtetes System anstrebt, ist Haussmanns Paris polyfokal, mit mehreren, in etwa gleichrangigen Zentren. Eben dies kam den kommerziellen Funktionen der Stadt und ihrer militärischen Sicherung entgegen.

Der Abriss der Wiener Stadtbefestigung und die Anlage der Ringstraße

Im Urbanismus des 19. Jahrhunderts stellt Wien wegen andersartiger Voraussetzungen, Ziele und Methoden ein prominentes Gegenbeispiel zu Haussmanns Paris dar. Um die Mitte des 19. Jahrhunderts war Wien noch immer von einer Stadtbefestigung umschlossen, deren Umfang bereits mit der Ringmauer des 13. Jahrhunderts erreicht worden war. Zwischen der ersten Türkenbelagerung 1529 und der letzten 1683 hatte man die Festungsanlagen immer mehr verstärkt und modernisiert. Entsprechend verbreiterte sich das Glacis, das freie Schussfeld, auf zuletzt 450 Meter.

Die Raumnot in der Stadt hatte dazu geführt, dass die Gebäude in die Höhe wuchsen. Schon das barocke Wien mit seinen engen Gassen kannte siebengeschossige Häuser, wovon Reisende erstaunt berichteten. Eine großzügige, einheitlich gestaltete Kaiserresidenz innerhalb der Mauern zu bauen, war unmöglich, die Hofburg bildete trotz teilweise bedeutender Architektur ein gedrängtes Ensemble unterschiedlicher Trakte. Gleichwohl suchte der Adel, seine Stadtpalais in die Nähe der Hofhaltung zu bringen. Die Vorstädte waren aus Sicherheitsgründen beim Nahen des osmanischen Heeres niedergelegt worden. Sie blühten nach dem Ende der Türkengefahr auf, als Wien von der Grenzlage in die Mitte des Territoriums gelangte. Zahlreiche Landsitze, Gartenpalais und das kaiserliche Landschloss Schönbrunn entstanden vor der Stadt. In den nächsten 170 Jahren bildete sich ein dichtes bauliches Geflecht vor der Stadtbefestigung. Joseph II. suchte die Raumnot zu lindern, indem er die Gärten der aufgehobenen Klöster für Manufaktur- und Wohnbauten bereitstellte. Namen wie Melkerhof oder Klosterneuburger Hof zeigen an, dass hier im ausgehenden 18. Jahrhundert Mietshäuser auf ehemaligem Klosterbesitz errichtet wurden.

Schon im 18. Jahrhundert war die Niederlegung der Bastionen erwogen worden, und auch Napoleon hatte dies nach der Eroberung Wiens befohlen. Doch Vorbehalte der Militärs verhinderten die Aufgabe der Festung. Erst, als die Wohnbauten der Bürgerschaft und die Produktionsstätten immer mehr in die Vorstädte ausweichen mussten und ab 1836 das Eisenbahnnetz mit seinen von Wien ausgehenden Linien entstand, war die durchgreifende Modernisierung nicht länger aufzuschieben. Am 25. Dezember 1857 veröffentlichte die *Wiener Zeitung* auf ihrer ersten Seite einen Erlass Kaiser Franz Josephs I.: »Es ist mein Wille, dass die Erweiterung der inneren Stadt Wien mit Rücksicht auf eine Verbindung derselben mit den Vorstädten ehemöglichst in Angriff genommen und hierbei auch auf die Regulierung und Verschönerung meiner Residenz- und Reichshauptstadt Bedacht genommen werde.«

Wegen der Breite der ehemaligen Festungsanlagen ergab sich beiderseits der 1858–88 angelegten Ringstraße *(Abb. 86 und 87)* ein weites Planungsareal. Der Nachholbedarf löste einen Bauboom aus, der zum Zuzug von Spekulanten und Architekten aus ganz Europa führte. 1873 zeigte sich Wien mit einer

Weltausstellung, deren Gelände größer war als das aller voraufgehenden zusammen, als expandierende, wirtschaftsliberale Metropole, die in kürzester Zeit den Wandel von der Festung zur modernen Großstadt vollzogen hatte. Eine Woche nach Eröffnung der Weltausstellung allerdings brach die aktiengestützte Euphorie zusammen.

An der Ringstraße konnten sich die neuen Monumentalbauten frei stehend auf Plätzen und in Gartenanlagen entfalten. Es ergaben sich durch unterschiedliche Bestimmungen geprägte Abschnitte mit Gebäuden für Kultur und Bildung, Geldwesen und Handel, Politik und Verwaltung, dazu Wohnpalais und herrschaftliche Mietshäuser. Die vornehmen Wohnviertel boten wechselnde Eindrücke, da Geschoss- und Traufhöhen nicht vereinheitlicht waren. Schon vor dem Ringstraßen-Erlass war am Donaukanal, an den Enden der künftigen Prachtstraße, je eine Kaserne errichtet worden. Nach den Erfahrungen der Revolution von 1848 dienten sie zusammen mit dem Arsenal in der Nähe des Südbahnhofs nicht mehr der Abwehr äußerer Angriffe, sondern sollten Erhebungen im Innern unterdrücken.

Während bis dahin in Wien ein sparsamer Spätklassizismus dominierte, bedienten sich die Prachtbauten der Ringstraße historischer Stile und zeigten durch ihre Stilwahl die Bauaufgabe an. Die Ringstraße gilt daher als Hauptbeispiel der Monumentalarchitektur des Historismus, der über die historischen Stile als Muster zur Lösung unterschiedlicher Bauaufgaben eine neue Konvention zu etablieren suchte. An der Ringstraße zeigt dementsprechend

Abb. 86
Wien, Stadtpanorama
nach der Anlage der Ring-
straße, um 1873. Zeich-
nung von Gustav Feith
(Wien, Historisches
Museum der Stadt Wien).

Abb. 87
Wien, Modell der Innen-
stadt von Erwin Pendl.
Vorne Rathaus (links) und
Parlament (rechts), in der
Mitte das Burgtheater,
hinten rechts die Hofburg
(Wien, Historisches
Museum der Stadt Wien).

das Parlamentsgebäude (Theophil Hansen, 1874–83) Tempelformen aus Griechenland als dem Mutterland der europäischen Staatsvorstellungen. Die Votivkirche (Heinrich Ferstel, 1856–79) greift die französische Kathedralgotik als exemplarische Sakralarchitektur auf, das Rathaus (Friedrich von Schmidt, 1872–83) die Vorgänger der flandrischen Spätgotik. Für Bank und Börse (Ferstel, 1856–60) ist die toskanische Frührenaissance zuständig, die Universität (Ferstel, 1873–84) hingegen deutet humanistische Ideale durch reife Renaissanceformen an. Das Hofoperntheater, die heutige Staatsoper (August Sicard von Sicardsburg und Eduard van der Nüll, 1861–69) stieß wegen stilistischer Unentschiedenheit folgerichtig auf vehemente Kritik. Die Hofmuseen (Karl von Hasenauer, 1871–91) präsentieren sich im gemessenen Barock des höfischen Absolutismus, ebenso wie die Neue Hofburg (Gottfried Semper, Hasenauer u. a., ab 1881), deren Bau 1913 unvollendet liegen blieb und das Ende einer Epoche markiert.

Camillo Sitte und die Kritik der Ringstraße

Schon als die Ringstraße ihrer Vollendung entgegenging, wurde ihr architektonisches Konzept durch gegenläufige Tendenzen bekämpft. Die Aufbrechung des urbanen Raumes, die überdimensionierten Prachtstraßen und die Freistellung der Monumentalbauten in der Stadt des 19. Jahrhunderts beanstandete Camillo Sitte *(Abb. 88)* in seinem 1889 in Wien veröffentlichten Buch *Der Städtebau nach seinen künstlerischen Grundsätzen.* Die mehrfach aufgelegte und in Übersetzungen weltweit verbreitete Schrift lenkte den Blick auf die Schönheit vorindustrieller Städte mit ausgewogen komponierten Straßen-

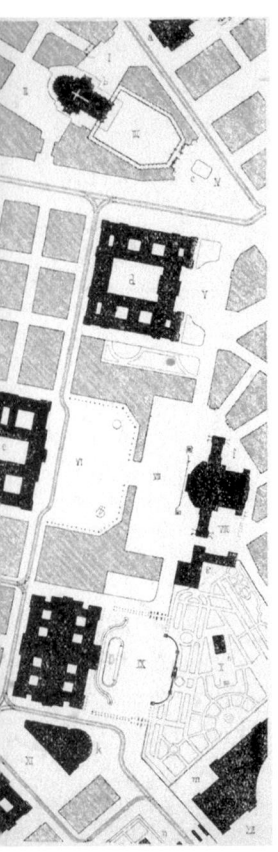

und Platzräumen, einheitlichem Maßstab und organischer Wechselbeziehung der Gebäude. An alten Städten schätzte Sitte *Harmonie* und *sinnberückende Wirkung,* in den neuen hingegen konstatierte er *Zerfahrenheit* und *Langweiligkeit.* Die gestalterische Qualität der Stadt sei hinter der rein technischen Bewältigung der Probleme zurückgetreten. Straßenführungen, die an die Trassierung einer Eisenbahn erinnerten, hätten in der Stadt nichts zu suchen. Sittes Analysen und Postulate beruhten auf einer wahrnehmungspsychologischen Einfühlungsästhetik, die historische Rahmenbedingungen völlig ignorierte.

Sittes *Regulierungsprojekt* verlangte die teilweise Unterbrechung der breiten Ringstraße durch neue Straßengevierte mit kleinmaßstäblicher Bebauung. Dadurch würde ein Übergangsbereich zwischen der Altstadt und den Erweiterungen am Stadtrand geschaffen. Die öffentlichen Gebäude sollten nicht frei stehen, sondern nur durch großzügige Vorplätze ausgezeichnet und durch Platzgruppen miteinander verknüpft werden.

Um die Wende zum 20. Jahrhundert kritisierten Otto Wagner und Joseph Maria Olbrich den Gigantismus und Eklektizismus des Wiener Baugeschehens. Expressionismus und Neue Sachlichkeit konnten in der Ringstraßenarchitektur nur das völlige Gegenbild der eigenen Bestrebungen erkennen. Das Urteil änderte sich in den späten 1960er und 1970er Jahren. Mit der Wiederentdeckung der ästhetischen Qualitäten der Architektur und Stadt des 19. Jahrhunderts begann auch eine erneute Auseinandersetzung mit der Wiener Ringstraße. Die Kunstgeschichte trug dazu durch exemplarische Studien über Architektur und Städtebau des Wiener Historismus bei.

Berlin: Reichshauptstadt und größte Mietskasernenstadt der Welt

Das Wachstum Berlins verlief bis ins erste Drittel des 19. Jahrhunderts bei großer Verdichtung noch weitgehend innerhalb der alten Zollmauer. Doch dann zog die preußische Hauptstadt, vor allem aufgrund der Industrialisierung, immer mehr Menschen an. Um weiterhin eine geordnete Stadtentwicklung zu gewährleisten, wurde der Ingenieur James Hobrecht mit einem Stadterweiterungsplan *(Abb. 89)* beauftragt, der 1862 für Berlin und Charlottenburg in Kraft trat. Hobrecht bediente sich, ähnlich wie Haussmann in Paris, ringförmig geführter Hauptstraßen und diagonaler Verbindungen. Doch sind die Berliner Planungen ansonsten kaum mit Haussmanns umfassendem Neuordnungsstreben und strengem administrativen Zugriff zu vergleichen. In Berlin wurden die Modelle barocker Straßenführungen und Platzgrundrisse eher als bewährte Formeln, denn als historisch und funktional legitimierte Gliederungselemente über die Erschließungsgebiete ausgebreitet: Quadratraster, Fächer, Sterne, Recht- und Achtecke. Parks und andere Grünflächen fehlten weitgehend, allerdings erlaubten die breiten Straßen die spätere Bepflanzung mit Baumreihen.

Die Gründung des deutschen Kaiserreichs 1871 beschleunigte den Bauboom.

Berlin wurde nicht nur Reichshauptstadt, sondern auch Verwaltungszentrum und wichtigste Industriestadt Deutschlands. Innerhalb von drei Jahrzehnten verdreifachte sich die Bevölkerung auf über 2,7 Millionen. Menschen zu Beginn des 20. Jahrhunderts. Da nach der 1851 verabschiedeten Kommunalverfassung 51 % der Stadtverordneten Haus- und Grundbesitzer sein mussten, wurde die Spekulation enorm begünstigt. Mietskasernenviertel legten sich gürtelartig um die Stadt und begründeten den Ruf des *steinernen Berlin* (Hegemann). Die Baublöcke wurden besonders in den Arbeitervierteln des Nordens, Ostens und Südostens – Friedrichshain, Lichtenberg, Wedding und Kreuzberg – bis zur Sättigungsgrenze verdichtet. Nicht nur die Blockränder waren bebaut, sondern hinter dem aufwändig dekorierten Haupthaus mit hochwertigen Wohnungen folgten enge Hinterhöfe *(Abb. 90)* mit Quergebäuden und Seitenflügeln. Dort hausten in beengten Wohnungen oft mehrere Familien, die zudem Untermieter und Schlafburschen aufnahmen.

Während bis um die Jahrhundertmitte Verwaltungsbauten im Spätklassizismus der Schinkel-Schule gehalten waren, drückten nun palastartige Gebäude im Stil der italienischen Renaissance den gewandelten Repräsentationsanspruch aus. Blockhaftigkeit, wuchtige Natursteinquader, plastisch durchgebildete Wände und ausladende Kranzgesimse gaben Bauten für Staat und Pri-

Abb. 89
Berlin, Stadterweiterungs-plan von James Hobrecht, 1859–62.

Abb. 90
Berlin, Meyer's Hof. Blick
von der Straße durch das
Vorderhaus in die sechs
Höfe. Foto um 1930.

vatwirtschaft den Eindruck von Macht und Solidität. Die Adaption barocker Vorbilder mit schlossartigen Fassaden und ausgeprägter hierarchischer Staffelung der Bauteile konnte eine weitere Steigerung bringen. So etwa an Paul Wallots Reichstagsgebäude (1884–95), das allerdings dem Besucher mit einer einladenden Portikus entgegenkommt und mit der verglasten Eisenkonstruktion der Kuppel neue Gestaltungsmittel aufgriff. Ganz neue Wege wurden bei den von herkömmlichen Repräsentationskonventionen freieren Bauaufgaben der Wirtschaft beschritten. Alfred Messel gab im ersten Bauabschnitt seines Kaufhauses Wertheim an der Leipziger Straße (1896/97) die traditionelle Lochfassade auf und spannte weite Glasflächen in voller Höhe zwischen die schlanken Pfeiler. War Industriearchitektur noch bis zum Jahrhundertende historistisch dekoriert, so entwickelten die abstrakt-monumentalen Bauten, die Peter Behrens, beginnend mit der Turbinenhalle (1908/09) in Moabit, für die AEG entwarf, zum ersten Mal so etwas wie architektonische Corporate identity. Der Selbstdarstellung des modernen Staates und seiner Wirtschaft standen unter Wilhelm II. Demonstrationen neoabsolutistischer Tendenzen gegenüber: Der neobarocke Berliner Dom (1894–1905) von Julius Raschdorff gab sich als eine Art protestantische Reichskathedrale zu erkennen, die den großen Kuppelkirchen der alten Hauptstädte ebenbürtig sein wollte. In den Bauten des Hofes wurde ein ansprechender, auf Typen und Formen preußischer Königsschlösser des 18. Jahrhunderts verweisender Stil gepflegt.

Die Kritik an den unhaltbaren Wohnzuständen führte 1892 zur *Baupolizeiordnung für die Vororte Berlins,* die das Wachstum regulieren sollte. 1907 wurde der *Wettbewerb Groß-Berlin* für eine künftige Neuordnung des nun fast 3,5 Millionen. Bewohner fassenden Stadtgebietes ausgeschrieben. Die Ergebnisse, eine Kampfansage an die Mietskaserne, wurden 1910 in der *Allgemeinen Städtebauausstellung* gezeigt. Genossenschaftliche Organisationen, aber auch private Wohnungsbaugesellschaften, realisierten Reformmodelle des großstädtischen Mietshauses. Sie hielten zwar grundsätzlich an der ortstypischen Blockstruktur fest, lockerten aber die Blöcke durch Unterteilung, begrünte Passagen oder ehrenhofartige Rücksprünge auf. Vor allem steigerten der Verzicht auf Zubau der Binnenflächen und deren gärtnerische Gestaltung die Wohnqualität ganz erheblich. Der Erste Weltkrieg verhinderte zwar die Umsetzung vieler Reformideen, doch wirkten sie in der Nachkriegszeit weiter und haben noch einmal seit den 1970er Jahren – vor der Wende zunächst nur in Westberlin – die Neuorientierung des Berliner Städtebaus beeinflusst.

Fern der Industrieanlagen, Arbeitergebiete und dichten Geschäfts- und Verwaltungsvierteln hatte sich um und nach der Wende zum 20. Jahrhundert im Westen und Südwesten ein ganz anderes Berlin herausgebildet, die grüne Seite der Millionenstadt neben der steinernen. Hier entstanden, wie beispielsweise mit den Luxusbebauungen des Kurfürstendammes und seiner Nebenstraßen, neue Stadtviertel für die wohlhabenden Mittelschichten und das reiche Bürgertum. Vom Grunewald über Dahlem bis zum Wannsee breiteten sich weiträumige Villenviertel und Landhauskolonien aus.

New York: Rasterplanung für die Millionenstadt und neue Stadtsilhouette

Während die traditionsreichen europäischen Metropolen mit ihren komplexen Strukturen auf das rasante Wachstum der Städte im 19. Jahrhundert weder in rechtlicher, noch in technischer und künstlerischer Hinsicht vorbereitet waren, wurde bereits 1811 in New York der Versuch unternommen, die Entwicklung einer modernen Großstadt mit ebenso einfachen wie rigiden Mitteln städtebaulich zu ordnen.

New York liegt im Mündungsgebiet des Hudson und East River sowie zu beiden Seiten der Upper Bay, die sich in den Atlantik öffnet und zusammen mit beiden Flüssen einen tief in das Festland hineingreifenden Hafen bildet. Zentrum ist das zungenförmige Manhattan *(Abb. 91)* zwischen den Flussmündungen. Die 1614 von Niederländern errichtete Handelsniederlassung hieß zunächst Nieuw Amsterdam. Ihr unregelmäßiges Straßennetz ist noch südlich der Wall Street zu erkennen. 1664 kam die Stadt an die Engländer, die ihr den heutigen Namen gaben. Angesichts des schnellen Wachstums wurde 1811 ein Plan beschlossen, der Manhattan mit einem völlig regelmäßigen Netz sich rechtwinklig kreuzender Straßen überzog. Es entwickelt sich aus den verschieden ausgerichteten Rechteckrastern der Südspitze von Manhattan einheitlich nach Norden. Die in Nordsüdrichtung parallel zu den Flussufern geführten, bis zu 20 Kilometer langen Längsstraßen heißen *Avenues*. Quer dazu verlaufen die bis 5 Kilometer langen *Streets*. Das Straßennetz reichte zunächst bis zur 34. Straße. Die Fortsetzung nach Norden war jedoch bereits vorgesehen, um

Abb. 91
New York, Luftbild von
Manhattan in den 1950er
Jahren.

die Aufnahme von 2,5 Millionen Einwohnern zu gewährleisten; eine Zahl, die Ende des 19. Jahrhunderts erreicht wurde. Durch das gesamte Areal verläuft in etwa diagonal von Südosten nach Nordwesten eine alte Landstraße, der Broadway. Durch ihn ergeben sich Grundstücke für originelle tortenstück- oder bügeleisenförmige Zwickelbauten wie beim Flat-iron Building oder am Times Square.

Wenn Plätze fast völlig fehlen, so zeigt dies eine von Europa verschiedene Vorstellung vom öffentlichen Raum. Er wird auf Verkehrswege reduziert, da man, wie 1811 erklärt wurde, in Häusern und nicht auf Plätzen lebe. Entsprechend wurde ein dem Washington-Plan analoger Entwurf L'Enfants abgelehnt. Die einzige große Grünanlage bildet der aus dem Raster ausgesparte, 336 Hektar große Central Park, der 1856–58 nach einem landschaftlichen Entwurf von Frederik Law Olmsted und Calvert Vaux angelegt wurde. Einige kleinere Parks folgten später. Über verschieden orientierten Rastern sind auch Brooklyn und Hoboken errichtet. Bereits im 19. Jahrhundert wurde die Überbauung des südlichen Manhattan zugunsten der Profitmaximierung immer kompakter und höher. Im Gegensatz zu den Kirchen und öffentlichen Gebäuden in europäischen Städten prägten fortan fast ausnahmslos kapitalistische Konzernbauten das Stadtbild. Die charakteristische Wolkenkratzer-Skyline bildete sich heraus. Wegweisende Lösungen für die neue Bauaufgabe des Hochhauses wurden in den beiden letzten Jahrzehnten des 19. Jahrhunderts in Chicago entwickelt.

Chicago: Rechtecknetz, Hochhäuser, Paris am See

Wie die kolonialen Stadtgründungen folgten auch die mit der weiteren Land-
nahme in den USA entstandenen Städte dem einfachen Schema des Rechteck-
rasters. Chicago *(Abb. 92 und 93)* – aus einer Siedlung im Schutz eines Forts
an der Flussmündung des Chicago in den Michigan See entstanden – erhielt
1837 seine Gründungsurkunde. Chicagos Netz regelmäßiger Rechtecke
konnte entsprechend dem Wachstum der Stadt auf rein mechanische Weise
beliebig ausgedehnt werden. Die nordamerikanischen Großstädte veränderten
so von Grund auf den Begriff von Stadt. Selbst hinter den für damalige Verhältnisse riesigen europäischen Metropolen stand immer noch die Vorstellung
von der Stadt als einem komponierten Ganzen, während die Städte der USA
eine Gesamtheit als Resultat seriell gereihter Einheiten darstellten. Oder,
kunsthistorisch gesprochen, der traditionelle europäische Städtebau strebte
stets ein relationales Gefüge an, nordamerikanische Großstädte hingegen ten-
dierten zum Non-Relational.

1871 zählte Chicago bereits 700 000 Einwohner; der Hausbau mit industriell
verarbeiteten Holzteilen hatte die schnelle Montage bei niedrigem Preis und
ohne Fachkräfte erlaubt. Im gleichen Jahr wurde Chicago durch einen Brand
fast völlig zerstört. Bald danach entstand für die boomende Stadt des Fleisch-,
Getreide-, Holz- und Stahlmarktes ein modernes Geschäftszentrum. Hier, im
Loop, wurden die ersten Hochhäuser der Schule von Chicago verwirklicht.
Der Hochhausbau setzte mehrere technische Erfindungen voraus: Die vor al-

Abb. 92
*Chicago um 1892. Detail
einer Vogelschauansicht
von Currier und Ives.*

lem von William Le Baron Jenney
perfektionierte Stahlskelettkonstruk-
tion mit Brandschutzummantelung
erlaubte die Erhöhung der Gebäude
ohne übermäßige Verstärkung der
Stützen in den unteren Stockwerken.
Um die konzentrierten Lasten zu tragen, wurden neue Steinfundament-
systeme eingesetzt und der erstmals
1894 auftauchende *Chicago caisson*
aus Beton entwickelt. Die Wände
wurden zunehmend von der tragen-
den Funktion entlastet und damit zu
einer vom eisernen Rahmenwerk getragenen Außenhülle. Breite Fens-
terbänder gewährleisteten die Belich-
tung der tiefen Gebäude. Aufzüge,
zunächst mit Dampf, dann hydrau-
lisch und seit den späten 1880er Jahren elektrisch betrieben, erlaubten
Personen- und Warentransport über

Abb. 93
Chicago, Ansicht nach
Norden mit Michigan
Avenue. Foto 1928.

beliebig viele Geschosse; Telefon und Rohrpost erleichterten die Kommunikation.

Einige Hochhäuser brachten die unhierarchische Multiplikation der Skelettgeschosse durch Reduktion der Schmuckformen oder sogar identische Geschossfronten zum Ausdruck, am meisten wohl Daniel Hudson Burnhams Reliance Building (1890, 1894/95) mit zwölf gleichen Bändern aus Glas und weißer Majolika über dem dreigeschossigen Sockelbereich. Zumeist wurde jedoch, wie bei Louis Sullivan und Dankmar Adler, die äußere Erscheinung durch historische Bauformen entsprechend den klassischen Fassadenzonen differenziert, nur dass jetzt Sockel, Aufgehendes und Bekrönung jeweils mehrere Geschosse umfassten.

Die immer gleichen Straßengevierte machten nicht nur der Vorstellung von der Stadt als relationalem Gefüge ein Ende, sondern auch der herkömmlichen Differenzierung der Baugestalt gemäß den unterschiedlichen Bauaufgaben. In Chicago unterlagen Rathaus, Börse, Gericht, Oper oder Theater der überall geltenden Grundform des Rechtkants. Die gesamte Stadt bestand, jedenfalls bis zur Mitte des 20. Jahrhunderts, aus völlig gleichartigen, nur unterschiedlich großen und unterschiedlich hohen Rechtkantblöcken.

Die in Chicago ausgerichtete *World's Columbian Exposition* von 1893 brachte mit einer Beaux-Arts-Gesamtanlage nach Burnhams Plänen und weißen, neoklassizistischen Bauten die Hinwendung zur traditionellen Stadt europäischer Prägung. 1909 reichten Burnham und Edward H. Bennett einen Bebauungsplan für Chicago ein. Es war der erste Versuch, den ausufernden Stadtkörper mit herkömmlichen urbanistischen Gestaltungsmitteln zu ordnen. Breite Hauptstraßen, Diagonalachsen, ein Ringboulevard und ein durch das Zentrum verlaufender Boulevard mit der Civic Center Plaza in der Mitte sollten formale Elemente der Haussmannisierung auf Chicago übertragen, um aus der Stadt ein mit den europäischen Metropolen konkurrierendes *Paris am See* zu machen.

9 Reformideen, modernistische Stadtentwürfe und die Städte der Diktaturen

Bis in die zweite Hälfte des 19. Jahrhunderts bezogen sich Theorie und Praxis des Urbanismus mehrheitlich auf Ausbau, Modernisierung oder Verschönerung überkommener Stadtanlagen. Gewachsene Substanz sollte geordnet, planmäßige Weiterentwicklung vorgezeichnet werden. Vom Beginn des 20. Jahrhunderts bis in die 1970er Jahre wurde die Lösung urbanistischer Probleme hingegen zunehmend außerhalb der traditionellen Stadt gesucht. Die alten, seit dem Bauboom des Industriezeitalters von Fabriken durchsetzten und von historistischen Großbauten und Mietshäusern geprägten Städte galten nicht nur als ästhetisch überholt, sondern auch als Brutstätte der gesellschaftlichen Missstände, denen man sich nur durch Stadtflucht entziehen zu können glaubte. Entsprechend propagierten bereits die frühen lebensreformerischen Bewegungen Gartenstädte und Kolonien. Auch das Streben nach Licht, Luft und Sonne in den Großsiedlungen der 1920er Jahre stellte die Wohnqualität in den übergeordneten Zusammenhang seelischer Hygiene und gesellschaftlicher Heilung.

Zeichnete sich die herkömmliche Stadt durch ein enges Miteinander von Wohnen, Arbeiten, Geschäftsleben, Verkehr und Erholung aus, so propagierten die neuen Stadtentwürfe die Entflechtung dieser Funktionen. Wenig später begegnet die Aufteilung nach Funktionszonen bei Le Corbusier, der Städtebau vornehmlich als Planung für unbebaute oder nach Tabula-rasa-Manier abgeräumte Freiflächen verstand. Traditionsbruch, Funktionstrennung und funktionalistische Totalplanung prägten die *Charta von Athen,* deren Leitsätze die urbanistische Doktrin bis weit nach dem Zweiten Weltkrieg bestimmten.

Eine zentrale Aufgabe des 20. Jahrhunderts war der Massenwohnungsbau, der zwischen Traditionsbindung und Avantgarde zu sehr unterschiedlichen Lösungen fand: Fortschreibung der Großstadt mit ortsgebundener Architektur wie in den Bauten der Amsterdamer Schule, monumentale, palastartige Wohnhöfe wie im Roten Wien oder Wohnzeilen der weißen Moderne wie in den modernistischen Großsiedlungen der Weimarer Republik.

Den Diktaturen des 20. Jahrhunderts war gemeinsam, dass sie für repräsentative Monumentalbauten und Innenstadtareale die Formeln akademischer Architektur und Stadtbaukunst großmaßstäblich und vergröbernd einsetzten, um eigene Größe und Dauerhaftigkeit zu beschwören. Allerdings kennzeichnet weniger das Formenvokabular selbst die Herrschaftsarchitektur, sondern seine Handhabung. Dies ermöglicht die Differenzierung zwischen den totalitären Systemen, aber auch die Abgrenzung zum Monumentalstil demokratischer Staaten und zu sonstigen traditionalistischen Strömungen.

Ebenezer Howard und die englische Gartenstadtbewegung

Im wirtschaftlich hoch entwickelten England war bereits nach der Mitte des 19. Jahrhunderts ein künstlerischer und sozialreformerischer Widerstand gegen die Verflachung ästhetischer Standards durch maschinelle Produktion, den Verfall traditioneller Handwerkskultur und historisierende Stilbeliebigkeit entstanden. Er mündete in die *Arts-and-Crafts*-Bewegung für die Wiedervereinigung von Kunst, Handwerk und Architektur. Die theoretischen Prinzipien und gebauten Experimente des *Domestic Revival* prägten nachdrücklich die von Ebenezer Howard angestoßene Gartenstadtbewegung. Howard war eigentlich Stenograf. Bei einem USA-Aufenthalt 1872–75 beschäftige er sich unter dem Eindruck von Walt Whitman und Ralph Waldo Emerson mit der Verbesserung der Lebensverhältnisse in den übervölkerten und ungesunden Großstädten. Weiterhin beeinflussten ihn die anarchistischen Theorien Kropotkins, die romantisch-regressive englische Kulturkritik und besonders Edward Bellamys Utopie *Looking Backward.* 1898 erschien Howards Buch *Tomorrow: A Peaceful Path to Social Reform,* das in der zweiten Auflage 1902 den Titel *Garden Cities of Tomorrow* trug.

Howards autarke Gartenstadt *(Abb. 94)* für etwa 32 000 Einwohner sollte aus ländlichen Wohnsiedlungen bestehen, umgeben von einem Grüngürtel landwirtschaftlicher Flächen. In der weder von Eisenbahntrassen noch von Fernstraßen zerschnittenen Stadt waren Einkaufsmöglichkeiten, Kultur- und Bildungseinrichtungen und ein zentraler Park als Gemeinschafts- und Erholungsbereich vorgesehen. Der Organismus der Gartenstadt sollte mit einer Großstadt verbunden werden, die allerdings auch nicht mehr als 58 000 Einwohner haben durfte. Die formale Idee der konzentrischen Stadtanlage war bereits in der Renaissance entwickelt worden. Howard konnte ferner an Konzepte der utopischen Sozialisten wie Robert Owen und Charles Fourier anknüpfen, aber auch an Stadtexperimente von Privatunternehmen wie Saltaire und Port Sunlight. Eine Voraussetzung war zudem die in England ausgeprägte Tradition der malerischen Stadt. *Rural towns* erarbeitete schon 1827 John Buonarotti Papworth. Daneben beeinflussten James Silk Buckinghams Idealstadt *Victoria* (1849) und Joseph Paxtons *Great Victorian Way* (1855) Howards Konzept. Der in Suburbs auswuchernden Großstadt stellte Howards Gartenstadt den speziellen Wachstumstyp der Trabantenstadt gegenüber.

Da Howard weder Architekt noch Stadtplaner war, kümmerte er sich um das Organisatorische und die Öffentlichkeitsarbeit; 1899 wurde die *Garden*

Abb. 94
Ebenezer Howard: Diagramm der sozialen Städte (Howard, To-Morrow, 1898).

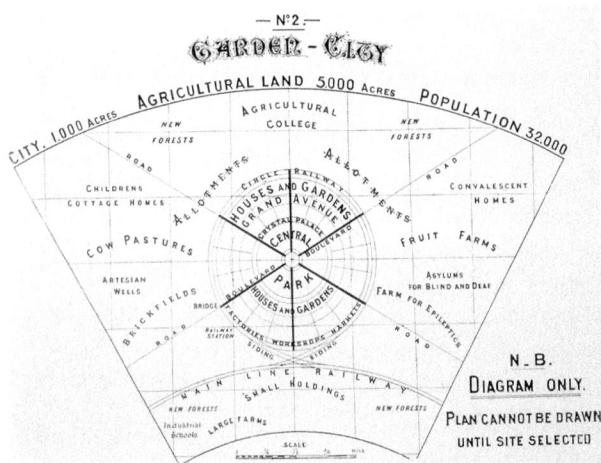

City Association gegründet. Zwei junge Architekten, Raymond Unwin und Barry Parker, realisierten ab 1903 in Letchworth bei London die erste Gartenstadt. Das von einer Aktiengesellschaft finanzierte Vorhaben wich allerdings erheblich von Howards Ideal ab. Auch in der Folgezeit liefen viele Projekte statt auf autarke Gemeinden eher auf Stadterweiterungen im Grünen hinaus, wie zum Beispiel Hamstead Garden Suburb, etwa acht Kilometer nördlich des Londoner Zentrums. Die von einer reichen Philantropin angeregte Vorstadt sollte alle gesellschaftlichen Schichten zusammenführen. Aufgrund von Finanzierungsproblemen wurde aus der geplanten Sozialsiedlung allerdings ein vornehmes Wohnquartier. Chefarchitekten waren Unwin und Parker, beraten von Edwin Lutyens. Die definitive Planung von 1909 sah ein monumentales Zentrum und kleine Reihenhäuser in teilweise hofartigen Ensembles vor, alles pittoresk gruppiert. Die Ästhetik des Landschaftsgartens verdrängte die traditionelle Erscheinung der Stadt.

Hellerau: erste deutsche Gartenstadt nach den Vorstellungen der Reformbewegung

1902 wurde die *Deutsche Gartenstadtgesellschaft* gegründet, 1908 die *Gartenstadtgesellschaft Hellerau* unter Leitung von Wolf Dohrn und 1909 die *Baugenossenschaft Hellerau.* Sie errichtete am Rand der Dresdner Heide, einem hügeligen, teilweise von Kiefern bestandenen Gelände, die erste deutsche Gartenstadt *(Abb. 95).* Der Industrielle Karl Schmidt hatte für seine expandierenden *Dresdner* (ab 1907 *Deutsche) Werkstätten für Handwerkskunst* einen Standort gesucht, wo auch eine Wohnsiedlung für Arbeiter und Angestellte errichtet werden sollte. Die Bebauungsvorschriften unterschieden fünf Zonen: Kleinhausviertel, Villenviertel, Wohlfahrtseinrichtungen, Fabrikgelände und ein vorerst freies Areal. Eine Kommission, der unter anderem Theodor Fischer, Hermann Muthesius, Fritz Schumacher und Richard Riemerschmid angehörten, sollte die architektonische Qualität sichern.

*Abb. 95
Dresden-Hellerau,
Gartenstadt Hellerau.
Straße Am Grünen Zipfel
mit Bauten von Richard
Riemerschmid. Foto 1910.*

Riemerschmid legte den ersten Bebauungsplan vor, der sich geschickt den topografischen Vorgaben anpasste, um ein malerisches Stadtbild in schöner Landschaft zu schaffen. Nach Riemerschmids Entwürfen entstanden auch die erste Hausgruppe des Reihenhausviertels und die neue Fabrikanlage. Die Bebauung des Kleinhausviertels stammt vorwiegend von Muthesius, Riemerschmid und Heinrich Tessenow. Riemerschmid wiederum gestaltete die Gebäude mit Kaufläden an der Südseite des Marktes, geplante Gemeinschaftsbauten an den übrigen Seiten wurden nicht realisiert. Erst ab 1929 wurde der Markt durch Wohnhäuser, Läden und ein Café komplettiert.

Im Sinne des lebensreformerischen Ansatzes entstand 1910–12 auf dem Freigelände nach Tessenows Entwurf das Festspielhaus im Zusammenhang mit der Bildungsanstalt für rhythmische Gymnastik des Genfer Tanzpädagogen Emil Jacques-Dalcroze. Das schlichte, ornamentfreie Gebäude mit abstraktklassischer Portikus ist von monumentaler Wirkung und beherrscht die Schmalseite eines Rechteckplatzes, den durch Pergolen und Mauern verbundene Logierhäuser einfassen. Die Anstalt und ihre Gebäude entfalteten weltweite Wirkung in den Bereichen Lebensgestaltung, Tanz, Theater und Architektur. Hellerau blieb jedoch die einzige deutsche Gartenstadt im eigentlichen Sinne. Bei späteren Projekten, die als Gartenstadt etikettiert wurden, handelt es sich eher um durchgrünte Vorstädte.

Trennung der städtischen Funktionen: Tony Garniers Cité industrielle

Tony Garniers *Cité industrielle (Abb. 96)* war seit Ledoux der erste Versuch, eine Stadt und alle ihre Gebäude zu entwerfen. Dabei formulierte Garnier Prinzipien, die sich der modernistische Städtebau rund zwei Jahrzehnte später zu Eigen machen sollte. Garnier absolvierte eine akademische Ausbildung an der Pariser Ecole des Beaux-Arts und gewann 1899 den Rompreis. Er nutzte sein Stipendium aber nicht zum Studium der Antike, sondern arbeitete am Entwurf einer Industriestadt für 35 000 Einwohner, den er 1901–04 ausstellte und 1917 veröffentlichte. Garnier verarbeitete das Vorbild antiker Städte, Howards Gartenstadtideen, den Regionalismus von Patrick Geddes, die Sozialutopie Fouriers, aber auch Gedanken Camillo Sittes und Otto Wagners.

Die Situation der Stadt ist imaginär, wenngleich Garnier sich an der Gegend seines Geburtsortes Lyon orientiert. Da im 20. Jahrhundert Stadtgründungen an Industrieanlagen gebunden seien, nehmen diese in den Plänen breiten Raum ein. Es gibt ferner Bergwerke als Rohstofflieferanten, einen Stausee für die Energieversorgung und gut ausgebaute Verkehrswege zu Wasser, auf der Schiene und der Straße, letztere mit breiten, schwungvoll durch die Landschaft geführten Fernstraßen. Die lokale Industrie soll mit Hafenanlagen am Fluss liegen, ebenso der Güterbahnhof, der Fernbahnhof und die Schlachthöfe. Eine Versuchsstrecke für Automobile und eine Landebahn für Flugzeuge zeigen die Stadt auf der Höhe der neuesten Errungenschaften.

Abb. 96
Tony Garnier: Une Cité industrielle. Zentralbereich mit den öffentlichen Einrichtungen und Wohnbauten.

Von sozialistischen Zielvorstellungen geleitet, geht Garnier von der Gemeinde als Bodeneigentümerin aus und sieht auch die kommunale Verteilung von Nahrungsmitteln, Konsumgütern und Medikamenten vor. Getrennt von den Produktionsstätten befindet sich die Wohnstadt auf einem Südhang, wendet sich der Sonne zu und ist gegen Wind geschützt. Die Wohngebiete sind längs einer Hauptstraße und weiteren Parallelstraßen in gleich große, 150 × 30 Meter messende Parzellen eingeteilt. Sie sollen nur zur Hälfte bebaut werden, so dass ineinander übergehende Grünflächen vielfältige öffentliche Fußwege ermöglichen. Garnier entwarf kleine Häuser von neuartiger kubischer Einfachheit und Appartementbauten, die durch ausladende Vordächer die Möglichkeiten des damals aufkommenden Stahlbetonbaus nutzen. Das Zentrum im Zug der Hauptstraße lässt in der axialen Gruppierung noch die Beaux-Arts-Herkunft erkennen. Es gibt einen profanen Glockenturm, eine große Versammlungshalle, Museen, Theater und Sportstätten. Da nach Garniers sozialutopischen Vorstellungen eine moralisch bessere Gesellschaft der Kirchen, Gerichtsgebäude und Gefängnisse nicht mehr bedarf, fehlen diese Bauaufgaben. Weiter oben schließen sich Erholungseinrichtungen und Krankenhäuser an.

Die Bauten der projektierten Stadt sind aus armiertem Beton, kubisch und ornamentlos, aber doch – wie die des großen Zeitgenossen Auguste Perret – klassischer Tektonik verpflichtet. 1905 nach Lyon zurückgekehrt, versuchte Garnier, Teile seines Stadtentwurfs in die Praxis umzusetzen. Er schuf den Schlachthof mit Viehmarkthalle, das olympische Stadion, ein Krankenhaus in Pavillonbauweise und später die große Markthalle. Mit der *Cité industrielle* wurde erstmals eine Industriestadt des 20. Jahrhunderts geplant. Ihre Trennung der Funktionsbereiche – Arbeiten, Wohnen, Bildung, Erholung und Verkehr – beeinflusste Le Corbusiers urbanistische Doktrin nachdrücklich.

Sozialer Wohnungsbau der Amsterdamer Schule

Nach der Wirtschaftsblüte im Goldenen Zeitalter erlebte Amsterdam bis zur Mitte des 19. Jahrhunderts eine Zeit der Stagnation. Dann verdreifachte sich bis 1920 die Einwohnerzahl auf 690 000. Die Stadt wurde nach bekanntem Muster kranzförmig erweitert und privatwirtschaftlich bebaut. Zugleich versuchten philantropische Gesellschaften und Genossenschaften, die Wohnmisere der Arbeiter zu beheben. Die Stadt erwarb systematisch Grundstücke, um die Spekulation einzudämmen. Doch erst das *Woningwet* von 1901 erlaubte die massive Förderung des sozialen Wohnungsbaus, so dass bis 1924 etwa 40 000 Wohnungen entstanden. In den Entwürfen der Amsterdamer Schule – sie war durch Berlage, den späten Jugendstil und den Expressionismus beeinflusst – gingen sozialer Wohnungsbau und architektonisches Experiment eine fruchtbare Verbindung ein.

Ein frühes Beispiel, gleichsam ein gebautes Manifest, findet sich im westlich an den Jordaan anschließenden Viertel Spaarndammerburt, das im späten 19. Jahrhundert zunächst konventionell entwickelt worden war. Für einen Privatunternehmer entwarf Michel de Klerk ab 1913 auch die Wohnanlage beim Spaardammerplantsoen *(Abb. 97)*, die aber wegen des Krieges von der Genossenschaft *Eigen Haard* weitergeführt wurde. Im Gegensatz zu einförmigen Blöcken strebte die Amsterdamer Schule unter Verwendung von Ziegeln eine individuelle Bildung der Fassaden und öffentlichen Räume an. Expressiv geschwungene oder gefaltete Wände, turmartige Elemente und der unerschöpfliche Reichtum an Fensterformen und Sprossengliederungen markieren einprägsam den Ort. Motivische Beziehungen zwischen den Bauten erweisen den Komplex als gestaltete Einheit. In den 1920er Jahren prägte dieser Stil die Stadtentwicklung Amsterdams, besonders im Erweiterungsviertel Amsterdam-Zuid, dessen Anlage im Wesentlichen auf Berlages Planung zurückging. Die plastisch konzipierten, pittoresk gruppierten Ziegelbauten der Amsterdamer Schule standen seit den 1920er Jahren aber zunehmend im Gegensatz zum *Nieuwe Bouwen* und dem kargen Rationalismus der Gruppe *De Stijl*.

Abb. 97 Amsterdam, Wohnblock am Spaardammerplantsoen.

Die Gemeindebauten des Roten Wien

Wien war um die Wende zum 20. Jahrhunderts ein Brennpunkt des Kunst-
und Architekturgeschehens. Dem gesellschaftlichen Pluralismus entsprach die
Vielfalt architektonischer Schulen. Otto Wagner, letzter Architekt der Ring-
straßenepoche, stand mit seinem Lebenswerk für die Entwicklung vom späten
Historismus über den Jugendstil zur formalen Abstraktion. Besonders im Pro-
jekt für den XII. Gemeindebezirk hat Wagner 1910/11 seine Vorstellungen als
Städtebauer niedergelegt: orthogonal ausgerichtete Großblöcke, dazwischen
Monumentalbauten als Akzente. Die 1897 gegründete *Secession,* deren Ge-
bäude der Wagner-Schüler Joseph Maria Olbrich errichtete, propagierte eine
von akademischen Zwängen befreite Durchdringung von Kunst und Leben.
Dem Ornament des Jugendstils stellte Adolf Loos die Eleganz der reinen, die
Zweckbestimmung ausdrückenden Form gegenüber, wenn auch bei durchaus
klassischer Grundauffassung. Loos' Haus am Michaelerplatz (1909–11) ist der
Geschossgliederung nach ein traditionelles Stadthaus, wurde aber wegen feh-
lender Schmuckformen von Hof, Bevölkerung und Presse als Provokation
empfunden.

Nach dem Zusammenbruch der Monarchie wurde Wien Hauptstadt der Republik Österreich. 1919 errang die Sozialdemokratie die absolute Mehrheit
und behielt sie, abgesehen von Austrofaschismus und Nationalsozialismus; ein
Sonderfall unter den Großstädten der Welt. 1922 wurde Wien zudem ein ei-
genes Bundesland mit Steuerhoheit. Das 1919 auf den Weg gebrachte Programm zur Bekämpfung der Wohnungsnot sah in einem Stufenplan die Kontrolle der Mieten, die Neuverteilung des Wohnraums und den Bau von Arbei-
terwohnanlagen am Rand der Innenstadt vor. Sie sollten bessere, größere und
hygienisch einwandfreie Wohnungen schaffen. Der Verbauungsgrad der
Grundstücke wurde stufenweise von 85 % auf 30 % herabgesetzt. Jede Wohnung erhielt Wasser- und Stromanschluss, direkt belichtete Wohnräume sowie
Sanitäranlagen im Wohnungsverband. Hinzu kamen Gemeinschaftseinrichtungen wie Kindergärten, Zentralwaschküchen, Bibliotheken, Kliniken und
Beratungsstellen.

Zwischen 1919 und 1934 wurden 337 städtische Wohnanlagen mit fast
64 000 Wohnungen gebaut. Sie verteilten sich auf kleinere, durchgrünte Siedlungen und große, gemäß Wiener Tradition gebildete Höfe, die jeweils mehr
als 1000 Wohnungen umfassten. Namen wie Mateottihof, Bebelhof oder
Karl-Marx-Hof waren Programm. Die Architektur dieser halboffenen oder geschlossenen Wohnblockensembles hatte die strenge Typologie der zwischen 33
und 45 Quadratmeter messenden Standardwohnungen zu berücksichtigen.
Eine arbeitsintensive Bautechnik sollte zur Bekämpfung der Arbeitslosigkeit
beitragen. Der progressive Inhalt ging jedoch nur selten mit einer neuen Architektursprache einher. Durch Pathos der Form, vom Barock abgeschaute
Gruppierung und hergebrachten Fassadendekor antworteten die Höfe als palastartige Monumente auf die Ringstraße. Ausnahmen bilden die expressioni-

Abb. 98
Wien, Karl-Marx-Hof.

Abb. 98
Wien, Karl-Marx-Hof.

stischen Elemente im 1926–30 von Karl Ehn errichteten Karl-Marx-Hof *(Abb. 98)* oder die nüchternen Fronten des 1931/32 entstandenen Leopoldine-Glöckel-Hofes von Josef Frank.

Frank oblag auch die koordinierende Planung der 1930–32 errichteten Werkbundsiedlung, die den Höfen des Roten Wien eine Alternative in Gestalt einer scheinbar gewachsenen Anlage von Kleinhäusern gegenüberstellte. Die weißen Kuben sollten mit einem Minimum an Aufwand ein Optimum an bürgerlicher Wohnkultur für den Arbeiter bieten. Doch die neuen Tendenzen wurden bereits vom aufkeimenden Austrofaschismus bekämpft, der ab 1934 in einer Art Ständestaat eine Kultur des Regionalismus und der Nationalromantik propagierte.

Le Corbusier: Städtebau als mechanistische Tabula-rasa-Planung

Der Schweizer Charles-Edouard Jenneret, der sich Le Corbusier nannte, bestimmte von den 1920er Jahren bis um 1960 nachdrücklich die internationale urbanistische Debatte und entfaltete, besonders im frankophonen Raum, bis heute eine erhebliche Nachwirkung. Vor dem Ersten Weltkrieg hatte Le Corbusier internationale Kontakte zu wichtigen Vertretern neuer Architektur geknüpft. Er begegnete Hoffmann in Wien und Henri Sauvage in Paris, arbeitete bei Perret in Paris sowie bei Peter Behrens in Berlin und traf mit den führenden Köpfen der deutschen Reform- und Werkbundbewegung zusammen. Mit seinen Bauten und urbanistischen Projekten der zwanziger Jahre begab sich Le Corbusier in Fundamentalopposition zur immer noch dominierenden akademischen Doktrin der Ecole des Beaux-Arts. Er propagierte die Mechanisierung der Architektur, Stahlbeton als Baumaterial, einheitliche Maßverhältnisse und vollkommene Rationalität des Plans. Ein Haus müsse als *Wohnmaschine* begriffen und die Entwurfsaufgabe nach Art des Ingenieurs bewältigt werden, auf dass ein Haus so *sachlich-praktisch wie eine Schreibmaschine sei.*

1922 stellte Le Corbusier das Projekt der *Ville contemporaine (Abb. 99)* aus, eine zeitgenössische Stadt für 3 Millionen Bewohner, die folgenden Prinzipien entsprach: Entlastung des Zentrums, Erhöhung der Bevölkcrungsdichte, Vermehrung der Verkehrsmittel und der Grünflächen. Die Bewohner entsprechen drei Kategorien: *Urbane,* die in der Stadt leben und arbeiten, *Suburbane,* die in der Stadt leben und außerhalb arbeiten oder umgekehrt, sowie *Vermischte.* Die Hauptachsen des Planes folgen den Himmelsrichtungen. In der Mitte liegt der Bahnhof mit einer Plattform für Landung und Abflug von Lufttaxis. 24 Wolkenkratzer über Kreuzgrundriss, von denen jeder 10 000–50 000 Angestellte fassen kann, bilden die Geschäftshäuser. Die erhöhte Dichte wird durch Vergrößerung der Grünflächen kompensiert. Nach Westen schließt der Bereich der großen öffentlichen Gebäude wie Stadthaus und Museen an. Noch weiter westlich folgt ein landschaftlicher Garten. Auf der gegenüberliegenden Seite befinden sich Docks und Industrieviertel. Stadtwohnungen sind als offene, gewinkelte oder geschlossene Wohnblöcke für insgesamt 600 000 Bewohner geplant. Die Stadt ist *ein reines Spiel geometrischer Formen.* Zur besseren Orientierung folgen die Straßen einem Raster aus Rechtecken von 400×200 Metern Seitenlänge. Die Bebauung aber variiert unter Nutzung der mechanischen Vorgaben; kein Block gleicht dem anderen. Um die Stadt soll eine Wald- und Wiesenzone liegen und hinter dieser ein Gürtel mit Gartenstädten für insgesamt 2 Millionen Einwohner. Die große Verdichtung vermindert Entfernungen und gewährleistet schnelle Verbindungen. Dabei soll der Verkehr klassifiziert und schneller Durchgangs- vom Anliegerverkehr, Last- vom Freizeitverkehr geschieden werden. Alle Funktions-

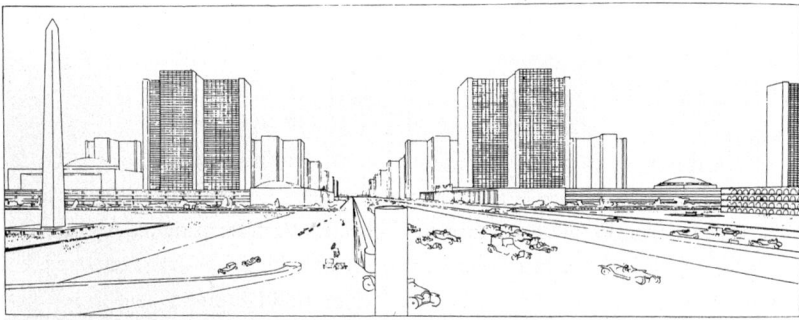

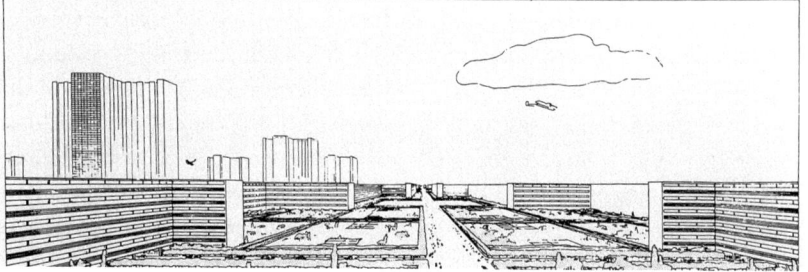

Abb. 99
Le Corbusier: Ville
contemporaine, 1922.

Abb. 100
Le Corbusier: Plan voisin
für Paris. Modellansicht,
1925.

bereiche – Arbeiten, Wohnen, Einkaufen, Verkehr, Erholung – sind, im Gegensatz zur traditionellen Stadt, voneinander abgehoben.

Le Corbusiers *Ville contemporaine* war von vornherein als Demonstration eines radikalen Konzepts gedacht. Bereits der Vergleich mit der ebenfalls programmatischen *Cité industrielle* Garniers, die immerhin noch eine Altstadt und eine individuelle Landschaftsformation annimmt, macht deutlich, wie sehr Le Corbusiers Konzept auf Tabula-rasa-Städtebau hinausläuft. Es geht nicht darum, Existierendes weiterzuentwickeln, sondern *fundamentale Prinzipien des modernen Städtebaus zu formulieren, indem man ein strenges theoretisches Gebilde errichtet.* Städtebau im Idealfall ist voraussetzungslose Totalplanung für ebenes Gelände, etwa bei Neugründungen wie dem indischen Chandigarh, der Hauptstadt des Punjab (ab 1950), oder bei kriegszerstörten Städten wie Saint-Dié (Planung 1946) und Berlin (Wettbewerb 1958). Le Corbusiers Projekte und Texte weisen eine befremdliche Verbindung von humanitären Argumenten und planerischen Allmachtsfantasien auf. Sie gehen davon aus, dass Stadtentwürfe sich über historische Vorgaben und demokratische Rechte hinwegsetzen könnten, dem Verkehr absolute Priorität zukomme und das Leben des modernen Normmenschen sich in einer planbaren Ordnung von Produktionsstätten, Verwaltungszentren, Wohnblöcken und Sportanlagen erfüllen werde.

Die Konfrontation dieser Position mit der architektonischen Tradition und dem Paris Haussmanns zeigt ein Blick auf das Modell des 1925 vorgestellten *Plan voisin (Abb. 100).* Die Prinzipien der *Ville contemporaine* werden auf die nördlichen Innenstadtgebiete von Paris übertragen, so dass nun achtzehn von Grünflächen umgebene Hochhäuser die Mitte der Rive droite bilden. Dafür ist die gesamte historische Bausubstanz abgeräumt, nur Louvre und Tuilerien,

Palais-Royal und Bibliothèque Nationale werden verschont sowie – als Hommage an den Rationalismus des Grand Siècle – die beiden Triumphtore aus der Ära des Sonnenkönigs.

Spätere Stadtkonzepte scheinen weniger uniform. Seine in *La Ville Radieuse* (1935) und *Les Trois Etablissements humains* (1945) niedergelegten Vorstellungen hat Le Corbusier 1956 in einem Komplex bei Meaux mit Anschluss an die Route Nationale 3 nach Paris verdeutlicht. Über einem Teppich, in welchem Straßen für schnelle und langsame Autos, Radfahrer und Fußgänger mit Grünflächen verwoben sind, erheben sich *Fünf Wohneinheiten genormter Größe* in genauer Nordsüdausrichtung sowie zwei zylindrische *Türme der Junggesellen*. Das Projekt zeigt einmal mehr die Weigerung, unterschiedlichen Funktionen eine gemeinsame Form zu geben. Aber auch die einzelnen Gebäude werden isoliert und in eine abgemessene Beziehung zur abstrakten Natur gestellt, bei völliger Indifferenz gegenüber der realen Landschaft. Die gleiche Indifferenz zeigt die Idee der Wohneinheit, der *Unité d'habitation,* die in Nantes, Firminy oder Marseille immer den gleichen Prinzipien folgt: *Pilotis* ständern das Gebäude auf und verhindern urbane Kontextualisierung. Die Elemente und Funktionen des herkömmlichen Baublocks werden zerlegt und in neuer Gruppierung gestapelt, die herkömmliche Korridorstraße in eine Vielzahl von Wegenetzen zergliedert. Es entsteht eine Art vertikaler Baublock, in welchem – da die Straße nicht mehr Korridor sein darf – nun ihrerseits die Korridore zu Straßen geworden sind. Läden sind vom Erd- in ein Galeriegeschoss verlegt, Gemeinschaftseinrichtungen wie der Kinderhort auf das Dach.

Ludwig Hilberseimer: Stadt als serielle Kombination identischer Elemente

Le Corbusiers Überlegungen zur zeitgenössischen Stadt wurden hinsichtlich obsessiver Geometrie und Rigidität allenfalls noch durch die Projekte von Ludwig Hilberseimer übertroffen. Er war 1929–33 Lehrer am Bauhaus und dort später Leiter des Seminars für Wohnungs- und Städtebau. 1938 emigrierte Hilberseimer in die USA, wo er in Chicago als Kollege Mies van der Rohes bis 1955 als Professor und bis 1957 als Direktor des Department of City and Regional Planning des Illinois Institute of Technology tätig war.

Auf Le Corbusiers *Ville contemporaine,* die in deutschen Fachblättern eingehend diskutiert wurde, reagierte Hilberseimer mit seinem 1924 vorgestellten Entwurf einer Hochhausstadt. Sie gibt alle Vorstellungen von einem auf Komposition beruhenden künstlerischen Ganzen auf. Selbst die bei Le Corbusier noch anzutreffende Unterscheidung hoher Verwaltungs- und niedriger Wohnbauten ist entfallen. Es werden nicht länger verschiedene Bautypen für Wohn- und Geschäftsviertel entwickelt, sondern beides fällt in einer einzigen Einheit zusammen. Diese wird mechanisch gereiht, wobei die Distanzen zwischen den Einheiten breite Magistralen für den Autoverkehr schaffen. Eigentlich werden zwei Städte übereinander geschichtet: Denn die untere Zone der Einheiten be-

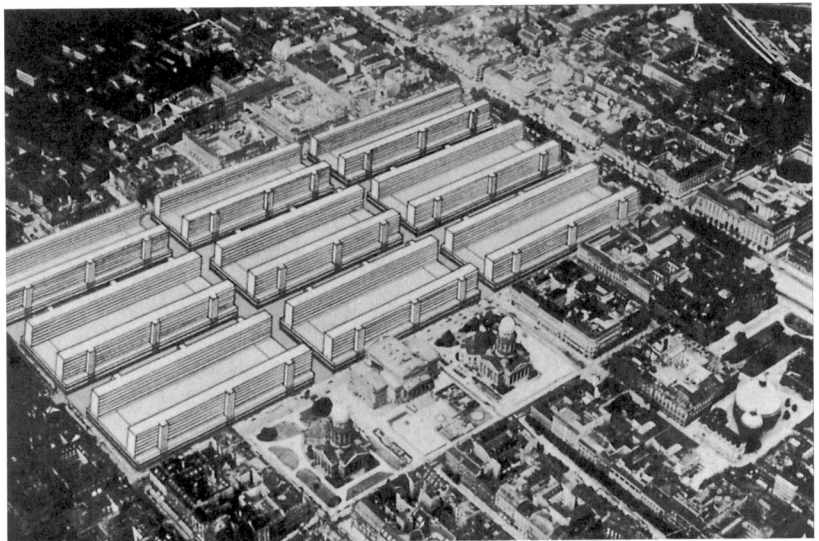

Abb. 101
Ludwig Hilberseimer:
Anwendung des Hoch-
hausstadt-Konzeptes auf
Berlin.

steht aus einem sechsgeschossigen Bürohausbereich. Jeder dieser Geschäfts-
stadt-Bausteine bildet den Sockel einer Plattform mit Fußgängerwegen und
zwei 15-geschossigen Hochhausscheiben, die den oberen Wohnstadtbereich
ergeben. So soll die Entfernung zwischen Wohnung und Arbeitsplatz und damit zugleich auch der Verkehr minimiert werden. Im Unterschied zu Le Corbusier sind aber nicht einmal Plätze und Grünanlagen vorgesehen, sondern
nur bescheidene Dachgärten.

Hilberseimer hat seine radikale Stadtvision in den folgenden Jahren abge-
schwächt. Aber noch 1929 wandte er die theoretische Studie auf sein Projekt für
das Zentrum von Berlin *(Abb. 101)* an, das eine Neubebauung zu beiden Seiten
der Friedrichstraße vorschlug. Le Corbusier und Hilberseimer vertraten Extrempositionen einer voraussetzungslosen Neuerfindung der Stadt. Sie suchten
die Lösung der Probleme ihrer Zeit außerhalb der vorgegebenen Städte, die ihnen weder als schützenswert noch als entwicklungsfähig galten. In den modernistischen Stadtutopien ging, ungeachtet aller emanzipativen Rhetorik der Pla-
ner, das Bewusstsein von der Komplexität städtischer Probleme und menschli-
cher Lebenszusammenhänge in einem letztlich autoritären Totalzugriff verloren.

Großsiedlungen des Neuen Bauens in der Weimarer Republik

Das Neue Bauen dominierte in den 1920er Jahren keineswegs das deutsche
Architekturgeschehen, wie es sympathisierende Kritiker und eine auf die
Avantgarde fixierte Baugeschichte lange glauben machten. Die Mehrzahl der
Bauten bediente sich eines noch bis in die Wilheminische Zeit zurückreichen-
den, mehr oder weniger modernisierten Monumentalstiles oder regionaler
Bauweisen im Sinne der Heimatschutzbewegung. Das Neue Bauen hingegen
lehnte historische Formen ab und sah sich als eine auf das Wesentliche zurück-

gehende Architektur am Ende aller Stile. Seine Protagonisten verstanden ihre Projekte als Teil einer umfassenden Neuausrichtung aller Lebensbereiche und zielten in der Mehrzahl auf eine demokratisch verfasste und sozial orientierte Gesellschaftsordnung. Getragen wurde das Neue Bauen vom Deutschen Werkbund, dem Bauhaus, den linken Parteien und Teilen der kritischen Intelligenz. Bekämpft wurde es von konservativen und reaktionären Kräften, aber auch von handwerklich orientierten Kleinunternehmern, die in der Industrialisierung des Bauens die Bedrohung ihrer Existenz sahen.

Im sozialen Wohnungsbau der Weimarer Republik konnten die neuen architektonischen Formen und Inhalte ihre breiteste Wirkung entfalten. Finanziert wurden die Wohnungen für das Existenzminimum aus der Hauszinssteuer, mit der Hausbesitzer belegt wurden, deren Hypotheken die Inflation getilgt hatte. Vor allem in sozialdemokratisch regierten Ländern und Städten wie Preußen mit Berlin oder Frankfurt am Main entstanden deshalb die bedeutendsten Großsiedlungen des Neuen Bauens. In Frankfurt realisierte Ernst May, der in London, Darmstadt und München studiert und 1910–12 in Unwins Londoner Stadtplanungsbüro gearbeitet hatte, zwischen 1925 und 1930 als Stadtbaurat das Wohnungsbauprogramm für das *Neue Frankfurt (Abb. 102)*. Für die Umsetzung der Projekte bediente sich May zunehmend eines neuartigen Montageverfahrens mit Bimsbetonplatten. Der Wohnungsbau wurde mechanisiert, die Wohnungen typisiert und in ihrer Ausstattung standardisiert. Selbst die berühmte, von Grete Schütte-Lihotzky nach funktionalen Gesichtspunkten entworfene *Frankfurter Küche* wurde vorgefertigt.

Das Niddatalprojekt, eine Folge von Siedlungen an den Talhängen der Nidda, vermittelt die klarste Vorstellung von Mays Prinzipien, die das Prinzip der eng-

Abb. 102
Frankfurt/M., Siedlung Römerstadt. Luftbild um 1980.

lischen Trabantenstädte mit den Typen und Formen des Neues Bauens verknüpften. Die Siedlung Römerstadt (1927–30) besteht aus terrassenförmig gestaffelten, teilweise geschwungenen Hauszeilen, die an der Flussseite von einer Stützmauer mit Aussichtsbasteien begrenzt werden. Es handelt sich noch um geputzte, in Weiß, Rot und Blau gehaltene Ziegelbauten mit Flachdächern in Holzkonstruktion. In der westlich, jenseits des alten Ortskerns anschließenden Siedlung Praunheim (1927–29) wurde ein Teil der Wohnungen in Plattenbauweise errichtet. Während hier Staffelungen die gradlinigen Zeilen beleben, erinnert die Siedlung Westhausen (1929–31), die den südwestlichen Abschluss der Hangbebauung des Niddatales bildet, in der gleichförmigen Ausrichtung identischer Baukörper an eine soldatische Formation.

Die puristischen Formen und neuen Wohnleitbilder des Modernismus trafen nur selten den mehrheitlich konventionellen Geschmack von Arbeitern und Kleinbürgern, deren Revolte sich in nachträglichen Veränderungen wie Außenläden, Sprossenfenster, Vordächer oder Verkleidungen zeigt. Doch bereits aufgeschlossenere Architekturpublizisten der zwanziger Jahre erkannten die zunehmende Formalisierung des Modernismus, wie sie sich etwa in dem von May propagierten strengen Zeilenbau zeigt. Polemisch formulierte der Architekt und Kunsthistoriker Walter Behne gegen Gropius, der die schematische Zeile in der Dessauer Bauhaussiedlung Törten, den Berliner Projekten Ludwigsfelde und Haselhorst oder der Karlsruher Siedlung Dammerstock vertrat. Zu letzterer heißt es: »Aber faktisch wird der Mensch hier zum Begriff, zur Figur. Der Mensch hat zu wohnen und durch das Wohnen gesund zu werden, und die genaue Wohndiät wird ihm bis ins Einzelne vorgeschrieben. Er hat, wenigstens bei den konsequentesten Architekten, gegen Osten zu Bett zu gehen, gegen Westen zu essen und Mutterns Brief zu lesen und die Wohnung wird so organisiert, dass er faktisch gar nichts anders machen kann.« *(Die Form V,* 1932, S. 164)

Die Stuttgarter Weißenhofsiedlung als Manifest des internationalen Modernismus

Im Unterschied zur englischen Kunstgewerbebewegung lehnte der 1907 als Vereinigung von Architekten, Handwerkern, Industriellen und Publizisten gegründete Deutsche Werkbund die industrielle Entwicklung nicht ab. Sein Ziel war vielmehr die ästhetische wie funktionale Verbesserung handwerklicher und industrieller Produkte, auch mit der Absicht, ihnen internationale Geltung zu verschaffen. Nach dem Ersten Weltkrieg wandte sich der Werkbund verstärkt sozialen Aspekten industrieller Arbeit zu, darunter der Wohnung und ihrer zeitgemäßen Ausstattung. Im Sommer 1927 fand in Stuttgart die Werkbundausstellung *Die Wohnung* statt. Auf dem Weißenhofgelände am Killesberg entstand unter Leitung Mies van der Rohes eine Siedlung *(Abb. 103)* mit 21 Häusern von 17 internationalen Architekten. Die Bauten versammelten sich an sanft geschwungenen Straßen in lockerer, der Hanglage angepasster Gruppierung. Da man bewusst auf Richtlinien verzichtete, ergab sich ge-

Abb. 103
Stuttgart, Weißenhof-
siedlung. Ganz links
Le Corbusiers Doppelvilla,
rechts Mies' Wohngebäude,
dahinter Ouds Reihen-
häuser.
Foto 1931.

stalterische Vielfalt durch unterschiedliche Typen und Handschriften. Spekta-
kuläre Beiträge waren die Reihenhauszeile des Niederländers J. J. P. Oud, die
Doppelvilla Le Corbusiers und das mit variablen Wohnungen ausgestattete
Appartementhaus von Mies van der Rohe. Ein nahes Experimentiergelände
zeigte neue Materialien und Konstruktionsmethoden. In einer Gewerbehalle
waren vorbildliche Produkte für Wohnen und Hauswirtschaft zu sehen. In
provisorischen Ausstellungshallen beim Neuen Schloss waren, gleichsam als
Ergänzung zur Siedlung auf dem Weißenhof, mehr als 500 Pläne und Modelle zeitgenössischer Architektur aus zehn Ländern versammelt.
Als Manifest des Neuen Bauens rief die Weißenhofsiedlung heftige Ablehnung
der Traditionalisten und blanken Hass der Reaktionäre hervor und trug so zur
weiteren Politisierung der Kunstszene bei. Da sich bei dem Projekt der um
Mies gruppierte modernistische Kern der Berliner Architektenvereinigung *Der
Ring* gegen Paul Bonatz und Paul Schmitthenner durchgesetzt hatte, gründe-
ten die beiden Vertreter der Stuttgarter Schule 1928 mit anderen traditions-
orientierten Architekten die Gegenformation *Der Block*. Die Forderung nach
einer deutschen Architektur und die Aktivitäten einiger *völkisch* orientierter
Mitglieder arbeiteten letztlich der nationalsozialistischen Kunstpolitik in die
Hände. Nahe der Weißenhofsiedlung und als deren polemisches Gegenstück
entstand 1933 die Kochenhofsiedlung. Die Häuser waren – wegen der Unter-
stützung durch die Forstwirtschaft – *mit deutschem Holz* gebaut und besaßen
Satteldächer im Unterschied zum bekämpften Flachdach der Modernisten.
Die Gestaltung lehnte sich, von einer vagen neuromantischen Ideologie begleitet, an land- und kleinstädtische Häuser der vorindustriellen Zeit an, wobei Goethes Weimarer Gartenhaus als Archetypus des deutschen Hauses galt.

Die CIAM und die Charta von Athen

Nicht zuletzt die Weißenhofsiedlung hatte Gemeinsamkeiten der internationalen Avantgarde in Gestaltungsmitteln und Programm deutlich gemacht. Schon während der Ausstellung versuchte man daher, eine Organisation zu schaffen, um die isolierten Ansätze zusammenzuführen. Auf Initiative Le Corbusiers wurden 1928 die *Congrès Internationaux d'Architecture Moderne* (CIAM) gegründet. Schon auf der Vorbereitungstagung von 1928 und dann mit den Frankfurter Statuten CIAM II von 1929 wurden wiederholt die Akademien und die Vorstellung von einer an historische Konventionen gebundenen Baukunst angegriffen. Spätestens mit der Erarbeitung von Statuten wurde allerdings der Modernismus selbst zur quasi-akademischen Doktrin. Der Frankfurter Kongress fand unter der Leitung von Ernst May als Experten für den sozialen Wohnungsbau statt und legte den Bericht *Die Wohnung für das Existenzminimum* vor. CIAM III in Brüssel 1930 befasste sich mit Grundstücksbeschaffung und gab die Publikation *Rationelle Bauweisen* heraus. Die Diskussionen um den Städtebau regten auch die Vereinheitlichung der Darstellungsmethoden und die Ausarbeitung einer Symbolsprache für Stadtplanung an.

CIAM IV fand im Juli und August 1933 als Kreuzfahrt auf dem Mittelmeer zwischen Marseille und Athen statt. Damals befand sich eine Reihe deutscher Vertreter bereits im Exil oder auf dem Weg dorthin. Kongressthema war *Die funktionelle Stadt*, wozu eine systematische Untersuchung von 33 Städten vorgenommen wurde. Inhaltlich war der Kongress von den Franzosen und Le Corbusier dominiert, dessen urbanistische Idee die *Feststellungen des 4. Kongresses bestimmten*. Le Corbusier überarbeitete den Text und gab ihn 1943 unter dem Titel *La Charte d'Athènes* heraus. Die *Charta von Athen* wurde – nicht zuletzt wegen der Verbindung von allgemein gehaltenen Aussagen mit apodiktischen Formulierungen – zu einer Art Grundgesetz des modernistischen Städtebaus. Die folgenreichste Forderung war die Einteilung der Stadt nach den unterschiedlichen, durch Grüngürtel abzugrenzenden Funktionszonen. Auch wurde nur ein Typus des städtischen Wohnbaus propagiert, nämlich hohe, weit auseinander liegende Apartmenthäuser. Die Charta suggerierte die universelle Anwendbarkeit ihrer Prinzipien, vertrat jedoch eine eindimensionale und überaus restriktive Konzeption.

Städte der Diktaturen

Anders als in Deutschland, wo reaktionäre und völkische Kreise die modernistische Architektur nicht zuletzt als Symptom der verhassten Republik bekämpften, verlief die Entwicklung im Italien Mussolinis wesentlich uneinheitlicher. Bis 1936 machten sich der gemäßigt moderne Neoklassizismus des *Novecento Italiano* und der Rationalismus die kulturelle Szene streitig. Zahlreiche Politiker und Architekten – insbesondere der Gruppo 7, ein Zusammenschluss von sieben ehemaligen Schülern des Mailänder Polytechnikums – versuchten, den Rationalismus als spezifisch italienische Variante zeitgenössi-

Abb. 104
Rom, E.U.R. Viale della
Civiltà del Lavoro mit
Palazzo della Civiltà
Italiana.

schen Bauens zu etablieren. Doch schließlich favorisierte der Faschismus die Rückkehr zu einem modernisierten akademischen Neoklassizismus, wie ihn Marcello Piacentini und andere vertraten.

Das repräsentative urbanistische Projekt war die römische Trabantenstadt E.U.R. *(Abb. 104)*, geplant für die *Esposizione Universale di Roma*, die Weltausstellung von 1942, die wegen des Zweiten Weltkriegs nicht zustande kam. Der neue Stadtteil sollte die Verbindung zwischen dem alten Rom und Ostia am Meer herstellen und dabei zugleich das neue Italien repräsentieren, das *Dritte Rom* nach dem ersten der Antike und dem zweiten der Päpste. In der 1937 vorgestellten Planung gewannen zwar die monumentalen Konzeptionen Piacentinis die Oberhand, doch waren sie nicht einmal allzu sehr von den abgelehnten Entwürfen entfernt: blockhafte Bauten mit symmetrischen Grundrissen, Assoziationen des Antikisch-Mediterranen durch purifizierte Kolonnaden und Arkaden, Verkleidungen aus Marmor und Travertin. Die Gebäude liegen zwar an rechtwinklig sich kreuzenden Achsen, doch erscheint die Stadt als Komposition autonomer Monumente. Als markantestes Bauwerk schließt der Palazzo della Civiltà Italiana (1938–40) von Giovanni Guerrini, Bruno La Padula und Mario Romano eine Querachse ab. Mit seinen sieben übereinander gestellten Travertinarkaden bei quadratischem Grundriss wurde er sofort *Colosseo quadrato* genannt.

In Deutschland setzte die Machtübernahme durch die Nationalsozialisten dem Neuen Bauen ein schnelles Ende. Offizieller Stil für Partei- und Staatsbauten und repräsentative Innenbereiche größerer Städte wurde ein wuchtiger, von kleinteiligem Schmuck bereinigter Neoklassizismus, dessen Materialien ewige Dauer suggerierten. In der Privatarchitektur der Siedlungen, Dörfer und Klein-

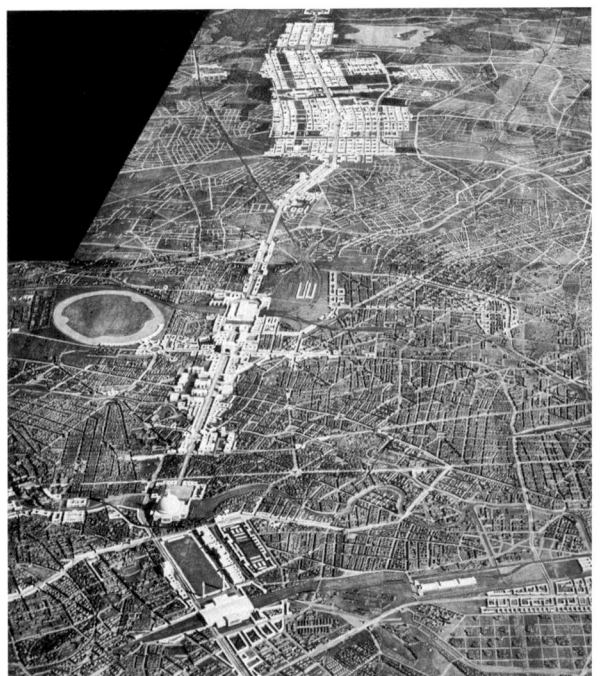

Abb. 105
Berlin-Modell mit der
geplanten Nord-Süd-Ach-
se. Vorn der Nordbahnhof
und der Große Platz mit
der Kuppelhalle, hinten
die Wohnstadt.

städte, bei Schulungsbauten und Kasernen waren Regionalismen erwünscht, die auf die konservative Architektur der Weimarer Republik und entsprechende Strömungen vor 1914 zurückgingen. Nur der Industriearchitektur schien eine sachliche Formensprache angemessen.

Die Planungen Albert Speers und seiner in Führer- und Gauhauptstädten eingesetzten Kollegen sahen monumentale Stadtumbauten vor, an denen Hitler persönlich Anteil nahm. Ein Beispiel urbanistischer Ästhetik des Nationalsozialismus ist die Umgestaltung des Königsplatzes in München, der *Hauptstadt der Bewegung.* Durchgehender Plattenbelag machte aus den vormaligen Grünflächen einen Aufmarschplatz, und der humane Maßstab des klassizistischen Ensembles wurde durch den harten Neoklassizismus der von Paul Ludwig Troost hinzugefügten Parteibauten konterkariert.

Im Rahmen der vorgesehenen Neugestaltung der Reichshauptstadt *(Abb. 105)* baute Speer, als Generalbauinspektor Hitler unmittelbar unterstellt, die vorhandene Berliner Ostwestachse aus und kreuzte sie mit einer 7 Kilometer langen und 120 Meter breiten Prachtstraße. Sie sollte vom neuen Nordbahnhof zur Kuppelhalle für 250 000 Menschen führen und weiter nach Süden durch den auf Hitlers Entwurf zurückgehenden Triumphbogen zum geplanten Südbahnhof und dann zu einer Wohnstadt für 400 000 Menschen. Entlang der Triumphstraße, Rückgrat des nach siegreichem Kriegsende als Welthauptstadt in *Germania* umzubenennenden Berlin, sollten sich die wichtigsten Repräsentationsbauten von Staat, Partei, Wehrmacht, Stadt und Wirtschaft aufreihen. Die Planung griff ältere Berliner Projekte auf und suchte durch hypertrophe Weiterführung die Prachtstraßen von Paris, Rom, Wien und München zu überbieten. Bereits in den letzten Kriegsjahren wurden im NS-Staat planerische Voraussetzungen zum Wiederaufbau der zerstörten Städte geschaffen, die – bei erstaunlicher Kontinuität der Konzepte wie der Personen – die Modernisierung der Stadtstrukturen in den ersten Nachkriegsjahren bestimmte.

In der Sowjetunion wurde unter Stalin ab 1932 die Abkehr von der künstlerischen Abstraktion und vom experimentellen Konstruktivismus durchgesetzt. Die Kulturdoktrin des Sozialistischen Realismus – das Typische, die Parteilichkeit und die Volkstümlichkeit – ließ sich zwar aus Literatur und Bildkünsten nicht direkt auf das Bauen übertragen. Doch sollte Architektur sozialistisch im Inhalt und national in der Form sein, gepaart mit neuesten Bautechniken. Unter Rückgriff auf bewährte Würdeformeln und Bildprogramme klassischer Architektur und Kunst durften, gleichsam als Verschleierung zentralistischer Politik, regionale Differenzierungen sichtbar werden. Sie sollten in den Monumentalbauten Moskaus, mit dem Sowjetpalast als Höhepunkt, eine maßstäbliche Steigerung und symbolische Verklammerung finden.

1935 wurde der erste Moskauer Generalbebauungsplan genehmigt. Bei den Vorbereitungen hatte der Vorsitzende der Architektur- und Planungsabteilung der Stadt gegen die Vorschläge Le Corbusiers argumentiert: *Moskau braucht mit Sicherheit den Neubau, nicht aber den Bau einer neuen Stadt oder den Abriss Moskaus.* Die auf zehn Jahre der Realisierung berechnete Planung behielt die ringförmige Stadtstruktur mit Radialstraßen bei und sah weite Grünflächen und Wohnbauten in den besten Innenstadtlagen vor. Am Wettbewerb für den Sowjetpalast hatten sich 1931–32 auch internationale Modernisten beteiligt. Das Monument sollte nach dem siegreichen Beitrag Boris Michailowitsch Jofans auf dem Manegeplatz am Moskwa-Bogen errichtet und durch breite Achsen in Szene gesetzt werden *(Abb. 106)*. Aus den USA entlehnte Baugedanken wie die Abtreppung und Verjüngung des 320 Meter hohen Turms mit der bekrönenden Lenin-Statue wurden als Ausdruck von Modernität und technischem Fortschritt propagiert. Unter den realisierten Vorhaben waren die Moskauer Metro mit ihren glamourösen Stationen, die Graniteinfassung der Moskwa-Ufer und das Brückenprogramm die umfangreichsten.

Ab 1943 wurden erste Wiederaufbaupläne für die zerstörten Städte angefertigt, wobei man die alten Stadtsilhouetten wiederherstellen und Neubauten an alte Vorbilder anpassen wollte. Reichdekorierte Turmhochhäuser setzten neue Akzente, außer in Leningrad, wo man die alten Bauten nicht beeinträchtigen wollte. In ihrem emotionalen Gehalt sollte die Architektur der Nachkriegsjahre den Sieg über die nationalsozialistischen Angreifer widerspiegeln. Nach Stalins Tod wurde die Architekturpraxis der vergangenen Jahre als Verzerrung des Kulturerbes kritisiert, die Abkehr von den akademischen Prinzipien eingeleitet und die Industrialisierung des Bauwesens (1954) vorgeschrieben.

Abb. 106
Moskau. Die Bebauung des Areals im großen Moskwabogen mit dem Sowjetpalast. Projekt von Boris Michailowitsch Jofan und Wladimir Georgiewitsch Helfreich, 1937.

10 Spätmodernismus, Postmoderne und die Stadt im Zeitalter der Globalisierung

Schon vor dem Zweiten Weltkrieg war die modernistische Architektur doktrinär geworden. Was einmal Avantgarde und kritische Bewegung gewesen war, wandelte sich zu dem nach Einschätzung der Protagonisten und Sympathisanten allein zeitgemäßen *International Style* mit universalem Geltungsanspruch. Traditionelle Architektur schien nun unvereinbar mit dem vermeintlichen Fortschritt in der industriellen Massengesellschaft. Im Kalten Krieg stellten die kommunistischen Staaten dem *International Style* zunächst ihren offiziellen Neoklassizismus entgegen. Im Bereich des Kapitalismus wurde der *International Style* mit repräsentativer Demokratie, individueller Freiheit, ja mit den Lebensformen und Werten der westlichen Welt schlechthin gleichgesetzt.

Die modernistische Stadt im Sinne der Charta von Athen wurde jedoch bald zum internationalen Leitbild. Vor dem Hintergrund des Glaubens an die technisch-wissenschaftliche Zivilisation bestimmten in den kapitalistischen und – ungeachtet unterschiedlicher sozioökonomischer und politischer Rahmenbedingungen – seit dem Ende des Stalinismus auch in den sozialistischen Ländern Totalplanung, Funktionstrennung und der Bruch mit der Tradition die Entwicklung der Städte.

Die rapide Zerstörung und Auflösung der gewachsenen Innenstädte, die triste Uniformität der Großsiedlungen am Stadtrand und die Trivialisierung der ehemals differenzierten architektonischen Gestaltungsmittel des Neuen Bauens durch den Bauwirtschaftsfunktionalismus führten um 1970 zur Wiederentdeckung der Architektur als Kunst und zur Neuaneignung der traditionellen europäischen Stadt in den westlichen Ländern.

Das nun formulierte Leitbild einer kontextuellen Stadterneuerung gewann für den deutschsprachigen Raum vor allem in Berlin unter dem Stichwort *Kritische Rekonstruktion* Gestalt. Dort demonstrierte die Internationale Bauausstellung 1984/87, wie die Innenstadt als Wohnort durch die Neuaneignung gewachsener Stadtstrukturen weiterentwickelt werden kann. Seit der Wende dominiert die *Kritische Rekonstruktion* die umfangreichen städtebaulichen Projekte im wiedervereinigten Berlin.

Doch entziehen sich im Zeitalter globaler Verstädterung insbesondere die zersiedelten, von Verkehrsbauten durchsetzten suburbanen Strukturen mehr und mehr der Gestaltung. Die ganzheitlichen urbanistischen Konzepte scheinen hier zu versagen. Wie soll der aktuelle Städtebau darauf reagieren? Soll er zum Beispiel Rückzugsorte architektonischer Formenschönheit und typologischer Vertrautheit schaffen oder, ganz im Gegenteil, überlieferte Vorstellungen von Regulierung, Ortsbindung und historischer Identität aufgeben?

Brasilia: Brasiliens neue Hauptstadt

In Analogie zu den höchst ambitionierten Planstadtgründungen der frühen Neuzeit wurde um 1960 Brasilia *(Abb. 107 und 108)* als exemplarische Demonstration des spätmodernistischen Urbanismus verstanden, zudem noch auf dem hohen Anspruchsniveau einer neuen Hauptstadt. Die Verlegung des brasilianischen Regierungssitzes auf den Planalto Central hatte bereits die Verfassung von 1891 gefordert. Viele Kommissionen studierten damals und erneut nach 1946 die Möglichkeit einer Hauptstadtgründung im Binnenland in etwa 1000 Kilometer Entfernung von der Küste. Die Rechtfertigungen waren sehr unterschiedlich: Abkehr vom sündigen Rio de Janiero, besseres Klima, Erschließung des Landesinnern und die zentrale Lage innerhalb des Staatsgebietes. Das Vorhaben wurde ab 1956 durch Präsident Juscelino Kubitschek unter rücksichtsloser Mobilisierung aller Mittel und gesteigerter Staatsverschuldung so schnell umgesetzt, dass bereits 1960 der Regierungssitz verlegt werden konnte. Fünfundzwanzig Jahre nach Baubeginn war mit 500 000 Einwohnern im Planbereich die vorgesehene Zahl erreicht. Bereits damals lebte etwa die doppelte Anzahl Menschen überwiegend in den Elendsquartieren der ungeplanten, 10 bis 25 Kilometer vom Stadtrand Brasilias entfernten Satelliten.

Aus dem städtebaulichen Wettbewerb ging Lúcio Costa als Sieger hervor. Seine Grundkonzeption beruhte auf einem Achsenkreuz, das sich als christliches Symbol und traditionelles Zeichen der Besitzergreifung besonders empfahl. Wegen des an die Topografie angepassten, geschwungenen Querbalkens lässt der Stadtgrundriss aber auch an ein Flugzeug mit gebogenen Tragflächen denken. Den Längsbalken bilden eine 10 Kilometer lange Hauptverkehrsader und eine sich über 5 Kilometer erstreckende, bis 350 Meter breite Monumentalachse. Hier erheben sich die repräsentativen Bundesbauten, für deren Planung Oscar Niemeyer verantwortlich war. Am *Platz der Drei Gewalten* liegen die Nationalversammlung, der Oberste Gerichtshof und der Präsidentenpalast, der die bevorzugte Situation an der in einen Stausee hineinragenden Landzunge einnimmt. Um den Schnittpunkt der Kreuzarme, der durch ein Busde-

Abb. 107 (links) Brasilia, Plan von Lúcio Costa, 1956.

Abb. 108 (rechts) Brasilia, monumentale Achse mit dem Platz der Drei Gewalten. Hinten links Planaltopalast (Staatskanzlei), vorn Nationalkongress mit Senat, Bürohochhaus und Abgeordnetenkammer, hinten rechts das Höchste Gericht. Foto um 1960.

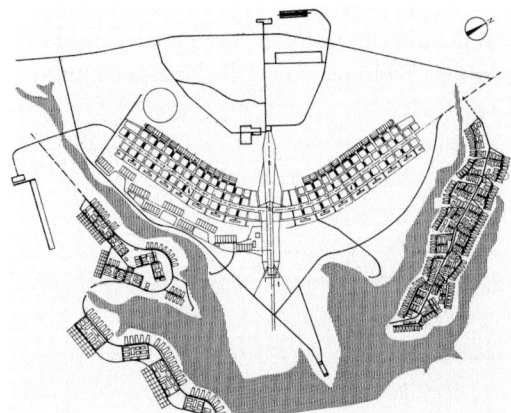

pot auf mehreren Ebenen betont wird, gruppiert sich das Geschäfts- und Kulturzentrum. Der Querbalken des Kreuzes erschließt die Wohnsektoren.

Brasilia folgt rigoros dem modernistischen Konzept der Funktionstrennung. Breite, kreuzungsfreie Magistralen sind das Resultat des Traumes von der neuen Stadt des Autozeitalters. Dies lässt, zusammen mit den hypertrophen Dimensionen, stadträumliche Bezüge gar nicht erst aufkommen und erweckt den Eindruck öder Weite. Niemeyers Staats- und Repräsentationsbauten sind in ihren einfachen stereometrischen Volumen zwar noch dem Modernismus verpflichtet, wollen aber alles andere als austauschbare Kisten sein. Vielmehr wurde versucht, durch einprägsame Architekturbilder zur Identität des Ortes beizutragen. Nach den Worten ihres Architekten sollten die Gebäude *leicht und hell in den endlosen Nächten der Hochebene schweben.* Auch wer noch nie dort war, kennt das medial vermittelte Bild der neuen Hauptstadt, ihre pathetischen Formgebilde wie die Betonschalen von Senat und Parlament – die eine wie eine Kuppel bergend nach unten gewendet, die andere nach oben geöffnet – oder die eleganten Fassadenlösungen mit den paraboloiden Stützenvorhängen.

Berlin im Kalten Krieg: Konfrontation der städtebaulichen Leitbilder in Ost und West

Kaum ein Ort kann besser die Konfrontation urbanistischer Leitbilder im Kalten Krieg verdeutlichen als Berlin, wo die Modelle im geteilten Stadtgebiet miteinander konkurrierten. Nach den Bombardierungen und Bodenkämpfen des Zweiten Weltkriegs waren in der ruinösen Substanz die alten Stadtstrukturen noch durchaus erkennbar. Gleichwohl war an Wiederherstellung nicht zu denken, vor allem wegen der unmittelbaren existentiellen Not, aber auch, weil die Alliierten den Bruch mit der Hauptstadttradition betrieben. Das alte Berlin schien durch preußischen Militarismus, wilhelminische Großmannssucht und das verbrecherische NS-Regime diskreditiert. Der planerische Aufbruch der unmittelbaren Nachkriegszeit stand für politische Läuterung und moralische Erneuerung. Bereits 1945/46 entwickelte das Planungskollektiv um den parteilosen Stadtrat Hans Scharoun, einen Pionier des Neuen Bauens, einen Wiederaufbauplan. Er sah für Industrie, Wirtschaft und Verwaltung eine bandförmige, dem Urstromtal der Spree folgende *Arbeitsstadt* vor, im Norden und Süden von Wohngebieten mit Einheiten für jeweils 4 000 bis 5 000 Einwohner flankiert, alles verbunden durch ein Netz aus Schnellstraßen. Die alten Strukturen wurden weitgehend ignoriert, Groß-Berlin sollte sich in eine durchgrünte Gartenstadt verwandeln.

Für die sich konstituierende DDR-Architektur war – nach frühen Anknüpfungsversuchen an die Tradition des Neuen Bauens – bald die Ablehnung des Modernismus programmatisch. Scharouns Arbeit wurde als *bourgeoise Neutönerei* abgetan, modernistische Architektur galt als Ausdruck des vom Imperialismus unterstützten Kosmopolitismus und als Beispiel spätbürgerlichen Kulturverfalls. Die *16 Grundsätze des Städtebaus* (1950) propagierten im Ge-

gensatz zur Charta von Athen das traditionelle Modell der hierarchisch ge-
gliederten, verdichteten und begrünten Stadt mit herkömmlichen Straßen
und Plätzen. Baugestalt und Stilmittel sollten der *fortschrittlichen Tradition
unseres deutschen Volkes* folgen, die Baukunst *dem Inhalt nach demokratisch und
der Form nach national* sein. Gemäß den Prinzipien des sozialistischen Realismus hatte sie, wie die Architektur der stalinistischen Sowjetunion, der akademischen Gestaltungsweise zu folgen.

Dem westdeutschen Provisorium Bonn wurde mit gesamtdeutschem Anspruch eine prachtvolle Hauptstadt Berlin gegenübergestellt. 1951 begann der
Bau der monumentalen Magistrale der ehemaligen Stalinallee *(Abb. 109)*. Na-
tionaler Ausdruck wurde durch kritische Assimilation des historischen Erbes
und Regionalbezüge angestrebt. In Berlin bedeutete dies Neoklassizismus nach
Art der Schinkelzeit. Analog zeigen Dresdner Neubauten barocke Details, in
Dessau orientierte man sich an der Formensprache Erdmannsdorffs, und Ros-
tock nahm Bezug auf die Backsteingotik. An der Stalinallee fassen die komfor-
tabel ausgestatteten Wohnpaläste für Arbeiter den geraden Straßenzug. Es sind
sorgfältig rhythmisierte, sieben- bis neungeschossige Bauten mit Ladenzonen
im Erdgeschoss. Heute verbindet sich mit der denkmalgeschützten Allee einer-
seits die Erinnerung an den Stalinismus und den 17. Juni 1957. Andererseits
genießt sie wegen ihrer gestalterischen Qualität hohe Wertschätzung.

Das neue sozialistische Zentrum sollte auf und bei der Spreeinsel entstehen,
wo 1950 das kriegszerstörte Hohenzollernschloss aus ideologischen Gründen
abgetragen wurde. Von sowjetischen Vorbildern beeinflusste Projekte eines
Regierungshochhauses mit Volkskammersaal verdrängten die ursprüngliche
Idee eines flach gelagerten Volkshauses. Dessen später Nachfolger wurde der
1974–76 errichtete Palast der Republik, der sich jedoch in die Tradition des
Neuen Bauens stellt.

*Abb. 109
Berlin-Friedrichshain,
Karl-Marx-Allee/Frank-
furter Allee, ehemalige
Stalinallee.*

Abb. 110
Berlin-Tiergarten, Hansa-
viertel. Modell der Inter-
bau 1957.

In Westberlin wurde das Hansaviertel *(Abb. 110),* zugleich Internationale Bau-ausstellung *Interbau* 1957, das ideologische Gegenbild zur Stalinallee. Der herkömmliche Stadtraum ist durch offenen Plan und aufgelockerte Anord-nung der Bauten überwunden. Sie stehen, einzeln oder in Zeilen gruppiert, asymmetrisch eingebettet in eine Art Landschaftspark mit fließenden räum-lichen Übergängen. Unter den Architekten fanden sich mit Aalto, Gropius, Ja-cobsen und Niemeyer große Namen des Internationalen Modernismus, aber auch die Prominenz der jungen BRD. Der *International Style* der Bauten stand für Weltoffenheit, Modernität und Westbindung, klassische Bezüge hingegen galten als rückwärtsgewandt und wurden mit Totalitarismus gleichgesetzt. Der demonstrative architektonische Traditionsbruch im Westen der ehemaligen Reichshauptstadt und in der BRD kann also auch als kompensatorische Ent-sorgung der NS-Vergangenheit in der restaurativen Adenauer-Ära verstanden werden.

Im Hansaviertel sind alle damals gebräuchlichen Typen des Wohnungsbaus vertreten: Scheiben- und Punkthochhäuser folgen im Nordwesten dem Lauf der S-Bahn-Trasse, ein weiteres Punkthochhaus bildet am Südrand eine Do-minante. Zwischen Großzeilen entfaltet sich eine teppichartige Bungalowbe-bauung. Zwei Kirchen, ein Ladenzentrum und Bildungsbauten setzen gestal-terische Akzente. Bruchlos gehen die Grünräume der Siedlung in den Tier-garten über. Gleichzeitig entwarf auch Le Corbusier außerhalb des Interbau-Areals eine seiner Wohneinheiten.

Die Festschreibung der Teilung mit dem Mauerbau 1961 führte zur Ausbildung neuer Zentren. Im Osten wurde der Alexanderplatz aufgewertet und ausgebaut. Im Westen sollte das Kulturforum nahe der Grenze den Ersatz für die traditionsreichen Stätten in Berlin-Mitte bilden. Es kann exemplarisch für die Misere modernistischen Städtebaus stehen, denn auch hier galt unhierarchische Gruppierung als demokratische Antwort auf die östlichen Planungen zur Hauptstadt der DDR. Bis heute stehen hochrangige Einzelbauten wie Scharouns Philharmonie oder Mies' Neue Nationalgalerie an einem unwirtlichen Ort. Ab den späten 1960er Jahren zeigten Ost und West dann erstaunliche Parallelen in der Innenstadtauflösung und im trivialisierten Modernismus der Großsiedlungen am Stadtrand.

Krise des Modernismus, Postmoderne und Neuaneignung der traditionellen Stadt

Unbehagen an Architektur und Stadt ist ein kulturkritischer Topos der Moderne. Der seit den 1970er Jahren intensivierte Diskurs über die gebaute Umwelt stand jedoch vor dem Hintergrund der umfassenden Krise der Zivilisation in den Industrieländern: Verlust des Vertrauens in den wissenschaftlich-technischen Fortschritt, Angst vor nuklearer Bedrohung, Kritik der sozioökonomischen und politischen Ordnung, Sensibilisierung für ökologische Zusammenhänge sowie die Auflösung gesellschaftlicher Konventionen und Erprobung alternativer Lebensformen.

Mehr und mehr hatte die etablierte modernistische Architektur ihre Defizite offen gelegt *(Abb. 111):* Funktionalismus wurde in banaler Massenproduktion auf reine Zweckorientierung verengt. Formale Abstraktion führte zu ästheti-

Abb. 111
Hamburg, Einkaufszentrum Hamburger Straße, 1970 fertig gestellt.

Abb. 112
New Orleans, Piazza
d'Italia.

scher Verarmung oder willkürlichen Formalismen. Uniformität ignorierte das Besondere eines Ortes. Gewachsene Stadtgebiete wurden durch architektonische Fremdkörper und Umbau nach dem Postulat der *autogerechten Stadt* entstellt oder verloren bei Flächensanierungen ihre Identität. Die wuchernden Vorstädte mit monotonen Wohnhochhäusern und tristen Einkaufszentren, von Gewerbegebieten bedrängt und durch vielspurige Schnellstraßen zerschnitten, erschienen geradezu als Karikatur der vormals gepriesenen Funktionsentflechtung.

Angesichts der Reduktionsästhetik des späten *International Style* forderte Robert Venturi in *Complexity and Contradiction* (1966) und *Learning from Las Vegas* (1972), eine Architektur der Zeichenhaftigkeit und der motivisch-formalen Vielfalt mit Brüchen, Kompromissen und Zweideutigkeiten, ohne Tabus bei der Aneignung der Baugeschichte wie der Alltagskultur. Etwa gleichzeitig machte sich Philip Johnson, einst Promotor des Neuen Bauens in den USA, mit moralfreiem Relativismus daran, in seinen Entwürfen eklektisch die gesamte Kunstgeschichte auszuwerten. Glaubte der Modernismus an den Fortschritt der Künste zu wesenhaften Ausdrucksmitteln, so weitete die Postmoderne den Blick. Kritisch gebrochen wurden historische Formen und Motive – auch die des historisch gewordenen Modernismus – zum Vokabular narrativ-fiktionaler Gestaltung. Der Terminus Postmoderne bezeichnet demnach nur am Rande verspieltes Zitieren und nostalgische Verwendung historischer Motive. Er kennzeichnet vielmehr einen fundamentalen Wandel des Kunstbewusstseins, nämlich die Abkehr vom linearen Kunstfortschritt zugunsten eines Rundhorizontes konkurrierender Paradigmen aus Vergangenheit und Gegenwart. An die Stelle der voraussetzungslosen Invention als Postulat der klassischen Avantgarden tritt in der Postmoderne die permanente Reflexion des vorhandenen Materials.

Einige Beiträge aus den 1970er Jahren waren, besonders in den USA, recht laut und bunt, bezogen sich auf die Trivialkultur und standen darin der Pop Art nahe. Die antikisierenden Säulenordnungen und lateinischen Inschriften der 1976 von Charles Moore entworfenen Piazza d'Italia in New Orleans *(Abb. 112)* verkünden also keineswegs die Rückkehr zur klassischen Tradition. Fragmentierung, kulissenhafte Motivhäufungen und zeitgenössische Materialien zeigen vielmehr die Uneigentlichkeit des Ensembles. Gleiches bewirkt die demonstrative Ironie der Brunnenanlage mit ihrem dem italienischen Landkartenstiefel nachgestalteten Paviment. In einem Viertel mit überwiegend ita lienischstämmiger Bevölkerung macht die Evokation der alten Heimat gerade auch deren Ferne bewusst. Analog wird die klassische Bautradition zwar penetrant beschworen, zugleich aber als abwesend deklariert.

Bereits 1966 war mit Aldo Rossis Schrift *L'architettura della città* die zumindest für Europa folgenreichste Neubestimmung urbanistischer Leitbilder erschienen. Rossi attackierte das modernistische Dogma, wonach die Form aus der Funktion erwachse. Vielmehr sei – etwa am zum Teil mehrfachen Funktionswandel der antiken Bauten in Mittelalter und Neuzeit – historisch belegt, dass sich die prägnante, ortsbezogene Form vielfältigen Nutzungen anpasse. Aus den lebens- und geschichtsfremden Stadtutopien der ersten Jahrhunderthälfte und den Machbarkeitsfantasien der Nachkriegsplaner zog Rossi die Konsequenz, dass Städtebau nicht Stadtauflösung und voraussetzungslose Totalplanung bedeuten könne. Am Ort selbst und von seiner Analyse ausgehend seien die Probleme der Stadt zu lösen.

Die Biennale in Venedig 1980 thematisierte unter dem Titel *La presenza del passato* die Gegenwärtigkeit der Vergangenheit. Zwanzig Architekten, darunter Venturi, Rauch & Scott Brown, Hans Hollein, Josef Paul Kleihues, Charles Moore und Léon Krier, errichteten im Arsenal an einer *Strada novissima* fast sieben Meter hohe Fassaden aus Holz und Pappe. Die Ausstellungsstraße machte den postmodernen Pluralismus evident und war zugleich ein urbanistisches Manifest durch das Bekenntnis zur Fassade und zum traditionellen Straßenzug. In der Denkmalpflege rückten seit den 1970er Jahren zunehmend Ensembleschutz und Stadtbildpflege als Korrektiv des Modernisierungswahns in den Blick; Schützenhilfe kam von mehr oder weniger robust gegen Spekulation und Sanierung durch Abriss agierenden Bürgerinitiativen. Symptom des Bewusstseinswandels war das europäische Denkmalschutzjahr 1975, das *eine Zukunft für unsere Vergangenheit* forderte. Sogar der Bundes-

Abb. 113
Zwolle, Wohnbebauung.

präsident rechnete den wirtschaftswunderstolzen Westdeutschen vor, dass in den Wiederaufbaujahren mehr historische Substanz vernichtet wurde als durch die Zerstörungen aller voraufgegangenen Kriege. Statt Sanierung durch großflächigen Russland und uniforme Neubebauung wurde kontextuelle Stadterneuerung gefordert.

Im niederländischen Zwolle *(Abb. 113)* entstand eines der ersten Großprojekte, das sich dezidiert zum Genius loci bekannte. Aldo van Eyck und Theo Bosch hatten sechzehn Varianten eines Typus entwickelt, mit denen ab 1975 Wohngebäude mit Ladenlokalen errichtet wurden. Dem gekrümmten Straßenlauf folgend, reiht sich kleinmaßstäblich Giebelhaus an Giebelhaus. Mit Durchgängen, Höfen, Außentreppen und Gärten ergaben sich variationsreiche Freiräume. Ziegel als Material, großflächige Fenster und gekappte Giebel finden sich ähnlich an Zwoller Altstadtbauten. Dennoch handelt es sich nicht um bloßes Remake. Die Verteilung der Wandöffnungen, Stabwerkgitter, Glasdächer und vor allem die trotz der Vielfalt erkennbare Serialität weisen das Ensemble als zeitgenössische Auseinandersetzung mit der ortstypischen Bautradition aus.

Grands projets in Paris und klassische Formen im französischen sozialen Wohnungsbau

In Frankreich wurde unter der Präsidentschaft François Mitterands in den 1980er Jahren ein Programm monumentaler Stadtarchitektur aufgelegt, das im Falle von Paris durch gut ein Dutzend spektakulärer Großbauten der Musealisierung der *Hauptstadt des 19. Jahrhunderts* entgegenwirken sollte. Unabhängig davon entstanden etwa gleichzeitig im Ballungsraum Paris und an der Peripherie anderer Städte neue Großwohnanlagen, die den gesichtslosen Nachkriegsmodernismus und den sinnentleerten Formalismus der siebziger Jahre durch Aneignung klassischer Modelle und Einzelformen zu überwinden suchten.

Eigentlich entspricht die Pariser Innenstadt schon weitgehend den Idealen nachmodernistischer Städtebauer. Es gibt einen klaren Stadtgrundriss, reiche Funktionsmischung bei hoher Verdichtung, zudem die identitätsstiftende Kontinuität von Typen, Formen und Materialien. Schon früh leistete überdies die Denkmalpflege vorbildlichen Ensembleschutz, während Bebauungsrichtlinien das Stadtbild bewahrten. Zur Entlastung von modernistischen Stadtvisionen trug wesentlich das am

Abb. 115
Saint-Quentin-en-Yvelines
bei Paris, Les Arcades du
Lac. Ricardo Bofill –
Taller de Arquitectura,
1972–83.

Westende der großen Achse gelegene Geschäftsviertel La Défense bei, das nach einem Stadterweiterungsplan von 1958 zur monofunktionalen Hochhausagglomeration heranwuchs.

Die *Grands projets* mussten also, wenngleich als Innovationsschub geplant, keine grundsätzliche Neuorientierung herbeiführen, sondern Vorhandenes den gewandelten Aufgaben anpassen oder es durch weitere Prestigebauten ergänzen. Obwohl der Präsident und die übrigen Verantwortlichen viel von Aufbruch und Zukunft redeten und sich der Mehrzahl der Bauten zwischen High-Tech und Neomodernismus bewegt, wurde doch der Genius loci respektiert. So bestätigt Ieoh Ming Peis 1989 eingeweihte gläserne Pyramide auf der Cour Napoléon des Louvre *(Abb. 114)* das klassische Gefüge des Museumsschlosses und verknüpft es zugleich sinnfällig mit der historischen Achse, an der in La Défense die torartige Grande Arche – nach dem Entwurf Johan Otto von Spreckelsens errichtet und ebenfalls 1989 zum Revolutionsjubiläum eingeweiht – auf den Louvre antwortet.

Angesichts monotoner Großsiedlungen, die in architektonischer wie sozialer Hinsicht Sanierungsfälle darstellten, schienen die von Ricardo Bofill und dem Taller de Arquitectura entworfenen Wohnanlagen *(Abb. 115)* durch das Zitat klassischer Formen und monumentale Unverwechselbarkeit einen Ausweg zu weisen. Die Bauten gruppieren sich in axialer, symmetrischer und hierarchischer Gliederung über streng geometrischen Grundrissen. Alles erinnert an die Gemessenheit der französischen Gartenkunst und die Rationalität der nationalen Bautradition. Aus Betonfertigteilen, die in und bei Paris im Ton des blonden Kalksandsteins der Ile-de-France durchgefärbt sind, entstanden megalomane antikisierende Formgebilde. In neuen Motiv- und Funktionszusammenhängen stapelt sich so Klassisches zu seriellen Wohneinheiten, die wie Schlösser aus einem Riesenbaukasten wirken. Dies förderte zwar die Identifikation der Bewohner mit der Umgebung, änderte aber nichts an den sozialen Problemen. Denn auch hier handelte es sich letztlich um stadtferne, überdimensionierte und monofunktionale Anlagen, deren Wohnungen sich in Größe, Schnitt und Ausstattung nicht vom Durchschnitt des sozialen Wohnungsbaus unterscheiden.

Kritische Rekonstruktion der Stadt: von der IBA 1984/87 zum Berlin der Nachwendezeit

Gegenentwürfe zu den Fehlentwicklungen des Nachkriegsstädtebaus sollte die Internationale Bauausstellung (IBA) 1984/87 unter dem Thema *Innenstadt als Wohnort* im Westteil Berlins zeigen. Der Schwerpunkt *behutsame Stadterneuerung* unter Leitung von Hardt-Walterr Hämer demonstrierte in dem Kreuzberger Gebiet SO 36 die Erneuerung, Ergänzung und infrastrukturelle Verbesserung einer hoch verdichteten, gemischt genutzte Altbebauung anstelle der bis dahin vorherrschenden Flächensanierung.

Als Planungsdirektor für die IBA-Neubaugebiete konnte Josef Paul Kleihues seine Vorstellung von *Kritischer Rekonstruktion* umsetzen. Danach hat der Dialog von Überliefertem und Neuem von der historischen Grundstruktur einer Stadt auszugehen: *Städtebau ist Erinnerung* (Kleihues). Entsprechend ergänzten sich drei Strategien: schöpferische Wiederherstellung vergangener Zustände, collagierend-spielerische Weiterentwicklung des Bestehenden und kalkulierte Kontradiktion. Nicht vordergründige Harmonie bildete das Ziel, sondern ein lebendiges Miteinander unterschiedlicher Modelle. Daher war ein breites Spektrum theoretischer Ansätze und gestalterischer Ausdrucksmittel der beteiligten Architekten erwünscht.

Die IBA-Projekte in der Südlichen Friedrichstadt *(Abb. 116)* haben exempla-

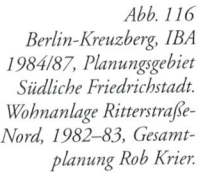

*Abb. 116
Berlin-Kreuzberg, IBA 1984/87, Planungsgebiet Südliche Friedrichstadt. Wohnanlage Ritterstraße-Nord, 1982–83, Gesamtplanung Rob Krier.*

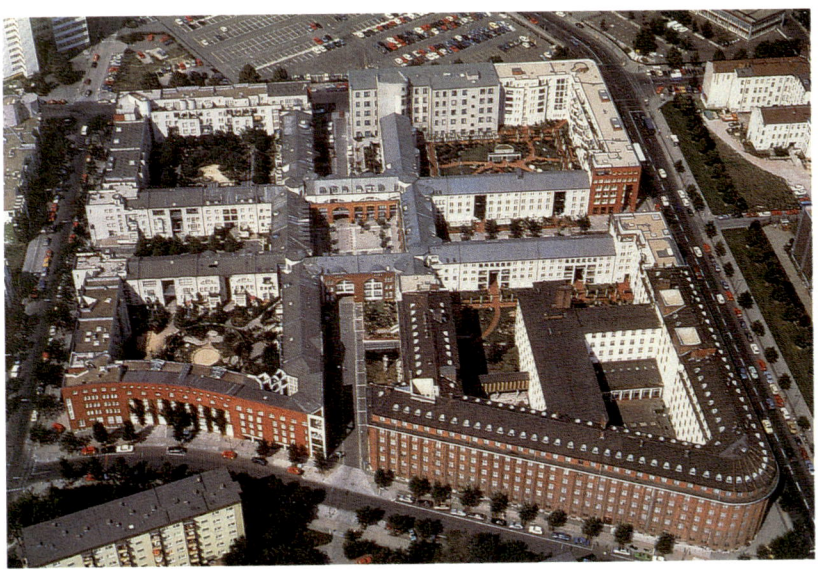

Abb. 117
Berlin-Mitte, Nikolaiviertel, Ostansicht im Arbeitsmodell von 1984. Günter Stahn, Wolfgang Woik, Reiner Reuer.

rischen Charakter: Aufnahme des historischen Stadtgrundrisses und der traditionellen Blockstruktur, Integration alter Substanz, gestalterische Vielfalt bei typologischer Einheit durch unterschiedliche Handschriften, Unterteilung der Blöcke durch Binnengärten und Wohnhöfe, Funktionsmischung soweit möglich. Im Südlichen Tiergartenviertel griff die IBA die ehemalige Baustruktur aus Villen und gutbürgerlichen Mietshäusern als Anregung für den sozialen Wohnungsbau auf, so mit dem offenen Block typologisch gleicher, aber stilistisch unterschiedlicher Stadtvillen an der Rauchstraße. dass kritische Rekonstruktion auch zukunftsgerichteten Stadtentwurf einschließt, zeigte das Planungsgebiet Tegeler Hafen mit Neubauten für Wohnen, Kultur, Freizeit und Ökotechnologie.

Zeitgleich war im Ostteil Berlins, wo die Deckung des Wohnbedarfs durch Neubau mit Großplattensystemen vorherrschte, auch eine Besinnung auf die Vergangenheit zu erkennen. So erprobte man an wenigen gründerzeitlichen Mietskasernenvierteln eine individuelle Restaurierung *(komplexe Rekonstruktion)*. 1980–87 wurde dort, wo sich um die Nikolaikirche die älteste Ansiedlung befand, auf kriegszerstörtem Areal Geschichte durch eine weitgehend neue Altstadt stimmungsvoll simuliert. Das neue Nikolaiviertel *(Abb. 117)* verbindet restaurierte Altbauten mit Gebäudekopien und umgesetzten Häusern aus anderen Stadtteilen. Kleinmaßstäbliche Plattenbauten mit Steildächern, Spitzgiebeln und Laubengängen arrondieren das von Günther Stahn gestaltete Ensemble, das wegen seiner nostalgischen Erlebnisqualität spontan angenommen wurde und bis heute überaus beliebt ist. In der Dorotheen- und Friedrichstadt trat die Wiederentdeckung historischer Typen und Motive in den Dienst einer repräsentativen Ausgestaltung der Hauptstadt der DDR. Auch der Platz der Akademie (Gendarmenmarkt) schien als *Traditionsinsel* Stilarchitektur aus individuellen Kleinserien-Platten zu fordern.

In der wiedervereinigten Stadt hat das Leitbild der *Kritischen Rekonstruktion* seine Berechtigung bewiesen. Für großflächige Neubaugebiete wegweisend war 1991 der Sieg des Projektes von Hilmer & Sattler im städtebaulichen Wettbewerb für das Areal von Potsdamer und Leipziger Platz. Unter Verzicht auf Hochhausagglomerationen wurde ein dichtes städtisches Gewebe mit klar definierten Straßenräumen und Plätzen vorgeschlagen, ein Konzept, das in der Realisierung trotz der Modifikationen unter dem Druck der Investoren noch erkennbar ist. Die IBA-geprägte südliche Friedrichstadt bot nach dem Mauerfall gute Voraussetzungen für die Verknüpfung mit der Nordseite. An Friedrichstraße, Gendarmenmarkt und Pariser Platz wurde eine großstädtische Blockbebauung mit einheitlichen Traufhöhen vorgeschrieben. Die Integration von Wohnungen in die Geschäftshäuser sollte monofunktionale Verödung verhindern. Die durch Senatsbaudirektor Hans Stimmann geprägten Gestaltungsvorgaben regelten das Bauen im historischen Zentrum. Für den Pariser Platz *(Abb. 118)* bedeutete dies dreizonige Lochfassaden ohne Spiegelglas, mit mattem Naturstein oder Putz in Beige oder Grau. Während das historisierende Hotel Adlon die Vorgaben sozusagen übererfüllt, bereitete Günter Behnischs transparente Akademie der Künste Probleme.

Angesichts des hauptstädtischen Baugeschehens wurde Mitte der neunziger Jahre im *Berliner Architekturstreit* teilweise äußerst polemisch über Architektur und Stadt in Deutschland debattiert. Mit Vittorio Magnago Lampugnanis Forderung nach einer neuen *Konvention des Bauens* solidarisierten sich Vertreter einer nachhaltigen, gestalterisch disziplinierten und kontextuellen Architektur, wie sie auch Stimmann anstrebte. Die Gegenseite witterte ein konservatives Kartell von Entwerfern uniformer, steinverkleideter Fassaden und sah in größtmöglicher Regelfreiheit und Experimentierfreude den Weg zur zukunftsorientierten Metropole. Da das wiedervereinigte Berlin zugleich spekta-

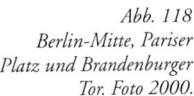

Abb. 118
Berlin-Mitte, Pariser
Platz und Brandenburger
Tor. Foto 2000.

kuläre Signale und Schutzvorschriften brauchte, waren die *Kritische Rekonstruktion* und die Gestaltungsvorgaben ein Glücksfall. Sie schlossen Geniestreiche nicht aus, machten aber vor allem Durchschnittliches erträglich.

Zukunftsperspektiven zwischen Neotraditionalismus und Eigenschaftslosigkeit

Die auf eine längere Geschichte zurückblickenden Großstädte Europas und der europäisch geprägten Welt zeigen heute in der Regel einen mehr oder weniger durch Denkmal- und Stadtbildpflege geschützten historischen Kern, an den großflächige, innerhalb der letzten hundert Jahre entstandene Außenbezirke anschließen, die immer weiter ins Umland ausgreifen. Der ehemalige Gegensatz von Stadt und Land ist fast völlig eingeebnet durch Produktionsstätten, Industriebrachen, Gewerbegebiete und die Zersiedlung der städtischen Peripherie. Die politisch geförderte Eigenheimmentalität bildet eine wesentliche Ursache von Landschaftsverbrauch und -verschandelung; sie zerstört gerade jene Natur, die das Haus im Grünen verfügbar machen soll. Hinzu kommen konturlose Verkehrsbauten, besonders für den Individualverkehr der immer mobileren Gesellschaften. Die Probleme potenzieren sich in den rasant wachsenden Megastädten der Zweiten und Dritten Welt, die sich schon jetzt weitgehend dem politischen Reglement und der planenden Vorausschau entziehen. Wie kann Stadt unter diesen Bedingungen gedacht werden? Am Ende dieses Überblicks sollen zwei Extrempositionen in der aktuellen Debatte stehen: zum einen die Neuen Traditionalisten, die in den Prinzipien der klassischen Architektur das Gegenmittel zu den ruinierten Städten sehen, zum anderen Rem Koolhaas, der die zusammenwachsenden und sich weltweit angleichenden Städte von den Einschränkungen durch traditionelle Identitätsvorstellungen befreien will.

Bauen in klassischen oder regionalen Formen und Typen hat es als Randströmung auch im Zeitalter des International Style immer gegeben. Seit der Neuaneignung der traditionellen Stadt in den 1970er Jahren wurde daraus ein dem Bauvolumen nach bescheidenes, jedoch weltweit vertretenes Gegenmodell zum architektonischen Mainstream. In seinen kulturkritischen Entwürfen und Manifesten hat vor allem der Luxemburger Léon Krier der städtischen Überexpansion die polyzentrische Stadt gegenübergestellt. Krier orientiert sich dabei an der Vormoderne und fordert anstelle der Industrialisierung der Bauprozesse eine Kultur handwerklicher Solidität und Schönheit. In diesem Punkt ist Léons älterer Bruder Rob Krier weniger radikal. Nach seinen Plänen entstehen gegenwärtig Brandevoort als altniederländische Kleinstadt und Potsdam-Kirchsteigfeld in Anlehnung an gründerzeitliche Stadtstrukturen. Als fundamentalistischer Klassizist hat hingegen der Brite Quinlan Terry zu gelten, der in den Säulenordnungen einen zeitlosen, göttlich geoffenbarten Kanon sieht. Im Prince of Wales haben die Protagonisten eines ästhetisch wie ökologisch nachhaltigen Städtebaus einen prominenten Fürsprecher. Als sein persönlicher

Abb. 119
Poundbury, Dorset. Stra-
ßenzug im Neubaugebiet.

Berater entwickelte Léon Krier den Masterplan für die Musterstadt Poundbury *(Abb. 119)* in Dorset, die seit 1994 entsteht und Teil eines landesweiten Städtebauprogramms ist. Poundbury steht als wohlkomponierte Mischung traditioneller und regionsbezogener Neubauten in der englischen Tradition der pittoresken Stadt. Verboten sind Flachdächer, Solarkollektoren, Satellitenschüsseln und Reklame, aber auch Kunststoffe und Aluminium im Außenbereich. Gemäß vitruvianischen Vorstellungen werden Gemeinschaftsbauten durch entsprechende Würdeformen betont. Der Neotraditionalismus will keineswegs nostalgische Enklaven sondern Zukunftsmodelle schaffen. Doch erscheint er zurzeit vor allem als Kompensation der Alltagswirklichkeit, als erfolgreiches Modell für Wohnsiedlungen der Wohlhabenden und der Mittelschichten oder als Erlebnisarchitektur für Freizeitanlagen. So ist in den USA der Disney-Konzern mit den Stadtprojekten Seaside und Celebration in Florida der mächtigste Verbündete der Bewegung.

Als 1978 die traditionelle Stadt wiederentdeckt wurde und die Postmoderne gerade die kritische Neubewertung der Architekturgeschichte unternahm, veröffentlichte der Niederländer Rem Koolhaas *Delirious New York: A Retroactive Manifesto for Manhattan.* Das Buch stellt eine Affirmation der Modernität dar, wie sie sich an der urbanen Struktur Manhattans festmachen lässt. Unterschiedliche Lebensformen, Ideologien und Funktionen überlagern sich dort auf engstem Raum in einer, so Koolhaas, *Kultur der Dichte.* Deren Grundlage bilde die – am eindrücklichsten im Wolkenkratzer versinnbildlichte – Blockstruktur des neutralen Rasterplans. Sie gebe in permanentem Wandel allen Nutzungen Raum. Koolhaas bricht – ungeachtet einer grundsätzlich postmodernen Reflexionsstruktur – mit der Vorstellung von der historisch begründeten Ortsbindung. Städtebau soll demnach gerade nicht auf Erinnerung beruhen, sondern frei sein von physischen und historischen Kontexten – beliebig, verfügbar und flexibel. Das 1975 von Koolhaas mitbegründete Office for Metropolitan Architecture (OMA) erarbeitet entsprechende Modelle zeitgenössischer Metropolenbildung.

In dem 1995 erschienenen Buch *S, M, L, XL,* dessen Text-Bild-Collagen in vier Hauptkapitel gemäß der Größe der besprochenen Objekte eingeteilt sind, bietet *The Generic City* über die eigenschaftslose Stadt einen Schlüsseltext zu Koolhaas' Theorie: Städtebau muss gegebene Situationen akzeptieren, ob sie urban, nichturban oder suburban, reguliert oder ungeordnet, vielfältig oder monoton sind. Auch triste Bürotürme und langweilige Einkaufszentren gehören dazu. Die zersiedelte, von historischen Bindungen freie Peripherie wird zum Kennzeichen der globalen Verstädterung. Der Architekt hat darauf nicht mit formaler Sinnstiftung zu antworten, sondern soll in nüchterner Analyse gegenwärtiger Stadtentwicklung und auf der Höhe aktueller Technik die neuen Megaprojekte der Mobilität wie Großflughäfen oder Bahnhöfe für Hochgeschwindigkeitszüge gestalten. Exemplarisch ist der Masterplan des OMA für Euralille *(Abb. 120)* aus dem Jahr 1989: Die nordfranzösische Stadt Lille hatte als europäischer TGV-Knotenpunkt plötzlich eine entscheidende strategische Lage bekommen, die es auszubauen galt. Oder, in Koolhaas' Worten: *Wichtig ist an diesem Ort nicht, wo er ist, sondern wohin er führt.* Das OMA versuchte dies für die Stadt optimal zu nutzen, indem neben dem alten Stadtkern um den neuen Bahnhof ein kommerzielles Zentrum mit Shoppingmall, Hotels, Kongresshallen und Parkplätzen geschaffen wurde – ein weiterer unter den neuen infrastrukturellen Knotenpunkten der globalen Zivilisation.

Abb. 120
Lille, Euralille. Planungsgebiet und Planungen von Rem Koolhaas.

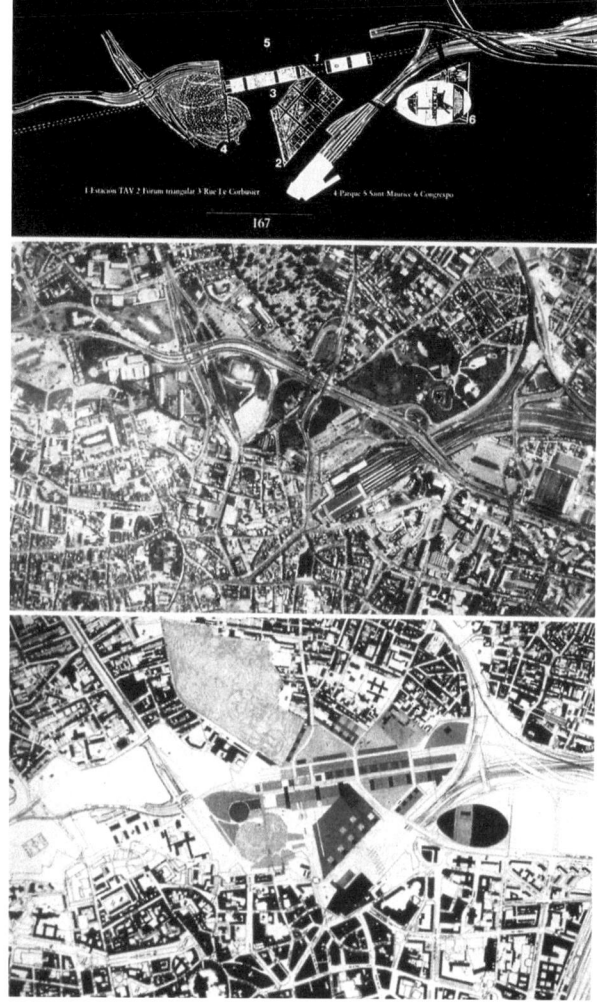

Während die Neotraditionalisten der alten Vorstellung von der Verbesserung der Welt durch Schönheit anhängen, aber letztlich Fluchtorte entwerfen, bestätigt Koolhaas die Verhältnisse. Was den anderen Chaos, Elend und Banalität ist, erklären Koolhaas und seine Adepten zum Inbegriff urbaner Vitalität und schaffen mit Deregulierung, Geschichtsvergessenheit und agressivem Gegeneinander der Gestaltungsmittel das architektonische und urbanistische Äquivalent zum entfesselten Kapitalismus.

Anhang

Literaturauswahl

Allgemeine Literatur:

Benevolo, Leonardo: Die Geschichte der Stadt. Frankfurt/M. u. New York 1997.
– Die Stadt in der europäischen Geschichte. München 1998.
Braunfels, Wolfgang: Abendländische Stadtbaukunst. Herrschaftsform und Baugestalt. Köln ⁴1987.
Brinckmann, Albert Erich: Stadtbaukunst. Geschichtlicher Querschnitt und neuzeitliche Ziele. Berlin 1920.
Choay, Françoise/Merlin, Pierre: Dictionnaire de l'urbanisme et de l'aménagement. Paris 1988.
Courbier, Heinz: Europäische Stadtplätze. Genius und Geschichte. Köln 1985.
Duby, Georges: Histoire de la France urbaine. Paris 1980.
Eaton, Ruth: Die ideale Stadt. Von der Antike bis zur Gegenwart. Berlin 2001.
Egli, Ernst: Geschichte des Städtebaus. 3 Bde. Zürich u. Stuttgart 1959–1967.
Girouard, Mark: Die Stadt. Menschen, Häuser, Plätze. Eine Kulturgeschichte. Frankfurt/M. u. New York 1987.
Gutkind, Erwin Anton: International History of City Development. 8 Bde. London u. New York 1964–1972.
Hesse, Michael: Klassische Architektur in Frankreich. Kirchen, Schlösser, Gärten, Städte 1600–1800. Darmstadt 2003.
Kimpel, Dieter: Paris. Führer durch die Stadtbaugeschichte. München 1982.
Klar und lichtvoll wie eine Regel. Planstädte der Neuzeit vom 16. bis zum 18. Jahrhundert, Ausst.-Kat. Karlsruhe 1990.
Kostof, Spiro: Das Gesicht der Stadt. Frankfurt/M. u. New York 1992.
– Die Anatomie der Stadt. Frankfurt/M. u. New York 1993.
Kruft, Hanno-Walter: Städte in Utopia. Die Idealstadt vom 15. bis zum 18. Jahrhundert zwischen Staatsutopie und Wirklichkeit. München 1989.
– Geschichte der Architekturtheorie. Von der Antike bis zur Gegenwart. München 1985.
Lavedan, Pierre: Histoire de l'urbanisme. Antiquité. Paris 1966.
– Historie de l'urbanisme. L'urbanisme au Moyen Age. Paris 1974.
– Histoire de l'urbanisme à Paris (Nouvelle Histoire de Paris). Paris 1975.
Lavedan, Pierre/Hugueney, Jeanne/Henrat, Philippe: L'urbanisme à l'époque moderne. 16e–18e siècle. Paris 1982.

Malverti, Xavier (Hg.): La ville régulière. Modèles et tracés. Paris 1997.
Morris, Anthony Edwin James: History of the urban form. Before the industrial revolution. New York 1994.
Mumford, Lewis: The City in History. Its origins, its transformations, and its purposes. Harmondsworth 1966.
Pérouse de Montclos, Jean-Marie: Histoire de l'architecture française. De la Renaissance à la Révolution. Paris 1989.
– Paris. Kunstmetropole und Kulturstadt. Köln 2000.
Pevsner, Nikolaus: A history of building types. Princeton 1976.
Rosenau, Helen: The Ideal City. Its architectural evolution. London ³1982.
Toman, Rolf (Hg.): Wien. Kunst und Architektur. Köln 1999.
Warnke, Martin: Politische Architektur in Europa vom Mittelalter bis heute. Köln 1984.
Zucker, Paul: Town and square from the agora to village green. New York 1959.

Kapitel 1:

Lavedan, Pierre: Histoire de l'urbanisme. Antiquité. Paris 1966.
Kolb, Frank: Die Stadt im Altertum. München 1984.
Molho, Anthony (Hg.): City states in classical antiquity and medieval Italy. Stuttgart 1991.
Vitruvius: De architectura libri decem/ Zehn Bücher über Architektur. Hg. u. übers. v. Curt Fensterbusch. Darmstadt 1964.
Ward-Perkins, John B.: Cities in Ancient Greece and Italy. Planning in Classical Antiquity. New York 1974.

Griechische Städte:

Boersma, Johannes Sipko: Athenian Building Policy from 561/60 to 405/4 BC. Groningen 1970.
Camp, John M.: Die Agora von Athen. Mainz 1989.
Doxiades, Konstantinos A.: Raumordnung im griechischen Städtebau. Heidelberg 1937.
Gerkan, Armin von: Griechische Städteanlagen. Untersuchungen zur Entwicklung des Städtebaus im Altertum. Berlin u. Leipzig 1924.
Höpfner, Wolfram/Schwandner, Ernst-Ludwig: Haus und Stadt im klassischen Griechenland. München ²1994.
Knell, Heiner: Architektur der Griechen. Darmstadt ²1986.

Rumscheid, Frank: Priene. Führer durch das Pompeji Kleinasiens. Istanbul 1998.
Schneider, Lambert A./Höcker, Christoph: Die Akropolis in Athen. Eine Kunst- und Kulturgeschichte. Darmstadt 2001.

Römische Städte:

Bauer, Franz Alto: Stadt, Platz und Denkmal der Spätantike. Untersuchungen zur Ausstattung des Öffentlichen Raums in den spätantiken Städten Rom, Konstantinopel und Ephesos. Mainz 1996.
Packer, James E. (Hg.): The Forum of Trajan in Rome. A study of the monuments. I–III. California University Press 1997.
Rykwert, Joseph: The Idea of a Town. The anthropology of urban form in Rome, Italy and the ancient world. Cambridge/Mass. u. London ²1988.
Zaccaria Ruggiu, Annapaola: Spazio privato e spazio pubblico nella città romana. Rom 1995.
Zanker, Paul: Pompeji. Stadtbild und Wohngeschmack. Mainz 1995.

Kapitel 2:

Bandmann, Günter: Mittelalterliche Architektur als Bedeutungsträger. Berlin ⁸1985.
Barber, Malcolm: The Two Cities. Medieval Europe 1050–1320. London 1992.
Boockmann, Hartmut: Die Stadt im späten Mittelalter. München 1986.
Ennen, Edith: Die europäische Stadt des Mittelalters. Göttingen ⁴1987.
Fasoli, Gina/Bocchi, Francesca: La città medievale italiana. Florenz 1973.
Haase, Carl (Hg.): Die Stadt des Mittelalters. 3 Bde. Darmstadt ³1978–1987.
Humbert, Klaus/Schenk, Martin: Entdeckung der mittelalterlichen Stadtplanung. Das Ende vom Mythos der gewachsenen Stadt. Stuttgart 2001.
Lavedan, Pierre: Historie de l'urbanisme. L'urbanisme au Moyen Age. Paris 1974.
Meckseper, Cord: Kleine Kunstgeschichte der deutschen Stadt im Mittelalter. Darmstadt 1982.
Molho, Anthony (Hg.): City states in classical antiquity and medieval Italy. Stuttgart 1991.
Resch, Wiltraud: Zum Problem der mittelalterlichen Idealstadt. Eine Studie zu den deutschen Stadtgründungen des 12. und beginnenden 13. Jahrhunderts. Phil. Diss. Graz 1985.
Schirmacher, Ernst: Stadtvorstellungen.

Die Gestalt der mittelalterlichen Städte. Erhaltung und planendes Handeln. München u. Zürich 1988.

Flüeler-Grauwiler, Marianne (Hg.): Stadtluft, Hirsebrei und Bettelmönch. Die Stadt um 1300. Ausst.-Kat. Zürich 1992.

White, John: Art and Architecture in Italy. 1250–1400. Harmondsworth 1993.

Köln:

Fuchs, Peter (Hg.): Chronik zur Geschichte der Stadt Köln. 2 Bde. Köln 1991–92.

Freiburg:

Haumann, Heiko/Schadek, Hans (Hg.): Geschichte der Stadt Freiburg im Breisgau. 3 Bde. Stuttgart 1992–96.

Untermann, Matthias: Vom Markt zur Stadt. Zu Problemen früher Urbanität am Oberrhein. In: Freiburger Universitätsblätter 159 (2003), S. 227–244.

Paris:

Boussard, Jacques: De la fin du siège de 885–886 à la mort de Philippe Auguste. Paris 1976.

Cazelles, Raymond: De la fin du règne de Philippe Auguste à la mort de Charles V. Paris 1972.

Lavedan, Pierre: Histoire de l'urbanisme à Paris (Nouvelle Histoire de Paris). Paris 1975.

Florenz, Siena, Toskana:

Bering, Kunibert: Baupropaganda und Bildprogrammatik der Frührenaissance in Florenz, Rom, Pienza. Frankfurt/M. 1984.

Braunfels, Wolfgang: Mittelalterliche Stadtbaukunst in der Toskana. Berlin ⁶1988.

Friedman, David: Florentine New Towns. Urban Design in the Late Middle Ages. Cambridge/Mass. 1988.

Paul, Jürgen: Die mittelalterlichen Kommunalpaläste in Italien. Freiburg 1963.

Flandern:

Battard, Marius: Beffrois, Halles, Hôtels de Ville dans le Nord de la France et la Belgique. Brüssel 1948.

Buyle, Marjan/Coomans, Thomas u. a.: Architecture gothique en belgique. Brüssel 1997.

van der Walle, A. L. J.: Belgique gothique. Architecture, art monumental. Brüssel 1971.

Venedig:

Agazzi, Michela: Platea sancti Marci. I luoghi marciani dell' XI al XIII secolo e la formazione della piazza. Venedig 1991.

Dorigo, Wladimiro: L'edilizia abitativa nella ›Civitas Rivoalti‹ e nella ›Civitas Veneciarium‹ (secoli XI-XIII). Venedig 1993.

Dorigo, Wladimiro: Venezia Origini.

Fondamenti, ipotesi, metodi. Mailand 1983.

Maretto, Paolo: La casa veneziana nella storia della città dalle origini all'Ottocento. Venedig 1986.

Romanelli, Giandomenico (Hg.): Venezia. L'arte nei secoli. Udine 1997.

Kapitel 3:

Alberti, Leon Battista: Zehn Bücher über die Baukunst. Darmstadt 1991.

Argan, Giulio Carlo: The Renaissance City. New York 1969.

Battisti, Eugenio: Filippo Brunelleschi. Das Gesamtwerk. Stuttgart 1979.

Borsi, Franco: Leon Battista Alberti. Das Gesamtwerk. Stuttgart 1981.

Buck, August/Guthmüller, Bodo: Die italienische Stadt der Renaissance im Spannungsfeld von Utopie und Wirklichkeit. Venedig 1984.

Burckhard, Jacob: Die Kultur der Renaissance in Italien. Ein Versuch. [1860] Frankfurt/M. 1956.

Filarete [Antonio di Averlino gen.]: Tractat über die Baukunst nebst seinen Büchern von der Zeichenkunst und den Bauten der Medici. Hg. u. bearb. v. Wolfgang von Oettichen. Wien 1890.

Frommel, Sabine: Sebastiano Serlio architetto. Mailand 1998.

Hart, Vaughan/Hicks, Peter (Hg.): Paper Palaces. The Rise of the Renaissance Architectural Treatise. New Haven u. London 1998.

Kaufmann, Thomas DaCosta: Höfe, Klöster und Städte. Kunst und Kultur in Mitteleuropa 1450–1800. Köln 1998.

Klar und lichtvoll wie eine Regel. Planstädte der Neuzeit vom 16. bis zum 18. Jahrhundert. Ausst.-Kat. Karlsruhe 1990.

Kruft, Hanno-Walter: Städte in Utopia. Die Idealstadt vom 15. bis zum 18. Jahrhundert zwischen Staatsutopie und Wirklichkeit. München 1989.

Panofsky, Erwin: Die Perspektive als symbolische Form. In: Vorträge der Bibliothek Warburg 1924–1925. Leipzig 1927, S. 258–330.

Tavernor, Robert: On Alberti and the Art of Building. New Haven u. London 1998.

Tigler, Peter: Die Architekturtheorie des Filarete. Berlin 1963.

Pienza:

Bering, Kunibert: Baupropaganda und Bildprogrammatik der Frührenaissance in Florenz, Rom, Pienza. Frankfurt/M. 1984.

Mack, Charles R.: Pienza. The Creation of a Renaissance City. Ithaca u. London 1987.

Pieper, Jan: Pienza. Der Entwurf einer humanistischen Weltsicht. Stuttgart u. London 1997.

Tönnismann, Andreas: Pienza. Städtebau und Humanismus. München 1990.

Torriti, Piero: Pienza. La città del rinascimento italiano. Genua 1980.

Sabbioneta:

Carpeggiani, Paolo: Sabbioneta. Mantua 1972, Sabbioneta ⁴1986.

Confurius, Gerrit: Sabbioneta oder die schöne Kunst der Stadtgründung. München 1984.

Grötz, Susanne: Sabbioneta. Die Selbstinszenierung eines Herrschers. Marburg 1996.

Mariotti, Giovanni: Sabbioneta. La città del principe. Mailand 1987.

Micara, Ludovico/Scalesse, Tommaso: Savioneta. Rom 1979.

Freudenstadt:

Andreae, Johann Valentin: Republicae Christianopolitanae Descriptio. Straßburg 1619.

Dürer, Albrecht: Etliche Unterricht, zu befestigung der Stett, Schlosz und flecken. Nürnberg 1522.

Seck, Friedrich (Hg.): Zum 400. Geburtstag von Heinrich Schickhardt. Tübingen 1995.

Werner, Johannes: Von Freudenschaft über Christianopolis nach Kopenhagen. Stadtplanung im 17. Jahrhundert. In: Zeitschrift für Kunstgeschichte 39 (1976), S. 312–313.

Palmanova:

DiSopra, Luciano: Palmanova – città fortezza 1593–1993. Tricesimo 1993.

Valiante Jesu, Teresa: Le mura di Palmanova. Mariano del Friuli 2001.

Neubreisach, Vauban:

Blomfield, Reginald: Sébastien le Prestre de Vauban 1633–1707. New York ²1971.

Eimer, Gerhard: Die Stadtplanung im schwedischen Ostseereich 1600–1715. Mit Beiträgen zur Geschichte der Idealstadt. Stockholm 1961.

Hebbert, F. J./Rothrock, G. A.: Soldier of France. Sébastien le Prestre de Vauban 1633–1707. New York, Bern, Frankfurt/M., Paris 1989.

Kapitel 4:

Francastel, Pierre (Hg.): L'urbanisme de Paris et l'Europe 1600–1680. Paris 1969.

Hoppe, Stephan: Was ist Barock? Architektur und Städtebau Europas 1580–1770. Darmstadt 2003.

Millon, Henry A. (Hg.): The triumph of the Baroque. Architecture in Europe 1600–1750. Ausst.-Kat. Venedig 1999.

Portoghesi, Paolo: Roma barocca. Storia di una civiltà architettonica. Roma 1966.

Schiffmann, René: Roma felix. Aspekte der städtebaulichen Gestaltung Roms unter Papst Sixtus V. Bern, Frankfurt/M., New York 1985.

Thies, Harmen: Michelangelo. Das Kapitol. München 1982.

Birindelli, Massimo: Ortsbindung. Eine architektonische Entdeckung. Der Petersplatz des Gianlorenzo Bernini. Braunschweig u. Wiesbaden 1987.

Amsterdam:

Kuyper, Wouter: Dutch Classicist architecture. A survey of Dutch architecture, gardens and Anglo-Dutch relations from 1625–1700. Delft 1980.

Kessel, Peter van/Schulte, Elisja (Hg.): Rome-Amsterdam. Two growing cities in seventeenth century Europe. Amsterdam 1997.

O'Brien, Patrick (Hg.): Urban achievement in early modern Europe. Golden ages in Antwerp, Amsterdam and London. Cambridge 2001.

Paris:

Ballon, Hillairy: The Paris of Henri IV. Architecture and urbanism. Cambridge u. New York 1991.

Berger, Robert W.: A Royal Passion. Louis XIV as patron of architecture. Cambridge/Mass. 1994.

Blunt, Anthony: Art and Architecture in France 1500–1700. New Haven u. London 1999.

Cleary, Richard L.: The Place Royale and urban design in the Ancien Régime. Cambridge 1999.

Brunhoff, Jacques de: La Place Dauphine et l'Ile de la Cité. Paris 1987.

Gady, Alexandre: De la Place Royale à la Place des Vosges. Paris 1997.

Köhler, Bettina Maria: Die Stadt Paris und das Wohnhaus. Zum Bâtiment particulier in der französischen Architekturtheorie von 1600–1750. Alfter 1994.

Hesse, Michael: Klassische Architektur in Frankreich. Kirchen, Schlösser, Gärten, Städte 1600–1800. Darmstadt 2003.

Ziskin, Rochelle: The place Vendôme. Architecture and social mobility in eighteenth century Paris. Cambridge 1999.

London:

McKellar, Elizabeth: The birth of modern London. The development and design of the city 1660–1720. Manchester u. New York 1999.

Summerson, John: Architecture in Britain 1530 to 1830. New Haven u. London 1993.

– Georgian London. London 1988.

Kapitel 5:

Andermann, Kurt (Hg.): Residenzen. Aspekte hauptstädtischer Zentraliät von der frühen Neuzeit bis zum Ende der Monarchie. Sigmaringen 1992.

Eiermann, Frank Wolf: Requista Dignitatis. Die deutsche Residenz als Bauaufgabe im 17.–18. Jahrhundert an Beispie-

len im fränkischen Reichskreis. Diss. Erlangen, Nürnberg 1995.

Francastel, Pierre (Hg.): L'urbanisme de Paris et l'Europe 1600–1680. Paris 1969.

Hoppe, Stephan: Was ist Barock? Architektur und Städtebau Europas 1580–1770. Darmstadt 2003.

Klar und lichtvoll wie eine Regel. Planstädte der Neuzeit vom 16. bis zum 18. Jahrhundert, Ausst.-Kat. Karlsruhe 1990.

Millon, Henry A. (Hg.): The triumph of the Baroque. Architecture in Europe 1600–1750. Ausst.-Kat. Venedig 1999.

Turin:

Theatrum Statutum Regiae Celsitudinis Sabaudiae Ducis, Pedemontii Principis, Cypri Regis. Amsterdam 1682.

Cavallari-Murat, Augusto: Forma urbana ed architettura nella Torino barocca. 3 Bde. Turin 1968.

Roggero Bardelli, Costanza/Vinardi, Maria Grazia/Defabiani, Vittorio: Ville sabaude. Mailand 1990.

Sankt Petersburg:

Berelowitch, Wladimir/Medvedkova, Olga: Histoire de Saint-Petersbourg. Paris 1966.

Egorov, Iurii Alekseevich: The Architectural Planning of St. Petersburg. Athens/Ohio 1969.

Hamilton, George Heard: The Art and Architecture of Russia. Harmondsworth 1975.

Tarassowa, Irina: Das vierte Rom. Stadtgründung und Stadtentwicklung von Sankt Petersburg im Zeitalter Peters d. Gr. In: Brigitte Buberl (Hg.), Palast des Wissens. Ausst.-Kat. Dortmund 2003, S. 43–53.

Versailles:

Berger, Robert W.: Versailles. The Château of Louis XIV. London 1985.

Berlin, Potsdam:

Berlin und seine Bauten. Hg. v. Architekten-Verein zu Berlin. 2 Bde. Berlin 1877, Neue Serie ab 1964.

Giersberg, Hans-Joachim: Friedrich II. als Bauherr. Studien zur Architektur des 18. Jahrhunderts in Berlin und Potsdam. Berlin 1986.

Kotsch, Detlef: Potsdam. Die preußische Garnisonsstadt. Braunschweig 1997.

Mielke, Friedrich: Potsdamer Baukunst. Das klassische Potsdam. Frankfurt/M. 1981.

Peschken, Goerd: Das königliche Schloss zu Berlin. 4 Bde. München 1992–2001.

Potsdamer Schlösser und Gärten. Bau- und Gartenkunst vom 17. bis 20. Jahrhundert. Ausst.-Kat. Potsdam 2003.

Oberrhein:

Ehrenberg, Kurt: Baugeschichte von Karls-

ruhe 1715–1870. Bau- und Bodenpolitik. Eine Studie zur Geschichte des Städtebaus. Karlsruhe 1909.

Klar und lichtvoll wie eine Regel. Planstädte der Neuzeit vom 16. bis zum 18. Jahrhundert, Ausst.-Kat. Karlsruhe 1990.

Leiber, Gottfried: Friedrich Weinbrenners städtebauliches Schaffen für Karlsruhe. I: Die barocke Stadtplanung und die ersten klassizistischen Entwürfe. Karlsruhe 1996, II: Der Stadtausbau und die Stadterweiterungsplanungen 1801–1826. Mainz 2003.

Rösinger, Hans Detlef: Durlach und Rastatt. Ein Beitrag zur Geschichte des Städtebaus in Deutschland. Diss. ms. TH Karlsruhe 1924.

Valdenaire, Arthur: Friedrich Weinbrenner und seine Bauten. Karlsruhe 1926.

Kapitel 6:

Cleary, Richard L.: The Place Royale and urban design in the Ancien Régime. Cambridge 1999.

Harouel, Jean-Louis: L'embellissement des villes. L'urbanisme français au 18e siècle. Paris 1993.

Hesse, Michael: Klassische Architektur in Frankreich. Kirchen, Schlösser, Gärten, Städte 1600–1800. Darmstadt 2003.

Hoppe, Stephan: Was ist Barock? Architektur und Städtebau Europas 1580–1770. Darmstadt 2003.

Kalnein, Wend von: Architecture in France in the Eighteenth Century (The Yale University Pelican History of Art). New Haven u. London 1995.

Köstler, Andreas: Place royale. Metamorphosen einer kritischen Form des Absolutismus. München 2003.

Klar und lichtvoll wie eine Regel. Planstädte der Neuzeit vom 16. bis zum 18. Jahrhundert, Ausst.-Kat. Karlsruhe 1990.

Picon, Antoine: Architectes et ingénieurs au siècle des lumières. Marseille 1988.

Kassel:

Schweikhart, Gunter (Hg.): Stadtplanung und Stadtentwicklung in Kassel im 18. Jahrhundert. Kassel 1983.

Lissabon:

Schau, Peter: Lissabon nach 1755. Die Entstehung einer aufgeklärten Stadt. In: Die Alte Stadt 29 (2002), S. 208–224.

Nancy, Paris:

Granet, Solange: La Place de la Concorde. Paris 1963.

Héré, Emmanuel H. de Corny: Plans & Elevations de la Place Royale de Nancy. Paris 1753.

Le Moël, Michel/Descat, Marie: L'urbanisme parisien au siècle des Lumières. Paris 1997.

Patte, Pierre: Monumens érigés en France à la gloire de Louis XV. Paris 1765.

Rau, Julia R. Gräfin von der Schulenburg: Emmanuel Héré, premier architecte von Stanislas Leszczynski in Lothringen 1705–1763. Berlin 1973.

Washington:
Kite, Elizabeth Sarah: L'Enfant and Washington 17981–92. New York 1970.
Padover, Paul: Thomas Jefferson and the National Capital 1738–1818. Washington 1946.
Stephenson, Richard W.: A plan whol(l)y new. Pierre Charles L'Enfant's plan of the city of Washington. Washington 1993.
Verheyen, Egon: The Splendor of its Empire. Reconsidering Jefferson's Role in the Planning of Washington. In: Festschrift Herbert Siebenhüner. Hg. v. Erich Hubala u. Gunter Schweikhart. Würzburg 1978, S. 183–206.

Kapitel 7:

Ackerman, James: The Villa. London 1990.
Buttlar, Adrian von: Der Landschaftsgarten. Gartenkunst des Klassizismus und der Romantik. Köln 1989.
Lotz, Walter: Die Spanische Treppe. Architektur als Mittel der Diplomatie. In: Römisches Jahrbuch für Kunstgeschichte 12 (1969), S. 41–74; Wiederabdruck in Warnke (vgl. allg. Lit.) 1984, S. 175–223.
Marder, Tod A.: The Porto di Ripetta in Rome. Ph. Diss. Columbia University, New York 1975.
Middleton, Robin/Watkin, David: Neoclassical and 19th century architecture. New York 1980.

Bath:
Ison, Walter: The Georgian Buildings of Bath. Bath ²1980.
Loosen-Frieling, Iris: Architektur zwischen Norm und Geschmack. Die Platzarchitektur von John Wood dem Älteren und John Wood dem Jüngeren in Bath. Hildesheim, Zürich, New York 1992.
Wood, John d. Ä.: An Essay towards a description of Bath. 2 Bde. Bath 1742 u. 1744, rev. Ausg. Bath 1749, Wiederaufl. Bath 1765.

Ledoux, Chaux:
Ledoux, Claude-Nicolas: L'architecture considérée sous le rapport de l'art, des mœurs et de la législation. Paris 1804; m. weit. Tafeln hg. v. Daniel Ramée. Paris 1846; 2 Bde. Paris 1847. Inédits pour un tôme III. Hg. v. Michel Gallet. Paris 1991.
Stoloff, Bernard: Die Affaire Ledoux. Autopsie eines Mythos. Braunschweig u. Wiesbaden 1980.
Rabreau, Daniel: Claude-Nicolas Ledoux (1736–1806). L'architecture et les fastes du temps. Paris u. Bordeaux 2000.

London, Nash:
Summerson, John: Georgian London. London 1988.
– The life and work of John Nash architect. London 1980.
Metropole London. Macht und Glanz einer Weltstadt 1800–1840. Ausst.-Kat. Essen 1992. Recklinghausen 1992.

Berlin, Schinkel:
Pundt: Hermann G.: Schinkels Berlin. Berlin 1981.
Börsch-Supan, Eva: Berliner Baukunst nach Schinkel 1840–1870. München 1977.
Haus, Andreas: Karl Friedrich Schinkel als Künstler. Annäherung und Kommentar. München u. Berlin 2001.

München, Klenze:
Buttlar, Adrian von: Leo von Klenze. Leben – Werk – Vision. München 1999.
Fisch, Stefan: Stadtplanung im 19. Jahrhundert. Das Beispiel München bis zur Ära Theodor Fischer. München 1988.
Nerdinger, Winfried (Hg.): Romantik und Restauration. Architektur in Bayern zur Zeit Ludwigs I. 1825–1848. München 1987.
– Friedrich von Gärtner. Ein Architektenleben, 1971–1847. München 1992.
– Leo von Klenze. Architekt zwischen Kunst und Hof, 1784–1864. München 2000.

Kapitel 8:

Benevolo, Leonardo: Geschichte der Architektur im 19. und 20. Jahrhundert. München 1988.
Bollerey, Franziska: Architekturkonzeption der utopischen Sozialisten. München 1977.
Kiess, Walter: Urbanismus im Industriezeitalter. Von der klassizistischen Stadt zur Garden City. Berlin 1991.
Middleton, Robin/Watkin, David: Neoclassical and 19th century architecture. New York 1980.
Mignot, Claude: L'architecture au XIXe siècle. Paris 1983.
Pevsner, Nikolaus: Some Architectural Writers of the Nineteenth Century. Oxford 1972.
Pugin, Augustus Welby Northmore: Contrasts. Or, A Parallel between the Noble Edifices of the Middle Ages, And Corresponding Buildings of the Present Day. London 1836.
– The True Principles of Pointed or Christian Architecture. London 1841.
Sitte, Camillo: Der Städtebau nach seinen künstlerischen Grundsätzen. Wien 1889.
Stanton, Phoebe N.: A. W. N. Pugin. London 1971.

Paris:
Geist, Johann Friedrich: Passagen. Ein Bau-

typ des 19. Jahrhunderts. München 1969.
Des Cars, Jean/Pinon, Pierre: Paris – Haussmann. Paris 1991.
Jordan, David P.: Transforming Paris. The life and labors of Baron Haussmann. New York 1995.
Moncan, Patrice de/Heurteux, Claude: Le Paris d'Haussmann. Paris 2002.

Wien:
Borsi, Franco/Godoli, Ezio: Wiener Bauten der Jahrhundertwende. Die Architektur der Habsburgischen Metropole zwischen Historismus und Moderne. Stuttgart 1985.
Wagner, Otto: Die Großstadt. Wien 1911.
Wagner-Rieger, Renate: Wiens Architektur im 19. Jahrhundert. Wien 1970.

Sitte:
Crasemann, George: Camillo Sitte and the birth of modern city planning. London u. New York 1965.
Sitte, Camillo: Der Städtebau nach seinen künstlerischen Grundsätzen. Wien 1889.
Zucconi, Guido: Camillo Sitte e i suoi interpreti. Mailand 1992.

Berlin:
Börsch-Supan, Eva: Berliner Baukunst nach Schinkel 1840–1870. München 1977.
Posener, Julius: Berlin auf dem Wege zu einer neuen Architektur. Das Zeitalter Wilhelms II. München 1979.
Geist, Johann Friedrich/Kürvers, Klaus: Das Berliner Mietshaus. Bd. 1, 1740–1862. München 1980.
– Das Berliner Mietshaus. Bd. 2, 1862–1945. München 1984.

New York:
Stern, Robert A. M.: New York 1880. Architecture and urbanism in the gilded age. New York 1990.
Stern, Robert A. M./Gilmartin, Gregory/ Massengale, John Montague: New York 1900. Metropolitan architecture and urbanism 1890–1915. New York 1983.
Stern, Robert A. M./Gilmartin, Gregory/ Mellins, Thomas: New York 1930. Architecture and urbanism between the two World Wars. New York 1987.

Chicago:
Zukowsky, John (Hg.): Chicago Architektur 1872–1922. Die Entstehung der kosmopolitischen Architektur des 20. Jahrhunderts. München 1987.

Kapitel 9:

Benevolo, Leonardo: Geschichte der Architektur im 19. und 20. Jahrhundert. München 1988.
Dolff-Bonekämper, Gabi/Kier, Hiltrud (Hg.): Städtebau und Staatsbau im

20. Jahrhundert. München u. Berlin
1996.
Fourier, Marie Charles François: Les Cités
ouvrières. Modifications à introduire
dans l'architecture des villes. Paris 1841.
Lampugnani, Vittorio Magnago/Schneider,
Romana (Hg.): Moderne Architektur in
Deutschland 1900–1950. Reform und
Tradition. Stuttgart 1992.
– Moderne Architektur in Deutschland
1900–1950. Expressionismus und Neue
Sachlichkeit. Stuttgart 1994.
Panerai, Philippe/Castex, Jean/Depaule,
Jean-Charles: Formes urbaines. De l'îlot
à la barre. Paris 1977.
Schneider, Romana/Wang, Wilfred (Hg.):
Moderne Architektur in Deutschland
1900 bis 2000. Macht und Monument.
Stuttgart 1998.

Gartenstadt, Hellerau:
Beevers, Robert: The Garden City Utopia.
A critical biography of Ebenezer
Howard. London 1988.
Durth, Werner (Hg.): Entwurf zur
Moderne. Hellerau: Stand Ort Bestim-
mung. Stuttgart 1996.
Howard, Ebenezer: Tomorrow. A peaceful
path to social reform. London 1898;
2. Aufl. Garden Cities of Tomorrow.
London 1902; dtsch.: Gartenstädte in
Sicht. Jena 1907.
Posener, Julius (Hg.) Ebenezer Howard.
Gartenstädte von morgen. Das Buch
und seine Geschichte. Berlin, Frank-
furt/M., Wien 1968.
Hartmann, Kristina: Deutsche Garten-
stadtbewegung. Kulturpolitik und Ge-
sellschaftsreform. München 1976.
Blum, Askan (Hg.): Gartenstädte und Gartenstadtbewegung. Stuttgart 1984.

Garnier:
Garnier, Tony: Une Cité Industrielle. Etu-
de pour la construction des villes. Paris
1917.
Jullian, René: Tony Garnier. Constructeur
et utopiste. Paris 1989.
Pawlowski, C. Krzysztof: Tony Garnier.
Pionnier de l'urbanisme du XXème
siècle. Montpellier 1993.

Amsterdam:
Bock, Manfred u. a. (Hg.): Michel de
Klerk. Architect and artist of the Ams-
terdam School 1884–1923. Rotterdam
1997.
Het Nieuwe Bouwen. Amsterdam
1920–1960. Delft 1983.
Polano, Sergio: Hendrik Petrus Berlage.
Complete Works. New York 1988.

Wien:
Hautmann, Hans: Die Gemeindebauten
des Roten Wien, 1919–34. Wien 1980.
Tafuri, Manfredo: Vienna Rossa. La poli-
tica residenziale nella Vienna socialista,
1919–1933. Mailand 1980;
Weihsmann, Helmut: Das rote Wien.

Sozialdemokratische Architektur und
Kommunalpolitik 1919–1934. Wien
1985.

Le Corbusier/CIAM:
Boesiger, Willy (Hg.): Le Corbusier. Zü-
rich 1994; CIAM. Internationale Kon-
gresse für Neues Bauen. Dokumente
1928–1939. Hg. v. Martin Steinmann.
Basel u. Stuttgart 1979.
Curtis, William: Le Corbusier. Ideen und
Formen. Stuttgart 1987.
Moos, Stanislaus von: Le Corbusier. Ele-
mente einer Synthese. Frauenfeld u.
Stuttgart 1968.
Mumford, Eric Paul: The CIAM discourse
on urbanism 1928–1960.
Cambridge/Mass. 2000.

Hilberseimer:
Hilberseimer, Ludwig: Großstadtbauten.
Hannover 1926.
– Großstadtarchitektur. Stuttgart 1927.

Neues Bauen, Siedlungen:
Bushart, Magdalena (Hg.): Adolf Behne.
Essays zu seiner Kunst- und Architek-
turkritik. Berlin 2000.
Giedion, Sigfried: Befreites Wohnen.
Zürich u. Leipzig 1929.
– Space, Time and Architecture. The
growth of a new tradition. Cambridge,
Mass. 1941.
Huse, Norbert: Neues Bauen 1918–1933.
Moderne Architektur in der Weimarer
Republik. München 1975.
Junghanns, Kurt: Der Deutsche Werk-
bund. Berlin 1982.
Mohr, Christoph/Müller, Michael: Funk-
tionalität und Moderne. Das Neue
Frankfurt und seine Bauten 1925–1933.
Köln 1984.
Nerdinger, Winfried (Hg.): Walter
Gropius. Berlin 1996.
Nerdinger, Winfried/Hartmann, Christina
u. a. (Hg.): Bruno Taut. Architekt zwi-
schen Tradition und Avantgarde.
München 2001.
Pommer, Richard/Otto, Christian F.:
Weissenhof 1927 and the Modern
Movement in Architecture. Chicago u.
London 1991.
Das Neue Frankfurt. Internationale
Monatszeitschrift für die Probleme
kultureller Neugestaltung.
Jg. 1926–1931. Frankfurt/M. (weiterge-
führt als ›die neue stadt‹. Groß Gerau
1932–1933).
Taverner, Ed/Wagener, Cor/Vletter, Martin
de: J. J. P. Oud. The complete works.
Rotterdam 2001.

Diktaturen:
Miller-Lane, Barbara: Architecture and
Politics in Germany 1918–1946.
Cambridge 1968.
Noever, Peter (Hg.): Tyrannei des Schönen.
Architektur der Stalin-Zeit. München
1994.

Petsch, Joachim: Baukunst und Stadt-
planung im Dritten Reich. Herleitung,
Bestandsaufnahme, Entwicklung, Nach-
folge. München u. Wien 1976.
Scalione, Pino: EUR. Controguida d'archi-
tettura. Turin 2000.
Schäche, Wolfgang (Hg.): Von Berlin nach
Germania. Ausst.-Kat. Berlin ⁴1986.
Schneider, Romana/Wang, Wilfred (Hg.):
Moderne Architektur in Deutschland
1900 bis 2000. Macht und Monument.
Stuttgart 1998.
Speer, Albert: Architektur. Frankfurt/M.,
Berlin, Wien 1978.
Tarkhanov, Alexei/Kavtaradze, Sergei:
Architecture of the Stalin Era. New York
1992.
Timmermann, Nicola: Repräsentative
Staatsarchitektur im faschistischen Ita-
lien und im nationalsozialistischen
Deutschland. Stuttgart 2001.

Kapitel 10:

Achleitner, Friedrich: Österreichische
Architektur im 20. Jahrhundert. 4 Bde.
Salzburg, Wien 1980–85.
– Architektur im 20. Jahrhundert. Öster-
reich. Ausst.-Kat. Frankfurt/M. 1995.
Wien, München 1995.
Ellin, Nan/Cigliano, Jan (Hg.): Post-
modern urbanism. New York 1999.
Humper, Klaus/Brenner, Klaus/Becker,
Sybille (Hg.): Fundamental principles of
urban growth. Wuppertal 2002.
Klotz, Heinrich: Moderne und Postmoder-
ne. Architektur der Gegenwart
1960–1980. Braunschweig u. Wiesba-
den ³1984.
Schneider, Romana/Wang, Wilfred (Hg.):
Moderne Architektur in Deutschland
1900 bis 2000. Macht und Monument.
Stuttgart 1998.
Woods, Lebbeus: The New City. New York
1992.

Brasilia:
Epstein, David G.: Brasilia. Plan and
reality. Berkeley 1973.
Fils, Alexander: Brasilia. Düsseldorf 1988.
Holston, James: The modernist city. An
anthropological critique of Brasilia.
Chicago 1989.

Wiederaufbau BRD/DDR, Berlin:
Beyme, Klaus von: Der Wiederaufbau.
Architektur und Städtebaupolitik in bei-
den deutschen Staaten. München 1987.
Dolff-Bonekämper, Gabi: Das Hansa-
viertel. Internationale Nachkriegs-
moderne in Berlin. Berlin 1999.
Düwel, Jörn: Baukunst voran. Architektur
und Städtebau in der SBZ/DDR. Berlin
1995.
Durth, Werner/Gutschow, Niels (Hg.):
Träume in Trümmern. Stadtplanung
1940–1950. München 1993.
Durth, Werner/Gutschow, Niels/Düwel,
Jörn: Ostkreuz. Architektur und Städte-

bau in der DDR. Frankfurt/M. u. New York 1998.

Scheer, Thorsten/Kleihues, Josef Paul/ Kahlfeldt, Paul (Hg.): Stadt der Architektur, Architektur der Stadt. Berlin 1900–2000. Berlin 2000.

Schneider, Romana/Wang, Wilfred (Hg.): Moderne Architektur in Deutschland 1900 bis 2000. Macht und Monument. Stuttgart 1998.

Krise, Postmoderne:

Jencks, Charles: The Language of post-modern architecture. London 1977.

– Die Sprache der postmodernen Architektur. Entstehung und Entwicklung einer alternativen Tradition. Stuttgart ³1988.

Johnson, Eugene J.: Charles Moore. Bauten und Projekte. 1949–1986. Stuttgart 1987.

Klotz, Heinrich: Moderne und Postmoderne. Architektur der Gegenwart 1960–1980. Wiesbaden 1984.

Mitscherlich, Alexander: Die Unwirtlichkeit unserer Städte. Frankfurt/M. 1965;

Rossi, Aldo: L'architettura della città. Padua 1966.

– Die Architektur der Stadt. Skizze zu einer grundlegenden Theorie des Urbanen. Düsseldorf 1973.

Venturi, Robert: Complexity and contradiction in architecture. New York 1995.

Venturi, Robert/Scott Brown, Denis/ Izenour, Stephen: Learning from Las Vegas. Cambridge, Mass. 1972.

Frankreich:

Bofill, Ricardo: Ricardo Bofill. Taller de Arquitectura. Obras y proyectos. Barcelona 1992.

Peters, Paulhans: Paris. Die großen Projekte. Berlin 1992.

Schmid, Erik: Staatsarchitektur der Ära Mitterand in Paris. Ästhetische Konzeption und politische Wirkung. Regensburg 1996.

IBA 1984/87, Kritische Rekonstruktion:

Bahr, Christian: Das neue Berlin. Die Veränderungen im Stadtbild. Berlin 1999.

Burg, Annegret: Berlin-Mitte. Die Entstehung einer urbanen Architektur. Basel u. Berlin 1995.

Kähler, Gerd (Hg.): Einfach schwierig. Eine deutsche Architekturdebatte. Ausgewählte Beiträge 1993–1995. Braunschweig u. Wiesbaden 1995.

Kleihues, Josef Paul (Hg.): Internationale Bauausstellung 1984/87. Die Neubaugebiete. Dokumente, Projekte. Bd. 7, Stuttgart 1993.

Mesecke, Andrea/Scheer, Thorsten (Hg.): Josef Paul Kleihues. Basel 1996.

Traditionalismus:

Charles, Prince of Wales: A Vision of Britain. A personal view of architecture. London 1989.

Krier, Rob: New traditionalism in urban design today. Basel, Berlin, Boston 2003.

Krier, Léon: Architektur. Freiheit oder Fatalismus. München, London, New York 1998.

Tagliaventi, Gabriele (Hg.): A Vision of Europe. Urban Renaissance. Bologna 1996.

Rem Koolhaas:

Koolhaas, Rem: Delirious New York. A Retroactive Manifesto for Manhattan. New York 1978.

Koolhaas, Rem/Mau, Bruce: S, M, L, XL. Rotterdam 1995.

Lucan, Jacques: OMA. Rem Koolhaas. Zürich 1991.

Puglisi, Luigi Prestinenza: Rem Koolhaas. Trasparenze metropolitane. Turin 1997.

Sinning, Heike: More ist more. OMA/Rem Koolhaas. Tübingen u. Berlin 2000.

Bildquellen

Der Verlag möchte an dieser Stelle für die freundliche Genehmigung zum Nachdruck von Copyright-Material danken. Nicht in allen Fällen war es möglich, die Copyright-Inhaber einzelner Textabbildungen zu ermitteln. Falls berechtigte Ansprüche bestehen, wenden Sie sich bitte an den Verlag. Angegeben sind die Abbildungsnummern.

Architektura SSSR: 106; Archives Nationales, Paris: 64; Banca Commerciale Italiana, Paris: 34; Markus Bassler, Dosquers, Girona: 60; Berlinische Galerie: 90; Achim Bednorz, Köln: 17, 21, 26, 67; Benevolo, Stadt (1997): 20, 49; Biblioteca Nazionale Centrale, Florenz: 18, 25; Braunfels, Stadtbaukunst (1987): 33; Cameron u. Salinger, Paris (1985): 48, 85; The Chicago Historical Society: 92, 93; Des Cars u. Pinon, Paris-Haussmann (1991): 82; Deutsches Archäologisches Institut Athen: 3; Fotoservice København: 59; Galleria Nazionale delle Marche, Urbino: 24; Galleria Sabauda, Turin: 47; Alberto Berengo Gardin, Mailand: 1, 5; Christian Gahl, Berlin: 109; Gemeentelijk Archiefdienst, Amsterdam: 37; Götze, Sabbioneta (1998): 28, 29; Gutkind, International History (1964): 46; Michael Hesse, Bochum: 30, 38, 39, 41–43, 45, 62, 65, 68, 69, 74, 80, 88, 94, 96, 104, 107; Hilberseimer, Planungsidee (1963): 101; Historisches Museum der Stadt Wien: 86, 87; Wolfram Hoepfner, Berlin: 2, 4; Königliche Porzellanmanufaktur, Berlin: 75; Kunstgeschichtliches Institut der Ruhr-Universität Bochum: 66, 98, 108; Kunsthistorisches Institut der Freien Universität Berlin: 52; Kunsthistorisches Institut Florenz: 15, 19; Kunsthistorisches Institut der Universität Heidelberg: 22, 31, 35, 36, 70, 71, 78, 79, 83, 84, 95, 99, 111–113, 115; Kunsthistorisches Institut der Universität zu Köln: 61; Landesbildstelle Württemberg, Stuttgart: 103; Le Corbusier, Œuvres: 100; Magnus Archivio (Camera photo): 23; Michael Mansbridge, East Molesley: 73; Francesco Paolo Maulucci, Neapel: 8, 9; Musées de la Ville de Paris: 15, 81; Museo della Civiltà Romana, Rom: 10, 11; The Museum of London: 44; Das Neue Frankfurt: 102; The New York Historical Society: 91; Nieuwe Nederlandse Bouwkunst: 97; Alexander Orloff, Sankt Petersburg: 64; Pape, Topographischer Atlas Berlin (1987): 89; The Prince of Wales's Institute of Architecture, London: 119; Réunion des Musées Nationaux, Paris: 32, 114; Rheinisches Bildarchiv Köln: 12, 13; Rilievi di Pienza (1972): 27; Günter Schneider, Berlin: 118; Senatsverwaltung für Bau- und Wohnungswesen Berlin: 110, 116, 117; Speer, Architektur (1978): 105; Staatliches Museum der Geschichte Sankt Petersburgs: 50; Stadtarchiv Mannheim: 54; Stadtarchiv München: 76, 77; Stadtarchiv und Museum Rastatt: 55; Stadtgeschichtliche Sammlung, Karlsruhe: 56, 57; Anne und Henri Stierlin, Genf: 7; Stiftung Staatliche Schlösser und Gärten Berlin-Brandenburg: 53; Summerson, Georgian London (1988): 72; Universitätsbibliothek Heidelberg: 40, 58, 63; Matthias Untermann, Heidelberg: 14.